游百川研究

姚吉成　邢恩和　左登华　著

齊魯書社

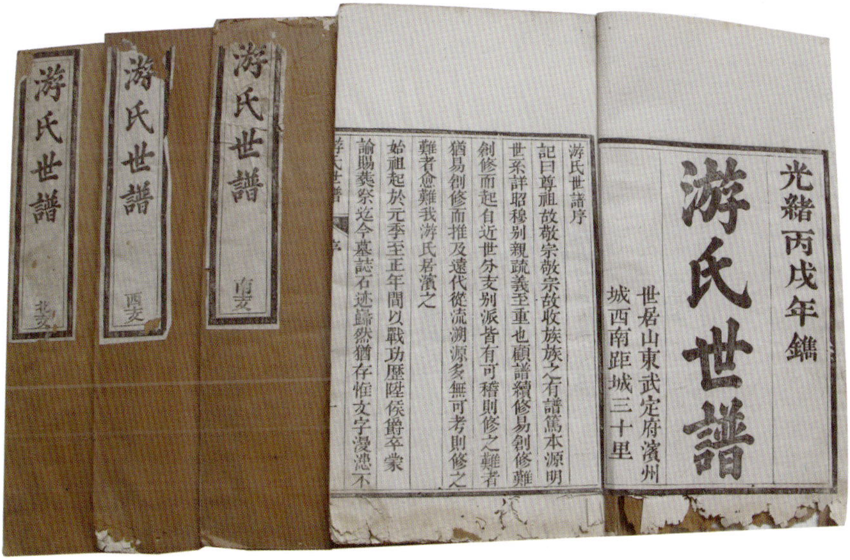

滨州游氏世谱（光绪版）

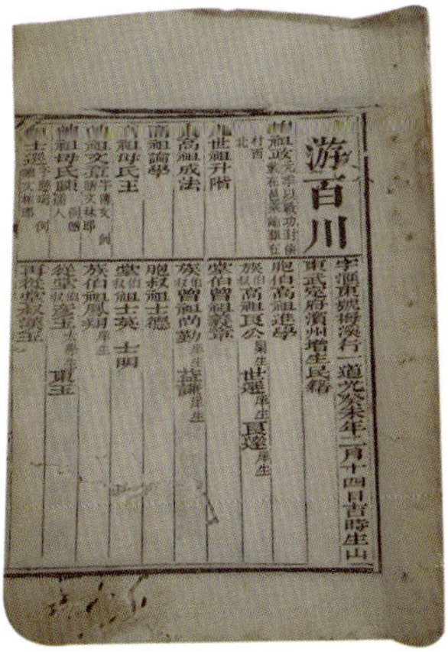

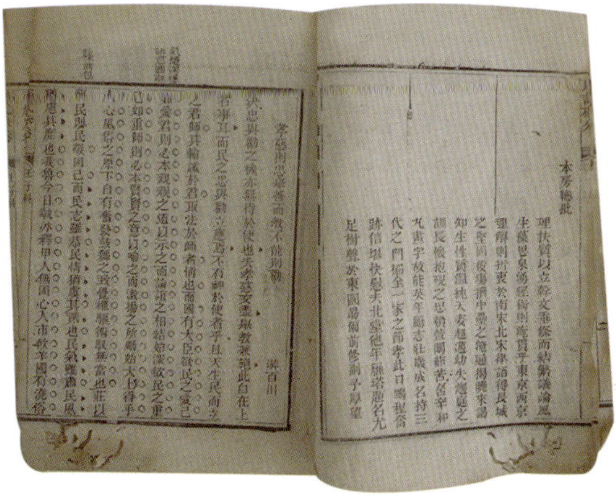

山东乡试朱卷咸丰壬子科·游百川

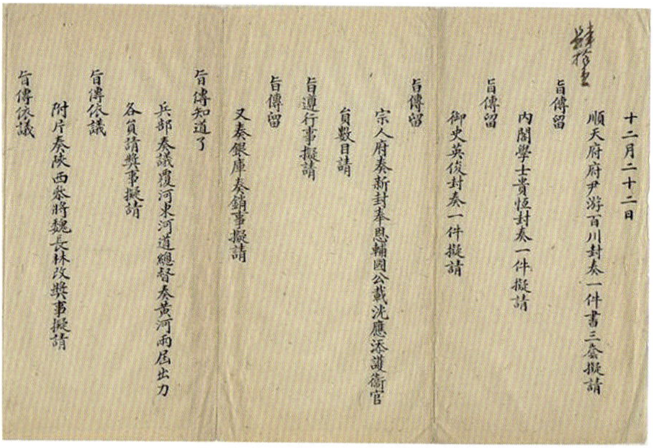

十二月二十二日
順天府尹游百川封奏一件書三奩擬請
旨傳留
內閣學士貴恆封奏一件擬請
旨傳留
御史英俊封奏一件擬請
旨傳留
宗人府奏新封奉恩輔國公戴洸應添護衛官
員數目請
旨遵行事擬請
旨傳留
又奏銀庫奏銷事擬請
旨傳知道了
兵部奏議覆河東河道總督奏黃河兩岸出力
各員請獎事擬請
旨傳依議
附片奏陝西參將魏長林改獎事擬請
旨傳依議

拟写顺天府尹游百川等员奏折之硃批清单

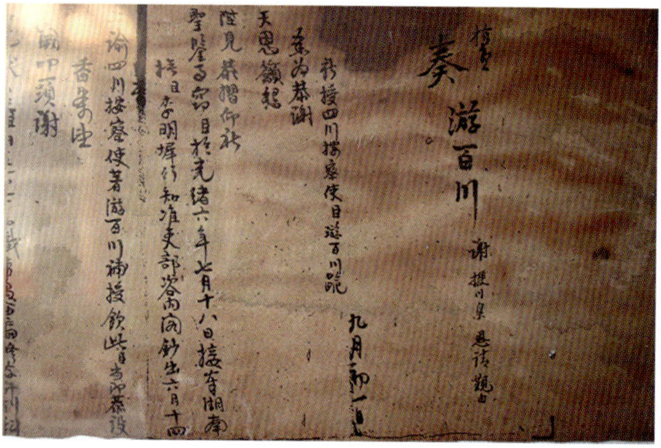

奏
游百川
新授四川按察使臣游百川跪
九月初一日
奏為恭謝
天恩籲懇
陛見恭摺仰祈
聖鑒事竊臣於光緒六年七月十八日接准湖南
撫臣李明墀行知准吏部咨開欽奉六月十四
諭四川按察使著游百川補授欽此臣當即恭設
香案望
闕叩頭謝

游百川手书奏折（局部）

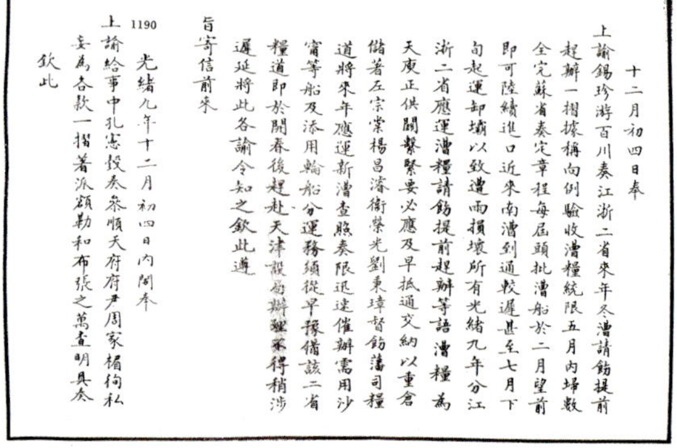

十二月初四日奉
上諭錫珍游百川奏江浙二省來年冬漕請飭提前
起辦一摺據稱向例驗收漕糧統限五月內歸數
全完蘇省奏定章程每屆頭批漕船於二月望前
即可陸續進口近來南漕到通較遲甚至七月下
旬起運卸竣以致遭雨損壞所有光緒九年分江
浙二省應運漕糧請飭提前趕辦等語漕糧為
天庾正供關繫緊要必應及早抵通交納以重倉
儲著左宗棠楊昌濬衛榮光劉秉璋督飭藩司糧
道將來年應運新漕查照奏限迅速催辦需用沙
甯等船及添用輪船分運務須從早預備該二省
糧道即於開春後趕赴天津設局辦理毋得稍涉
遲延將此各諭令知之欽此遵
旨寄信前來

1190 光緒九年十二月初四日內閣奉
上諭給事中孔憲㲄奏參順天府府尹周家楣徇私
妄為各款一摺著派額勒和布張之萬查明具奏
欽此

游百川奏江浙二省来年冬漕请饬提前赶办上谕档

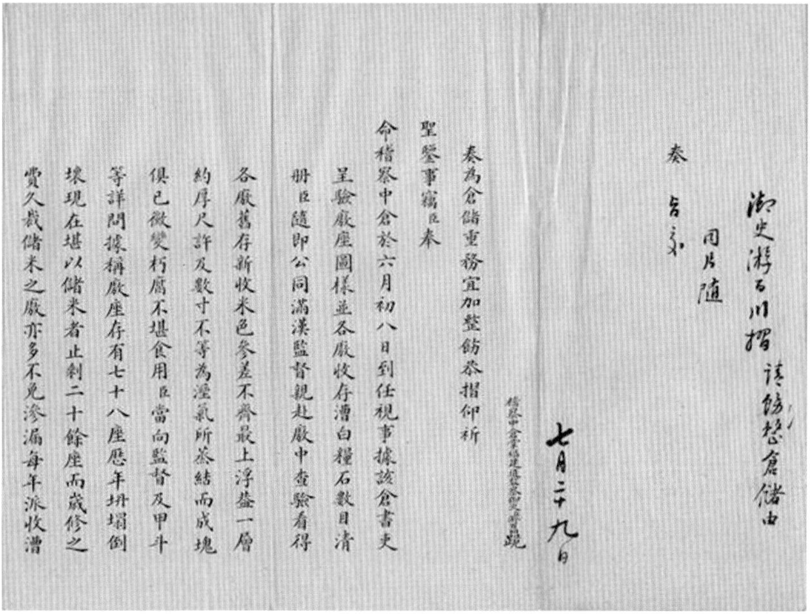

游百川奏请整饬仓储折（同治十年七月二十九日）

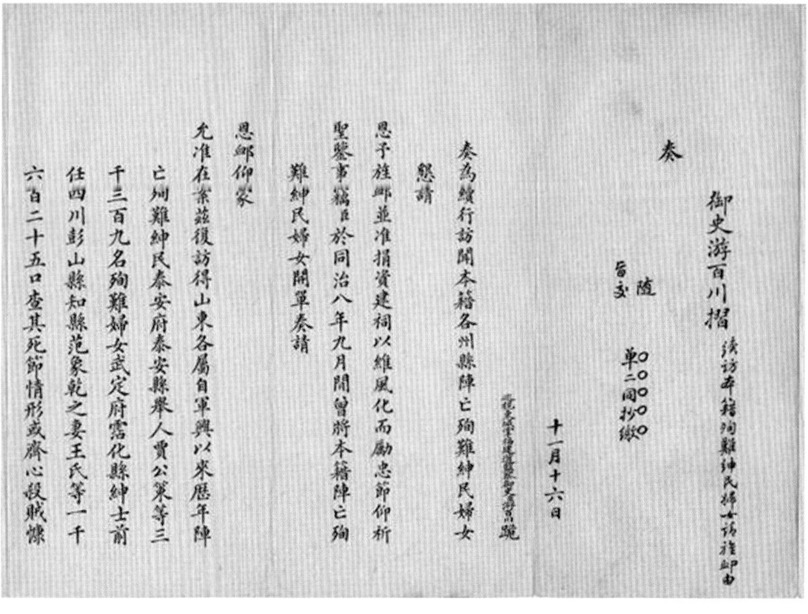

游百川奏续访本籍殉难绅民妇女请旌恤折（同治十年十一月十六日）

游百川进呈表文及上谕（一）

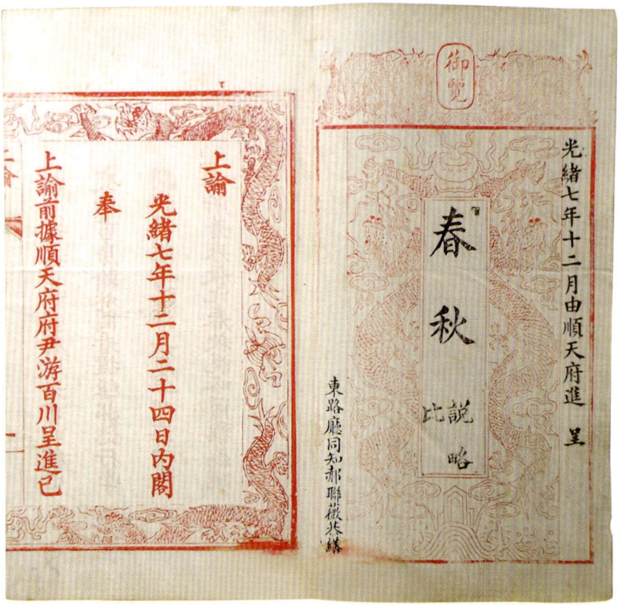

游百川进呈表文

及上谕（二）

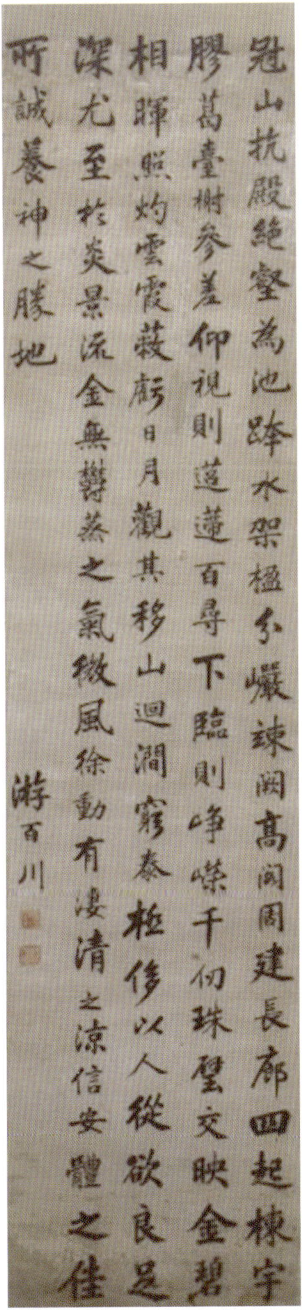

游百川书法（藏于昭文画庭）

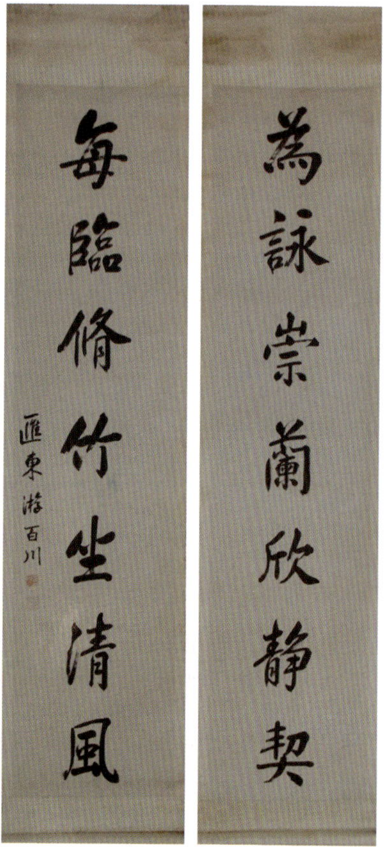

游百川书对联

序

筚路蓝缕启山林

游百川，山东滨州人。赵尔巽纂《清史稿》卷四百二十三有他的传，可惜记载简略。查阅《武定府志》、《滨州志》等地方史志，仅在《续武定府诗钞》、光绪《蒲台县志》中发现游百川的两篇诗稿。在《山东黄河志》、《利津县黄河志》中也只是记载了清光绪九年(1883)游百川钦差“督河工”，与山东巡抚陈士杰等巡视黄河、治理黄河、抚恤赈灾的事迹。再查找清末以来历史资料，有关游百川系统研究的著述也较少。滨州学院黄河三角洲文化研究所姚吉成副教授经过多年搜集文献资料，又进行了长期的社会调查，终于写成《游百川研究》一书。读后很受启发，受益匪浅。

游百川在黄河下游沿河两岸各村庄尤其是在滨州应该说是家喻户晓的人物。咸丰五年(1855)，黄河从河南铜瓦厢决口，改道北流夺大清河河道入海，大清河河床逐渐被黄河泥沙淤积而抬高，渐成为“地上河”。每逢伏汛、秋汛或凌汛，大清河流域时常因黄水暴涨而淹没田舍，百姓流离失所，死伤无数。游百川从同治六年(1867)就上奏折阐述黄河之害与筹办河堤事，直到光绪八年(1882)十二月被钦差“督河工”。游百川协调黄河中下游，在原有民埝的基础上督修缕堤和遥堤，形成现在黄河大坝的雏形，同时还多方倡捐赈抚灾民，后代百姓念其德而永志。游百川也是勤奋刻苦学习的典范。他家境贫寒，14 岁时父亲去世，母亲靠打短工维持生计，供应他求学。他励志勤学不负所望，30 岁考中举人，40 岁考中进士，历任翰林院庶吉士、编修、御史、给事中、四川按察使、顺天府府尹、仓场侍郎等官职，成为朝廷所倚重的名臣。游百川为官清廉，刚正不阿，不畏权贵，惩治宗室宽和、宽亮，“一时贵近敛迹”，可谓“能臣”。同治十二年(1873)，冒死上书谏缓修圆明园，触怒慈禧太后，被革职。他直言敢谏，可谓“谏臣”。其晚年应邀先后主持济南泺源书院、东昌书院，为清末著名经学家。他尊师重教、造福桑梓，勤政为民、两袖清风，为清末“一代良吏”。《滨州文物通览》中载有游百川写的一副对联：“为咏崇兰欣静契，每临修竹坐清风。”正是他一生心境的真实写照。

作者从研究游百川的奏折入手，在厘清游百川一生事迹的同时，挖掘概括了其民生思想、吏治思想、治河思想和理学思想。游百川的思想具有重要的现实理论意义。其民生思想的精髓于当今保障和改善民生具有重要的参考价值；其吏治思想揭示了“吏廉则治，吏不廉则政治削”这一历史规律，符合历史发展潮流和人民大众的根本利益；其治河思想注重调查研究，强调要从河情、地势出发来确定治河方针和方法，为后人治河提供有益借鉴；其理学思想在一定程度上推动了“理学中兴”，并对同、光时期的思想学术产生了深刻的影响。本书还对游百川两次被“革职”的原因进行了考证，还历史以本来面目。总的可以说本书是游百川一生事迹较系统的首部著述，为今后深入开展游百川研究及清末相关问题研究奠定了基础。

是为序。

安作璋

2014 年 8 月 30 日

序

历史是一面镜子

历史是一面能够照亮现实的镜子。鉴古知今，继往开来。党和国家领导人十分重视修史编志工作，2014 年 4 月 19 日，国务院总理李克强在第五次全国地方志工作会议上做出重要批示："地方志是传承中华文明、发掘历史智慧的重要载体，存史、育人、资政，做好编修工作十分重要。……修志问道，以启未来。希望你们继续秉持崇高信念，以更加饱满的热情、以求真存实的作风进一步做好地方志编纂、管理和开发利用工作，为弘扬优秀传统文化、服务经济社会发展做出新的贡献。"

然而，一些地方受经济利益的驱动，过分强调"文化搭台，经济唱戏"，忽视了文化的先进性和本源性，以逐利为本，一再发生"名人故里之争"乃至西门庆故里之争的闹剧，篡改了历史与文化的本来面目。这种炒作，无论结果的输与赢，都算不上历史与现实的荣光，只能成为大方之家的笑谈。

滨州，地处黄河三角洲腹地，自古便是文化繁盛之地。与前者不同，中共滨州市委、滨州市政府在尊重历史的前提下，本着"以古为鉴，古为今用"的原则，潜心挖掘自己的地域文化之根，延展当地的历史文化血脉，为生于斯、长于斯的清末良吏游百川修建纪念馆，开展游百川事迹研究，组织编著出版《游百川传奇》《游百川研究》等系列丛书，即为明证。

那么，游百川给后人留下了什么呢？

一

滨州出人才。滨州是一片古老而又崭新的土地，在悠久的历史岁月中，它贫瘠而又富有。瘠薄的盐碱地，贫乏的物资，激发了滨州儿女奋发进取的斗志，他们为改变自己、家族乃至家乡的命运，发愤苦读，自强不息，留下了一段段唇齿留芳的佳话，成为齐鲁大地上卓然挺立的精神高地。这里有“先忧后乐”北宋贤臣范仲淹在邹平长山“断齑画粥”的苦读背影，有明代嘉靖、隆庆、万历三朝元老杨伯谦在海丰县尚义里（今无棣镇杨三里村）效仿前人“头悬梁、锥刺股”的传说，有清道光时期绥定知府孙益廷在滨州吃糠求学的故事，更有清总督仓场侍郎游百川在滨州隔窗偷学的佳话。游百川志存高远，发愤图强，从一个寒窗读书人、田舍郎最终成为天子门生、一代良吏，他是滨州平民子弟学习的典范。长江后浪推前浪。呼吸着前人勤学苦读的精神气息，相信会有更多的滨州学子通过勤奋自强走上成才、成功之路。

二

滨州出良吏。细数历史上外出为官的滨州子弟，大多出身平民，靠个人奋斗晋身仕途，“当官为民做主”是他们不变的追求。他们一般都具备一心为民、勤政爱民、刚正不阿的优良品质。一代良臣范仲淹，在邹平度过青少年时期，为官后先忧后乐，先公后私，其名句“先天下之忧而忧，后天下之乐而乐”成为中华民族最高尚的道德规范。明代散曲家刘效祖的祖上出于山东滨县（今山东滨州一带），刘效祖任陕西固原兵备副使时，行不入辞，别不具馈，体贴民情，为忌者所中伤而归，“原人扶老携幼，号泣车前者，声震四十里”。明代以“父子二鼎甲”闻名于世的苏兆登，山东沾化（今滨州市沾化县古城镇王见南村）人，不收受馈赠，任永平府知府期间，重国计民生，离任时，“泣送者填路”。明代济南府长山县（今滨州市邹平县长山镇）西街人徐以贞任霸州知州时，爱民如子，离任之后，“州之人思而不忘”，购石刻碑，颂其功德，名曰《徐侯遗爱碑》。滨州中游村游百川为官期间，始终坚持以民为本，关注民生，改善民生，为老百姓做了许多实实在在的好事。为了国计民生，他甚至不顾身家性命，直谏缓修圆明园。他们的为官思想与当今我党“执政为民”的理念是一致的，是值得继承和发扬的。

三

滨州出能臣。滨州物华天宝，人杰地灵，代有才出。唐代名将段志玄，系临淄邹平人，一生参与了远征高丽、太原起兵、全国统一战争、玄武门之变以及讨伐吐谷浑等数次战争，冲锋陷阵，勇不可挡，治兵严谨，不趋时利，堪称“唐朝版”的飞将军李广。生前曾被授予右领大都督府军头、乐游府骠骑将军、左骁卫大将军，封樊国公、褒国公，拜右卫大将军。死后赠辅国大将军、扬州都督，谥号庄肃，陪葬昭陵。贞观十七年（643），图形于凌烟阁。五代时期邹平名相景范，为官不仅廉洁勤政，而且不惧权势，处理各种政务雷厉风行，“人谓其贤且能”。晚明齐东县崇文乡（今邹平县台子镇东大郭家）人张梦鲸一生扶危济困，惩恶扬善，除霸安民，“为官十三任，每任皆有治绩”，被崇祯皇帝褒誉为“天下卓异第一”，被后人称为“治世能臣”。清代武定府（今惠民县）人李之芳曾任浙江金华府推官、刑部主事、湖广道御史、吏部右侍郎、兵部右侍郎兼都察院左副都御史等职，参与平定了降清后又率兵独立的耿精忠之乱。清代蒲台县(今滨州市滨城区)人盖方泌担任台湾知府时,“屡谳大狱,皆聚众汹汹,稍激则变”,他通过细致调查,“一以理喻,蔽罪如法”,得到了百姓的信服和拥护。彰化和嘉义曾发生旱灾,引起饥荒,社会秩序一时陷入混乱,“泌捕七十人,置之法,天乃雨,民呼为‘太守雨’”。游百川奏请惩治贪残吏胥、奏请严禁栽种罂粟、治理黄河、赈济灾民等,不愧为朝廷倚重的“能臣”。今天我们也要发扬这种干实事的精神,既要想干事,还要能干事、干好事。

四

滨州出清官。滨州人民一向具有吃苦耐劳的奋斗精神和勤俭持家的生活作风,受其影响,从这块土地上走出去的滨州籍官员绝大多数两袖清风、公正廉洁。南朝梁文学家任昉系山东乐安博昌(今山东博兴东南)人,他爱民如子,为官清廉,在义兴郡(今江苏宜兴)太守任上,虽然按规定俸禄人百石,他只拿五分之一,够妻小生活而已。离任时,船上不过绢七匹、米五石。去世时,遗产只有桃花米二十石。东海(地名)人王僧孺曾经评论他“以别人快乐为乐,以别人忧愁而忧,不带家产上任,赢得百姓敬仰回来”。唐末渤海无棣人李愚曾任门下侍郎平章事,并兼兵部尚书,生活中不追求豪华舒适,从不治田宅家产。即使为相后,仍借延宾馆暂居。患病时,明宗派宦官探视,只见他住室里空空荡荡,病榻之上也只有破毡一领。明代阳信县人唐诏,性笃实,出任江苏六合知县的第一件事是去城隍庙面对城隍宣誓:“坏法身家灭,贪赃天地诛。”并把誓言亲笔写在庙门上,每月初一、十五亲至庙门,面对誓言自我对照。他的父亲来六合县探望儿子,属吏送给唐父一些财物,唐诏发觉后,婉言劝说,直至父亲把所受馈赠如数拿出。唐诏去世后,家人清理他的遗物,所存只有书籍和旧衣物。清代滨州人杜鼐初任江苏娄县知县时，正值征发民夫漕运，他革除了所有弊端，额外不取一粒米。为湖北襄阳县知县后，公正廉明，俸禄之外，不取一分一毫。时值旱灾，他详察得失，力请赈灾，节余五千多两白银，部分官吏主张私分，他说：“先祖节余四十余万两，如数上缴，传为美谈，我不能辱没先人。”坚持上缴省库。清代沾化人韩天骥在江苏沭阳县知县任内，恪尽职守，清正廉明，“去任时，士民送《花满河阳图》送诸境”。海丰人范中行任盱眙知县时，耿直廉洁，操守端正。近年，盱眙县为配合廉政教育建设，在县城内“第一山”的秀岩左侧建了一面“思廉墙”，墙上镌刻着盱眙县历史上十位清正廉明知县的事迹，范中行赫然在列。游百川任官二十四年，视察河患，赈济灾民，经手款项数额巨大，所任仓场侍郎，掌管天下粮仓，在某些人眼里也是肥差。但游百川“千金经手过，不沾一文钱”，一身正气，廉洁自守。“一任清知府，十万雪花银。”游百川在几乎无官不贪的晚清能够坚守自己的清白，是极为可贵的。

另外，本书作者“秉笔直书”的良史笔法和实事求是的治学态度也值得一提。虽为当地历史文化名人著书，他们却不为“尊者讳”，“不溢美，不隐恶”。在游百川两次遭贬的叙述上，《清史稿》和《游氏世谱》均采用了讳饰的手法，而本书著者本着对历史高度负责的态度，细心搜求资料，小心求证，还原了历史的真实面目。

滨州学院黄河三角洲文化研究所姚吉成和当地学者邢恩和、左登华的《游百川研究》结稿后，问序于我。读罢书稿，颇觉于世有补，欣然命笔，是为序。

2014年8月31日

目 录

第一章　家世及励学

《清代山东乡试朱卷咸丰壬子科·游百川》记载:“游百川,字汇东,号梅溪,行一,道光癸未年二月十四日吉时生。山东武定府滨州增生民籍。”道光癸未年,即道光三年(1823)。民国癸亥《游氏世谱》记载:“十五世百川,字汇东,诰授资政大夫。生于道光三年二月十四日,卒于光绪二十年十月二十二日。”

游百川(1823~1895),字汇东,今山东省滨州市中游村人,在同治、光绪两朝为官。清末良吏。游百川在给慈禧太后、同治、光绪皇帝的奏折中自谦称山左下士。《清史稿》卷四百二十三《游百川传》记载:

> 游百川,字汇东,山东滨州人。同治元年进士,选庶吉士,授编修。六年,迁御史,巡西城。宗室宽和等所行多不法,奏劾惩治,一时贵近敛迹。① 七年,捻匪自山东窜直隶,百川奏请饬统兵大臣迅速剿办,又请严禁各省栽种罂粟,上皆采纳。疏论内外官署胥吏积弊,诏通饬严禁。复言:“除吏弊在肃官方,尤在扬士气。请饬部院堂官于每司中择贤俊数员,付以事权,专其责任。察有胥吏舞弊,据实上陈,仍以勤惰定功过。赏罚既明,人才自奋。至外省地方官,本有惩治

① 此事记载时间有讹误。据中国第一历史档案馆馆藏游百川《奏为拿获多年纠伙肆窃计赃逾贯之贼犯并积惯窝主请旨饬交刑部严行审办》折,时为光绪元年十一月初七日,而非同治六年迁御史后所为。

胥吏之权，严饬各督抚为地择人，毋以人试地。举贤劾不肖，再简廉正大员，以时巡察，遇有贪官蠹吏，列状奏闻。”

黄河北徙，山东郡邑屡被水。百川疏请赈恤，河督文彬、巡抚丁宝桢请仍挽复淮、徐故道，命廷臣集议。百川疏言：“黄水宜南宜北，必将折衷一是。如议挽复故道，论工程，论经费，引黄济运，有未可遽定者三端：如即以大清河为黄水经流，旧道断不能容，河面必须加宽，民间田庐如何移徙，如何安置，则度地宜审也；且即河面加宽，仍恐万难容纳，别开支河，势不容已，徒骇、马颊、钩盘、鬲津犹可指名，可否开行，有无贻害，则分水宜权也；黄水北行，其事为创，万一不善料理，人情骚动，物议沸腾，则相机宜慎也。请特派大臣履行上下游详勘，然后定策。”

十二年，上亲政，命葺治圆明园，奉皇太后驻跸。御史沈淮疏请暂缓修理，上特谕宣示孝养两宫之意，专修安佑宫供奉列圣御容，暨皇太后驻跸之所，治事之地，量从节俭，不事华靡，此外均不必兴修。百川继疏申谏，上召入诘责，百川侃侃正言无所挠，上为动容，一时敢谏之名动朝野。寻以忧归，服除补官，迁给事中。

光绪五年，出为湖南衡永郴桂道，迁四川按察使，擢顺天府尹，迁仓场侍郎。九年，山东河决，被灾者数十州县，命百川往会巡抚陈士杰治工赈。百川轻骑周历河南北岸、上下游，先散急赈。会奏请筑两岸遥堤，复于其内筑缕堤，使黄水不致泛滥；又奏请浚小清河，分黄水入海：如议行。还京，以仓廒被火，罢归。居数年，卒。①

游百川家道贫寒，但少年励志，聪颖好学，七岁入私塾，十四岁因父亲去世而辍学，翌年幸遇恩师杜源收教，研读《四书》《五

① 《清史稿》卷四百二十三《游百川传》，中华书局1977年版。

经》,并习疏奏诗赋科举之术。二十岁娶周氏为妻成家,仍坚持诗书耕读。三十岁(咸丰二年)参加山东乡试,“中式第四十名”(举人),随后游学京师馆,考取景山官学充汉教习,后入右翼宗学任汉教习。四十岁(同治元年)①中进士,选庶吉士,翰林院任编修,升御史,历官福建道监察御史、工科给事中、刑科给事中、湖南衡永郴桂兵备道道员、四川按察使、顺天府府尹、总督仓场侍郎。为官期间,游百川清正廉洁,两袖清风,忧国忧民,励精图治。他惩治不法宗室宽和、宽亮,奏请严禁种罂粟,疏谏缓修圆明园,筹办河防以济民生,崇尚经术以端正趋向,倡议清除吏弊激扬士气……游百川有胆有识,以国计民生为本,敢于犯颜直谏。另外,游百川还积极回报社会。在顺天府任府尹期间,新建“广仁堂”,收养童幼妇女以济穷黎;为顺天府金台书院修缮捐款;丁忧②期间,将好友赠予的千金转赠滨州书院,还应邀到临沂琅玡书院(沂郡书院)、武定府敬业书院任月课主讲。光绪十七年,因仓场积弊深久“治理不力”,与兴廉上书请罪辞职。回到滨州后,年逾七十的游百川还应山东巡抚、东昌知府之邀,先后到济南泺源书院、聊城东昌书院讲学。

第一节　家　世

山有根,水有源,人亦知追宗望祖,明盛德贤良荣辱之道,正如1949年《游氏世谱》所记“昭广传恩泽,荣华富贵昌。诚明新道德,忠孝树纯良”。游氏家族的传统文化,对游百川的成人成

---

①　注:按《游氏世谱》记载推算,是年游百川四十岁,但同治元年六月二十日上谕新科进士榜载:“山东进士游百川,年三十六,二甲十一名,复试一等二名,朝考一等六名。”本书凡涉及游百川年龄的,均按《游氏世谱》。

②　古代,父母去世后,子女按礼须持丧三年,其间不得行婚嫁之事,不预吉庆之典,任官者并须离职回籍持孝,称“丁忧”。

才起到了非常重要的影响。

一、滨州游氏

元末，江西青绥人游政因兵乱参加到反元农民起义军队中，几经辗转归入朱元璋一派，随徐达、常遇春大军北上。战争结束后，游政以战功卓著被封侯，始居滨州，此后六百余载，滨州游姓枝繁叶茂，繁衍迄今二十余世。游百川为游政第十五世孙。

同治壬戌年与光绪丙戌年滨州《游氏世谱》内《游氏先茔碑记》都写道：

> 始祖讳政，元季以战功封侯。卒，蒙谕赐葬祭，详载邑志，迄今墓记石迹岿然犹存，而世远年因，其文率漫漫而不可读。茔间有续立石碣，颜曰《游氏宗支图谱》，旁书细字亦不可复识。咸丰壬子岁，百川举于乡，族人以修谱属，而时未果。岁壬戌，得通籍合族重议修谱，而欲先于茔间立石，以志其缘起。念自元季以来数百年于兹矣，居民递经变更，不无转徙，而吾游氏世居此地，得继继绳绳，以奉先祀于不替，可知前世贻泽长也。继自今岁，时时祭扫，凡我族人义重本源，序明昭穆，敦亲睦之意，起孝悌之心。所有承先者在是，所有裕后者当亦在是也。谨为记。

滨州《游氏世谱》(2001 年本)也记载："滨州游氏始于元末明初，始祖游政。"据江西青绥《游氏世谱》记载："游政，元至正壬辰(1352)遭兵燹散出。"据此可知，滨州游姓源出于江西游姓。

至正十一年(1351)反元斗争爆发，红巾军起义，百姓响应，官府倒戈，游政加入到反元队列。几经战乱，至正二十三年(1363)，朱元璋战胜陈友谅，江西红巾军于次年归顺朱元璋。至正二十七年(1367)十月甲子日，朱元璋任命徐达为征北大将军，常遇春为征北副将军，率领二十五万主力北伐，游政随之。十月二十九日，徐达、常遇春率部开始攻占山东寿光、临淄、高苑、滨州、乐安等地。当时"肯在山东抵抗的元朝将领仅有三个汉人——王宣、王信和俞胜，以及一个蒙古人——普颜不花……俞胜守乐安（惠民），也是降了又叛，战败逃走，其后被捉”①。战后，游政以英勇善战、战功显赫受命留守滨邑，始居滨州，游姓在此开始繁衍生息，才有了前游村、中游村、后游村及现在遍布滨州四十多个村庄的游氏后裔。2013 年由游泽坤撰写的《游氏续立碑记》墓碑上云：“茫茫渤海，滔滔黄河。始祖游政，滨地开宗。”

据考证，游氏起源于春秋时代的郑国，出自姬姓。周厉王姬胡的儿子姬友，被其兄周宣王姬静封于郑（今河南省新郑市一带），建立郑国。郑穆公生子姬偃，字子游，约公元前七世纪末，姬偃之孙皈依祖父之字命姓（氏），其后代均以游为姓。滨州游氏世系开宗始祖游政（？～1378），元末随农民起义军北伐，在推翻元王朝统治中战功卓著，历升侯爵，后谕赐国公。② 家谱之记载确有一定的真实性。

光绪年间，游百川在与陕西司主事兼陇西司行走加三级谭培元谈论游氏支系时，曾提出“南宗”和“北宗”之说。2013 年 11 月 9～10 日，滨州中游村党支部书记游森恩去福建南平参加“首届海峡两岸游酢文化节暨游酢诞辰 960 周年纪念大会”，搜集到两份非常珍贵的资料。

一是光绪年间湖南澧县《游氏世谱·游氏谱序》。《谱》载：

游姓通祖郑吉公由来远矣。余官农曹③时，游君百川相处最久，为余续本源甚悉。百川，山东滨州人，去河南新郑不远，现官都察院监察御史，前翰林院编修也。先皇亲政之明年，方欲重

① 黎东方《黎东方讲史——细说明朝》，上海人民出版社 2007 年版，第 32～33 页。

② 游泽坤《游氏世谱·游氏起源》2001 年本，第 1 页。

③ 农曹，又称农商曹，主管农业耕作、商业经营、水利、天灾、人祸等，相当于现在的农林局和民政局。

修圆明园，为两太后栖息之所。当是时，天下虽已肃清，库款仍形支绌，当路诸大老欲言而不果者久之。侍郎伏阙上书，虽披逆鳞不惧，而土木之兴卒以此寝事。嗟乎！朝有达臣，天下蒙福，邦家之光，亦宗族之荣也。公余彼此过徙，余为述澧阳游家岭、游家山古堰头、仙阳坪诸族户口之繁，人支之盛，慨然曰："此吾南宗也，河南山东为北宗。"解组后当思所以联络之。今其谱牒已就，支分派衍，爽者列眉异日者，南宗北宗合为一族，群谱都为一集，固侍郎之素志也，抑余所厚望也。诰授朝议大夫户部陕西司主事兼陇西司行走加三级，益斋谭培元谨序。

该谱说明湖南澧县之游姓，山东滨州、河南、闽赣之游姓，都属于郑吉之后的南宗与北宗，这一点得到大家的认可。

二是民国十年四月湖南澧县《游氏世谱·游氏续修谱序》。谱载：

吾乡游氏，自江西迁于澧阳历有年矣。前清咸同间，人文蔚起，如益斋先生与其子游赓臣，父食气饩子游洋桥梓齐名，虽未能禁苑同登，亦可谓文章并绝，迄今读其手作，憾生世甚晚，以不及游其门为歉，然其澧西黑岩嘴坪湖如游家山、古堰头、游家岭及乌溪沟等处，户口之繁，人文之盛，合渫阳盖望族也。游氏之兴如此，其祖先必有潜德积久而发，惜未详其所由来耳。民国十年春，游君浩然同侄务斋唱首续修族谱，持旧谱一部示余，且问序于余。细阅谱中诸序，而知游氏始于游吉，春秋时贤大夫也。自是厥后，代有闻人，至前清监察御史百川为清皇重修圆明园事伏阙上书，□声播于天下，土木之害遂止。呜呼！明德之后必有达人，游氏之兴其未艾乎？但其谱自光绪丙子年重修后，迄今已四十余年矣，子孙繁衍，支分派别，苟不收于谱以联络之，不惟派系湮没而难考，将一本而且途人视之矣……中华民国十年辛酉岁孟夏月谷旦，前清石邑渫阳生员曾金泉。

该谱说明湖南澧县游姓也源出于江西游姓，属南宗。

二、游氏支系图谱

元末明初，黄河三角洲一带（包括滨州）因战乱、灾荒，已是“赤地千里，杳无人烟”，明洪武、永乐间持续六十多年，明政府有计划地从山西洪洞、河北枣强向黄河三角洲地区移民。游政可能是“因功封侯”顺应国家形势主动到黄河三角洲立家创业的先驱者。

滨州游氏定居滨州迄今六百余载，枝繁叶茂，人丁兴旺，游姓家族和滨州其他较有名气的家族一样，提倡诗书耕读、忠厚传家，父慈子孝，代代相传。根据《游氏世谱》同治癸亥镌（同治二年清和月镌，此家谱从同治元年到同治二年，历时两年）、光绪丙戌年（1886 年）五月镌、民国癸亥年（1922 年）镌、民国丁丑年（1949 年）冬月镌和 2001 年本，系统梳理游氏支系，现将游百川一支家谱梳理概览如下页所示。

六百余年间，游氏宗亲迁播于滨州大地及省内外，仅在滨州已广布于四十多个村庄。民国癸亥年镌《游氏世谱 · 游氏迁徙表序》曰：

> 甚矣，人之迁徙也，其必有故矣。旱干也，水溢也，兵荒也，意外之变也。合久而分也，不然者安土重迁，人之恒情，弃闾里，别亲戚，奔走异乡，岂其所乐哉？我始祖占据滨州，支始分五，厥后生齿日繁，然皆同土共居，并耕而食，并凿而饮，世相守不相离也。自元迄今五百余年，其间迁徙者不可胜数，明以前不可得而考，清以来颇可考焉，其迁于数里以外者往来相通，声气相接……数十里以外者即数岁不得一见焉，况远在百余里、千余里以外者乎？

古代交通不便，信息闭塞，远不似当代信息化社会，古代同族之间的联络主要靠续修家谱。滨州游氏现存最早的家谱是同治癸亥年镌本，由游百川主持纂修，其后又四次修谱，这四个版本分别是光绪丙戌年游百川主持纂修本，民国十一年由游百川

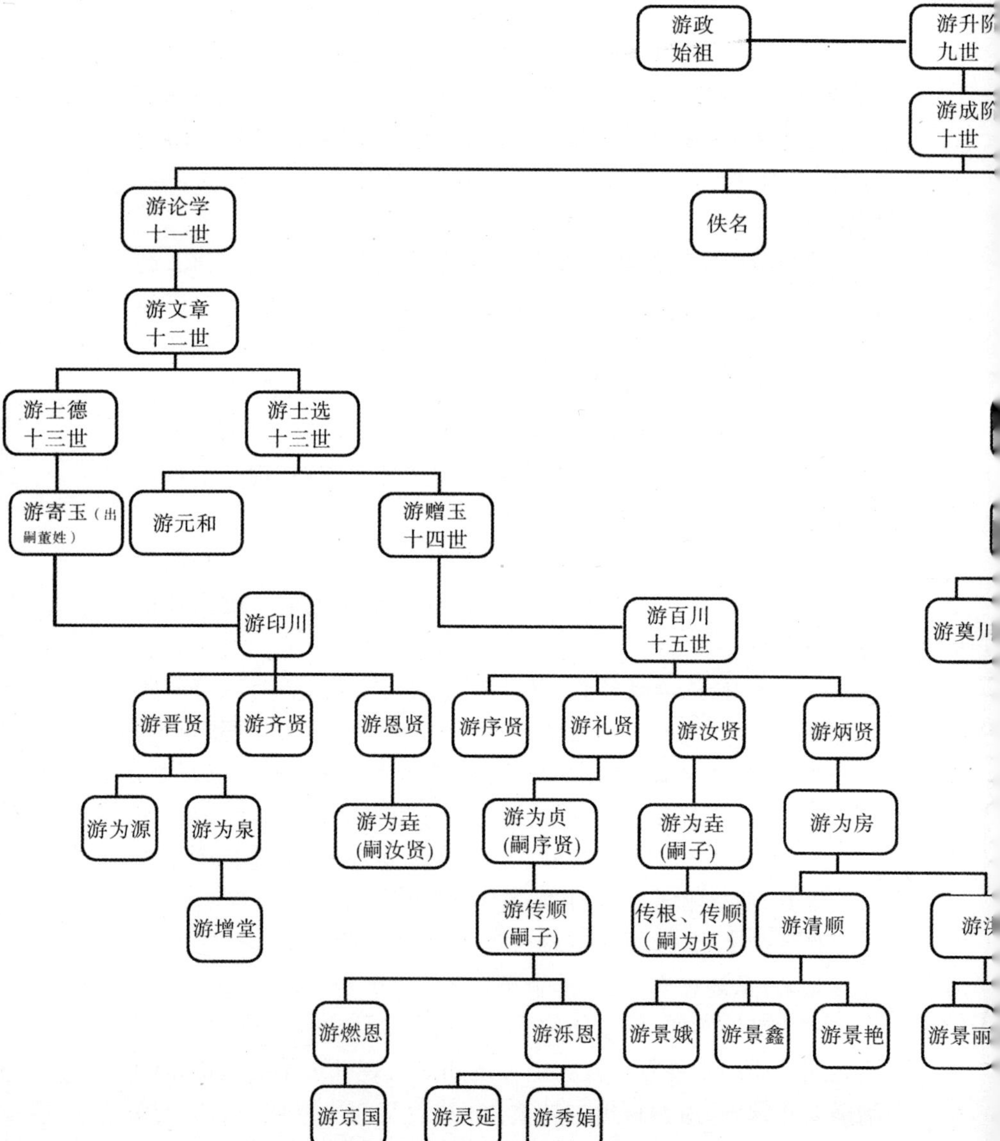
游政
始祖
游升
九世
游成
十世
游论学
十一世
佚名
游文章
十二世
游士德
十三世
游士选
十三世
游寄玉（出嗣董姓）
游元和
游赠玉
十四世
游印川
游百川
十五世
游奠川
游晋贤
游齐贤
游恩贤
游序贤
游礼贤
游汝贤
游炳贤
游为源
游为泉
游为垚
(嗣汝贤)
游为贞
(嗣序贤)
游为垚
(嗣子)
游为房
游增堂
游传顺
(嗣子)
传根、传顺
（嗣为贞）
游清顺
游燃恩
游泺恩
游景娥
游景鑫
游景艳
游景丽
游京国
游灵延
游秀娟

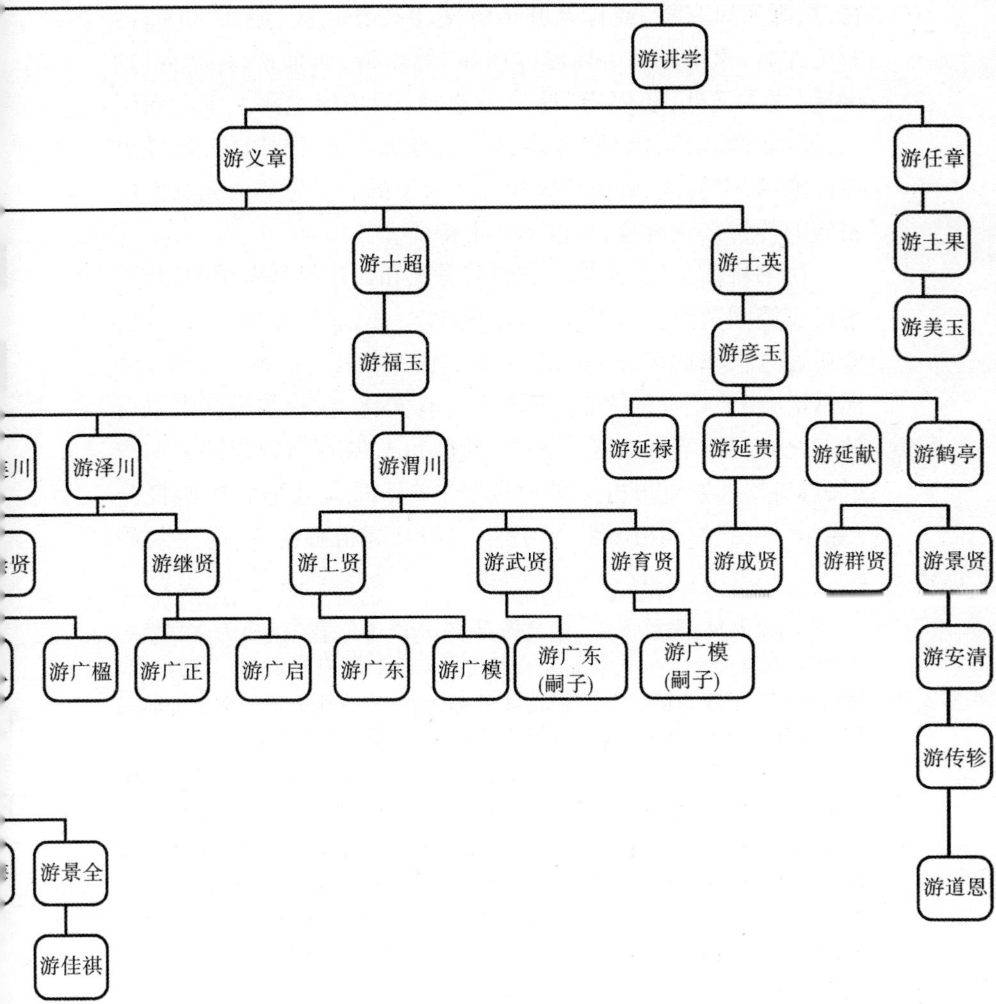

游讲学
游义章
游任章
游士超
游士英
游士果
游福玉
游彦玉
游美玉
游泽川
游渭川
游延禄
游延贵
游延献
游鹤亭
游继贤
游上贤
游武贤
游育贤
游成贤
游群贤
游景贤
游广楹
游广正
游广启
游广东
游广模
游广东
(嗣子)
游广模
(嗣子)
游安清
游传轸
游景全
游道恩
游佳祺

的四子游炳贤主持纂修本,1949 年游百川的孙子游为贞主持纂修本和 2001 年由游森恩、游泽坤主持纂修本。

三、家风家教

中国是一个典型的家族式社会,每个家族都有自己的风格特点,即家风家教,或称家庭传统文化教育。从《游氏世谱》内容记述看,家谱的核心内容除彰显"笃本源,明世系,详昭穆,别亲疏"之大义外,还倡导"昭广传恩泽,荣华绍本源。宗功贻嗣世,谟训继前贤",倡导"尊祖、敬宗、睦邻"的和谐思想,倡导忠厚传家、诗书耕读、勤俭持家和达济天下的处世思想。概括游氏家族的传统文化教育,有以下几个特征。

诗书耕读,一心向学。受儒家思想和封建科举考试的影响,游氏家族同黄河三角洲其他名门望族一样,非常重视科举考试,希望通过科举成名获得功名利禄,光宗耀祖。这种现象在《游氏世谱》中有明显的表征,家谱中对有文化、在科举考试中取得功名之人用重笔标出以示褒奖。《谱》记,游百川曾祖游文章赠"文林郎"①,游百川祖父游士选赠"文林郎",族伯高祖游良公"廪生"②,族伯高祖游世选"痒生",祖叔高祖游良达"痒生",族

---

① 文林郎,文散官名。隋文帝置,在八郎中位第八。唐为文官第二十八阶,从九品上。宋从九品上。宋代元丰改制用以代留守、节察推官、军监判官。后定为第三十三阶,金正八品上,元升为正七品。明正七品初授承事郎,升授文林郎。清正七品授文林郎,吏员出身者授宣义郎。

② 廪膳生员,科举制度中生员名目之一。明朝府、州、县学生员。最初每月都给廪膳,补助生活。名额有定数,明初府学四十人,州学三十人,县学二十人,每人月给廪米六斗。清沿其制,经岁、科两试一等前列者,方能取得廪名义。名额因州、县大小而异,每年发廪饩银四两。生员(秀才)分四等:附生、增生、廪生、贡生。初进学的秀才称附生,经过岁考、科考成绩优异者,才可以升为增生或廪生。廪生是成绩最好的生员,名额有限,公家发给粮食。廪生须为应考的童生具结保证无身家不清及冒名顶替等弊。

伯曾祖游尚勤、祖叔曾祖游益谦、族伯祖游凤翔均为“痒生”，从堂伯游彦玉为“太学生”①。游氏家族浓厚的向学氛围，为游百川潜心学习并养成良好的品格奠定了基础。同治元年，游百川考中进士后，曾回家重修祖坟，出资并主持续修《游氏世谱》，足见其“家族”文化观念之重。2013 年，游氏后人为游百川树碑立传等。这些信息昭示出一个家族浓厚的文化传统和执着的文化追求。

尊师重教，相沿成习。游百川的科举成名，除得益于游百川有一位具有孟母般胸怀的母亲外，还得益于恩师杜左泉。游百川不忘恩师情谊，每次从京城回家路过杜左泉先生居住的山柳杜村时，总是在八里之外下轿步行，先去探望老师后再回家，留下“八里下轿”的美谈。游百川科举成名后，更加注重对其子女的教育，出资聘请教师，开设家塾，招收同宗同族和村里其他子女入学。虽然当时游百川已是被百姓所仰慕的“京官”，但游百川对所请的老师还是重礼相待。他规定，老师的饮食起居必须有家人专人来照料；正餐必须是四菜一汤；每天早晚学生必须给老师请安，相沿成习。游百川的曾孙游洪顺（现居北京丰台区，现年 73 岁）回忆说，1945 年前后，他的父亲游为房为他们请了位家教老师，名叫吴敬秋，新旧两学，白天教授教科书，晚上讲解唐诗宋词。中午，他们与老师同进午餐，但饭菜不一样，老师吃的是四菜一汤、白面馒头，他们则是高粱窝窝头、地瓜饭，晚上还要给老师烧炕、打洗脚水等。这种良好的行为教育，让游洪顺、游清顺受益终身。新中国成立后，游洪顺、游清顺随父亲游为房迁回北京丰台，游百川后人虽都是勤俭持家之人，但游百川留下的千亩土地让游为房一家被划为“封建大地主”家庭。游洪顺

① 太学生，在太学读书的生员，亦是最高级的生员。明清时期，太学即国子监的俗称。

凭着自己良好的表现和品德赢得学校的好评,中学毕业后被学校推荐到职业中专,系统学习餐饮服务。游洪顺又凭着优异的成绩和良好的品德,被分配到北京市饮食服务公司下的丰泽园工作,有机会为周恩来、郭沫若等党和国家领导人及外宾服务。改革开放后,丰泽园在深圳开设分店,游洪顺被任命为负责人,出色地完成了任务。游洪顺一生秉持的正是游氏家族良好的家教。

与邻为善,周济乡里。到中游村、前游村、后游村调研,70岁以上对游百川家世略有了解的乡民公认“游家很亲善,没有民愤”。中游村82岁的游广俭老人介绍说,听老人讲,有一户人家的院落位居游百川院落的西南角,两院合起来恰好是一处规整的长方形院落。游百川的儿子游汝贤请人说和,想兑换此院,但邻居不同意。游汝贤想动用父亲的威望请父亲出面协调。游百川得知后告诫道,与邻为善,各得其所,和睦相处。游百川升官不忘乡亲,随着其官职的升迁和收入的增多,游百川经常捎些钱物回家,让母亲周济邻里。同治六年(1867),黄河山东段决口十余处,黄水泛滥殃及家乡,游百川一方面向皇帝提交《东省被水请筹办河堤由》奏折,一方面命家人放粮赈灾。现任中游村村党支部书记游森恩听老人介绍说,自1855年黄河夺大清河河道从利津县入海,村前的大清河就经常泛滥,百姓生活困苦不堪。游百川看在眼里急在心里,他在北京丰台置地千亩,招收灾民耕种接济家乡。灾害严重的年份,每当进入腊月,他便吩咐在老家的大儿子游序贤,在自家大门口置碾磨、一头小毛驴,让乡亲们免费使用磨粮食。重灾时,游百川就用北京丰台收获的粮食分送到各家接济乡民。

与邻为善,周济乡里还体现在,游百川让自己的二儿子游礼贤学医(主要是眼科),为民解除病痛。当时,民间缺医少药,百姓经常受到病魔的侵扰。游百川从太医院淘得医书和宫廷秘方供儿子学习，教导儿孙“不为胥吏，宁为良医”。后来其儿子游礼贤、孙子游为贞成为远近闻名的乡医。20世纪五六十年代，游为贞还曾在山东省惠民县杜店人民公社卫生院任大夫。游百川的第五代孙游泺恩还珍藏了爷爷游为贞学过的龚云林先生编写的《详校万病回春》及《太医院吏目金溪》，还珍藏有游为贞的学习笔记和一张为周家村周省三开的处方。游为贞的女儿出嫁到济南，其后人在济南开设百川诊所。

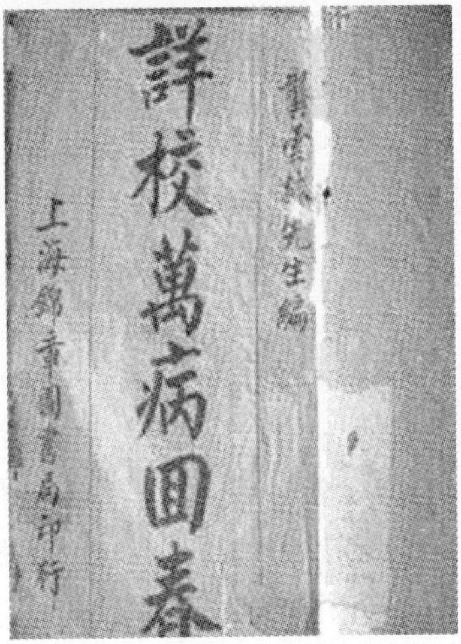

《详校万病回春》

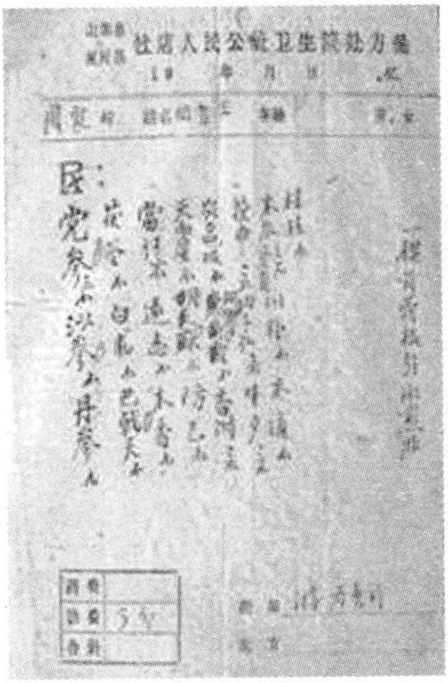

游为贞所开处方

反骄奢，倡节俭。游氏家族始终秉承勤俭持家的传统，尤其是游百川因少年失怙家庭生活窘迫，特别注重勤俭反对骄奢，这种思想甚至影响到游百川的政治主张。如游百川奏折中的举办垦田以收地利、严申栽种罂粟之禁、整饬管伍以复旧章、惩治胥吏、谏缓修圆明园、在顺天府开设粥场等政治主张和事迹，都体现了开源节流、勤俭持家的民生思想。游百川的曾孙游洪顺给我们讲了一个真实的故事：游百川的父亲去世早，母亲孙夫人到一户富户人家做佣人。富人家的一位少太太非常奢侈，吃水饺时只吃水饺的肚子，把水饺的边角剩到盘子里让孙夫人倒掉。孙夫人觉得扔了甚是可惜，便将水饺的边皮晒干收起。十几年后，富户败落，那位太太成了乞丐。机缘巧合，当那位少太太行乞到游百川家后，孙夫人将多年积攒的晒干的水饺边角，用水煮透端与那位太太吃，那位太太吃得很香。当得知所食之物是当年自己扔掉的东西时，潸然泪下。这则故事也成了游氏家族的传家宝。

忠厚传家，父慈子孝。受儒家思想的影响，滨州百姓普遍为人忠厚，尊崇父慈子孝传统理念。汉孝子董永卖身葬父的故事载入史册。游百川的曾孙游洪顺、游清顺回忆说，他们的爷爷游炳贤娶济南府的吴守英为妻，生了他们的父亲游为房和三位姑姑。游炳贤四十多岁时得了一次重病，济南府的大夫开了药方，其中一味药引子是人肉。他们的三姑是一位烈性而且非常孝顺的女子，为了医好父亲的病，她让大夫从她小腿上取了一块肉为父亲煎药。这则故事与滨州三姑庙里三姑的故事极相似。汉代（汉代是一个特别讲究孝的社会），当地一老汉膝下无子，仅有三位姑娘。有一天，老汉唉声叹气地对老伴说："三位姑娘出嫁后，谁来为我们养老送终？"三个女儿听到后立志宁不出嫁也要为老人养老。三位姑娘终生未嫁，后人立三姑庙以示褒扬。且不论这两则故事所包含的"愚孝"成分，仅就事论事，游氏家族忠厚传家、父慈子孝的和谐家庭理念，堪称楷模。

第二节　少　年

"忠厚传家远，诗书继世长"，良好的家庭教育，为游百川的成人、成才奠定了良好的基础。但少年时代的游百川又是苦涩的，一是游家家境贫寒，"家无过夜粮"，二是游百川十四岁时父亲游赠玉去世，仅靠母亲孙夫人农忙之余为别人打短工所得微薄收入维持生计。在如此艰苦的条件下，游百川能坚持学习，直至雁塔题名，成为清末朝廷所倚重的名臣，靠的就是“志”。游百川的成名比普通人艰难得多。

一、少年失怙

滨州地处渤海湾西南岸，位居华北平原济阳坳陷带，地势南高北低，西高东洼，为大禹治水分“九河”入海之地。中游村是黄河下游临近黄河北岸的一个村庄，以游姓为主，居民主要靠农耕和手工纺织为生。滨州游氏第十五世占“川”字。游百川出生后，其祖父游士选认为，自元朝末年始祖游政“以战功封侯”落籍于此，后世代代务农，得益于水，古老的济水、漯水和大清河都在此流淌过。这里是大禹治水九河之地，是百川入海之所。海纳百川，有容乃大。游士选祈盼孙子的到来能为游家带来吉祥，能出个有学问、成大器者，于是为孙子取名为游百川，字汇东，有百川东汇入海之意。游士选经常给游百川讲述始祖游政的故事。游百川自幼聪颖懂事，先人的英雄事迹激发起他的学习劲头和进取斗志。

道光八年(1828)，游百川入家塾，先后从师于族兄游昕、老夫子刘硕溪、夫子纪敬文、增生孙符轩(游百川堂舅)、增生吴丹轮、增生刘文藻和增生吴观涛学习，学习《三字经》《百家姓》《千家诗》《千字文》《弟子规》，以及《幼学琼林》等课程。游百川原本天资聪颖，外加勤奋好学，所以深得各位老师的喜爱。但好景不长，道光十六年(1836)游百川的父亲游赠玉积劳成疾，英年早逝，原本家道贫寒的游家，如遇晴天霹雳，塌天之灾。游赠玉的去世，让游士选夫妇饱受老来殇子之痛，孙氏遭受中年丧夫之切，游百川遭受丧父之悲。

嘉庆、道光时期，中国的国力开始下降，而在国外，西欧大陆的波澜渐已平复，列国养精蓄锐，西力东扩，势在难遏。“世界第一个资本主义国家——英国,已经变成走遍世界寻求殖民地的头等侵略国了……(他们)对清政府统治下的封建中国,抱着极大野心,一刻也不肯放松侵略的机会,是势所必然的。”①英帝国在用棉布等正常商品撬不开中国贸易大门后,开始向中国输入鸦片,进行祸国殃民的无耻的鸦片贸易,中国白银大量外流,中国在蒙受经济损失的同时,又丧失了国民健康的体魄,落下“东亚病夫”的恶名。道光三年(1823),中国发生了一次特大洪水,据《清史稿·食货志·赋役》记载:“国初以来承平日久,海内殷富为旷古所罕有。……至道光癸未(1823 年)大水,元气顿耗,然漕勉强枝梧者十年。逮癸巳(1833 年)大水而后无岁不荒……”这次大水强度大、面积广,南北同涝。山东大地河道纵横交错,“由于整修不利,无不淤塞,每遇大雨,水无去路,蔓延成灾”。水灾使百姓的庄稼颗粒无收,官府组织百姓治理河道又需很大的人力物力,无形中又增加了百姓的生活负担。当时琦善任山东巡抚。“在他任内,治理河道虽耗银 20 万两,受灾地区仍达 251 县次之多。但是,当琦善得知朝廷治理清江浦高家堰缺少经费时,乃主动以‘山东界在邻省,请筹银八十万两备拨’,买得道光帝‘不分畛域,办理有方的赞许。”琦善用从山东百姓骨髓里挤出的钱为自己买好。另外,道光二年(1822)七月,卫水异涨,山东临清闸坝扪阻,并武城、夏津和聊城漫堤,窄者 9 丈,宽者达 40 余丈。为确保漕运无阻,琦善又筹措银两督导修治。道光七年(1827),洪泽湖溃决,运河受到冲击,漕运受阻,琦善不听他人劝告,一意孤行,耗银 600 万两开启王家营旧坝,结果导致黄河水倒漾,致使山东百姓“田庐淹浸,民居荡析”,又一次加重了山东人民的负担。

① 范文澜《中国近代史》(上册),人民出版社 1955 年版,第 1 ~ 2 页。

另外，当时各地出现了许多贪官污吏。道光元年(1821)，山东“宁阳县知县勒索商人2000两，国库亏空3700两；沾化县知县亏缺兵饷，复征钱粮且无颗粒存仓；阳谷县知县，前在惠民县任内私自动用库银2000两……登莱二府在拨银煮粥赈济灾民的账目，虚报谷价、米价和柴薪经费达4300多两……”①。道光七年，山东各州县浮收成风，按当时全省银价，一两值京钱(亦称大钱)2500~2700文不等，但当时宁海州折为4200文，诸城县折为4200文，黄县3400文，致使山东百姓群情激奋。

英帝国主义的侵略，接踵而来的天灾，官吏的盘剥，使得山东百姓生计维艰，只能拼命劳作，游赠玉的英年早逝与此不无关系。

游赠玉去世后，游家的生活陷入困境。《游氏世谱·诰授资政大夫讳百川字汇东公家传》记载：“家贫甚，无宿粮。”十四岁的游百川因交不起学费而辍学，好在游百川的母亲孙夫人勤劳能干，贤淑仁达，有孟母之志。她在干完自家的农活后，经常到邻村打短工，或做些纺织等手工艺活，艰难维持生计。傍晚，孙夫人收工回家后，用过晚餐便在小油灯下做针线活，唤游百川在灯下读书、学习、习书法。当游百川学累了、学厌了的时候，孙夫人就给他讲凿壁偷光、孔融让梨、精忠报国等故事，教给他做人做事的道理。游百川渐渐体会到母亲的辛劳和良苦用心，便暗下决心，做一个听话懂事的孩子，做一个正直善良的人。白天，游百川力所能及地帮母亲干活，晚上就在灯下读书学习。至今，中游村及周边村庄还流传着少年游百川拾金不昧“银簪归主”②的故事。

---

① 王云《封疆大吏——山东巡抚》，农村读物出版社2004年版，第214页。

② 参见段剑秋《游百川传奇》，中国文史出版社2014年版。

二、幸遇恩师

机会总是青睐不断努力、勤奋拼搏的人。游百川在母亲的教导下奋发学习，励志求学，立志实现科举成名，以此来回报母亲的茹苦含辛。他听说山柳杜村的杜源先生人品好，教学也很好，就经常到杜老师私塾的窗外偷听讲学。时间久了，杜源先生发现了窗外经常来“听课”的男孩，不但没有反感，反而喜欢上他了。有一天，杜源授完课把游百川叫进教室，问：“我今天讲的什么内容？”百川答：“老师今天讲的是‘富贵而知好礼，则不骄不淫。贫贱而知好礼，则志不慑。’意思是说，富贵家的孩子知礼，就不会骄奢淫侈，贫穷人家的孩子知礼，应该立远大志向不怕艰难。”杜源追问道：“我昨天讲的什么课？”游百川说：“老师昨天讲的是‘鹦鹉能言，不离飞鸟；猩猩能言，不离禽兽。今人而无礼，虽能言，不亦禽兽之心乎？’意思是说，为人只有学习礼仪，才能有别于禽兽。不然，就如同畜生。”杜源大喜，如此聪明的孩子，不入学读书实在可惜，于是便问：“你是谁家的孩子？为何不上学？”游百川含泪说出家世。杜源暗生怜悯，说：“你来上学吧，我不收你学费。你跟我一起吃住。”《游氏世谱·诰授资政大夫讳百川字汇东公家传》记载：“（杜）先生名源，邑之宿儒也，见公奇之，谓人曰：‘吾及门（弟子）虽多，如此生者罕有。’悉所学以授公。故公平生之学受益于先生者为最多。”

杜源，字左泉，号慕真，岁贡生，滨州杜家第十六代孙，今滨城区彭李办事处山柳杜村人，曾任馆陶县教谕，告老还乡后开办私塾——山柳书院，为周边村庄的孩子们提供学习场所。杜源慧眼识英才，见游百川接受能力很强，开始教授《四书》《五经》及《古文观止》《东莱博议》、训诂学、唐诗、宋词等内容，对游百川倾注了大量心血。游百川跟随杜源老师读书如禾苗遇到甘露，他用心听讲，奋发研读，在完成老师规定的课业外，还遍览老师其他藏书，学业大长。当时，杜源善于教学，在滨州官学、社学和武定府府学等学界是较有名气的，经常被其他学校邀请前去讲学。杜源每次外出讲学，都带上游百川，一方面为游百川增加听讲学习的机会，另一方面也增加游百川与其他老师和社会接触的机会，丰富游百川的人生阅历。

“亲其师，信其道”，游百川知书达礼，对杜源也怀有深深的感恩之情，用“忠”与“孝”来报答老师的期望，三十岁参加山东乡试考中举人，四十岁“雁塔题名”考中进士，并做了“京官”。杜源去世后，游百川悲痛欲绝，含泪写下《哭杜左泉师》一诗。诗曰：

不坠青云志，高风独慕真。
缘悭游宦日，愁无著书身。
政论崇崔实，□怀托杞人，
稿遗长恨在，展卷泪盈巾。

三、才华初露

游百川天资聪颖，外加勤奋好学，又经过杜源先生的精心教导，学识大进，且写就一笔好字。游百川乐于助人，经常帮助村民写写春联、文书、诉状或书信等，村中每遇红白大事，他总是帮忙做账房先生。

道光廿一年（1841），游百川十九岁，参加童试①，顺利通过

① 童试，以童生的身份参加的考试，又称童生试，是明清两代取得生员的入学考试。在蒙学、社学读书及肄业后尚未取得生员身份的人无论年龄长幼一概称为童生。蒙学又称村学，属民间自办学校。社学设于乡镇，又称公学，属民办官管。参加童试仅为考取一个资格，以求进入官方学校。童试分县试、府试、院试三级。经过院试录取按成绩分配到府州县学就学，取得生员资格，初步脱离了“民”的阶层而成为士，享受一定的待遇。

滨州的州试(县试)①,进而通过了武定府府试,又通过了院试②三级考试。清代科举考试规定,府试由府级衙门(包括直隶州、厅)举行,参加考试的是府内各州县经县试选拔的人。参加府试的人同样要填写姓名、年貌、三代履历,五人互结、三名廪生甘结,此外还由官府派一名廪生担保,称为派保。考毕将考生成绩按分数排列于长案之上,按顺序取足名额,第一名称为府案首。府试合格者参加院试,获取"补博士弟子员"身份(清代对生员的别称)。童试通过后,游百川取得了到滨州学宫官学学习的机会。在滨州学宫,游百川先后师从范芹澜、张元亨、陶锡圭和

---

① 县试是由县级衙门主持的考试,一般是每年二月举行一次。应考的童生先期到县衙礼房(办理文教事务的机构)报名。除了贱民(乐户、丐户、惰户、伴当、世仆、倡优、皂隶、蜑户、雇工人等),所有本县男性读书人都有资格报名。报名时要五名童生互结(签订互相作保的文书)、一名廪生甘结(自愿为某生员担保并签订文书),廪生要收取甘结费。按封建礼教,凡父母丧亡在二十七个月以内者必须静心守孝,不准参加考试。同时要填写姓名、年貌、三代履历。如果有隐瞒贱民身份或居丧不报者,本人及互结、甘结人都要受到处罚。所谓年貌就是年龄和相貌。相貌包括皮肤黑黄白、脸型长圆方、身材长中短、胡须有无及长短稠稀和其他主要体貌特征,以防止顶冒代考。县试分五场,一日一场,每场都选拔淘汰,被选中者称为出圈或出号。五场合格,具备参加府试的资格。县试第一名曰县案首,最后一名俗称"坐红椅子",因为在其名字后面画一红色截止符号,形似椅子座面和靠背。

② 院试是以省或学区为单位由学政衙门举行的考试。清代由中央派驻各省一名学政大臣,或称学政,或称督学。有的一省派两名学政,分管两片,即称学区。参加考试者都是省和学区内各府、直隶州、厅考试合格者。考试地点在学政驻地。考毕按成绩排列,取足名额,第一名称院案首。学政衙门按成绩将录取者分配到府学和所在州县的官学读书。发榜的方式是由学政将盖有红色印章的新生名单发往府州县衙。府州县接到名单后即召集新生,允许他们穿法定的雀顶蓝袍的生员服装到衙署参加庆祝宴会,称为簪花礼。礼毕,由府县官率领到文庙拜谒孔子像,拜见学官、教官。从此,童生正式成为生员。

杜受元等老师学习。明清时期,生员进入官学学习基本上只是一种形式,并不能真正获取多少知识,但游百川与众不同,他“英年励志”、“常怀抱砚之思”,以刻苦学习来报答母亲的茹苦含辛。他坚持自学,勤于思考,不明白的地方就虚心向老师请教。

这段时间,游百川博采众长,奠定了深厚的经学功底,在当地逐渐成为较有名气的秀才,人们称赞他“秀才不出门,遍知天下事”。

第三节　励　学

班固在《汉书》中说:“中国川原以百数,莫著于四渎,而河为宗。”纵古贯今的浩浩黄河,孕育了光辉灿烂的华夏文明。滨州地处黄河下游鲁北平原,因地处“渤海之滨,黄河之洲”而得名“滨州”,是黄河文化和齐文化的发祥地之一。同时,黄河三角洲地区受儒家思想的影响至深至厚,中国的农耕文明决定了各个家族都在秉承以农业为基础,培育耕读家风,实现“以农立家,以学兴家,以仕发家”的传统模式。游百川在这一时代潮流中,也在为家为国而努力学习,实现其人生的理想。

一、诗书耕读

古人“逐水草而居”,早在原始社会晚期的新石器时代,滨州即有人类在此繁衍生息。商代时建有蒲城国(又名蒲姑、薄姑国),秦代开始在此建县(厌次县),西汉起先后建有郡(渤海郡)或国,隋代开始置州,清代升州为府,历史、文化一脉相承,形成了浓厚的向学风尚。

不管是武定府还是滨州,尽管不同朝代滨州的行政区划变化各不相同,地名不断变更,但作为齐鲁文脉之滨州学风,是独具特色并一脉相承的。

据考古发掘证实，在距今七八千年前，休养生息在这里的中华民族的先民们就创造了光辉灿烂的古代文明，像远古的后李文化、北辛文化、大汶口文化、龙山文化、岳石文化等，在该区域都有明显的表现和遗存。自古而今，这里物华天宝，人杰地灵，历经数千年的历史积淀，到处蕴藏着丰厚的历史文化资源，富聚着博大精深的优秀文化传统，并以其特有的人文贡献和开拓性的业绩，不断充实、丰富和发展着中华民族的文明宝库。例如，相传这里是“禹奠山川”之地，有“秦始皇萦蒲系马”之所，许多影响重大的历史事件曾在这里发生，许多名垂青史的历史名人在这块宝地诞生，或在此这里建功立业，或在此留下足迹，甚或抛洒了他们的热血。仅以乡贤而论，举世闻名的春秋战国时期的兵圣孙武，汉代口述《尚书》的伏生，汉孝子董永，著名学者倪宽，文学家东方朔，隋代著名画家展子虔，唐代农民起义领袖王薄、明代唐赛儿，唐代诗文学家段成式，宋代著名词人李之仪，政治家、文学家范仲淹，元代散曲作家康进之、杨朝英、刘效祖，清代历史学家马骕、成瓘，著名金石学家、考古学家吴式芬，一代帝（咸丰）师杜受田等，无不彪炳史册，流芳千古。

《武定府志·风俗》云：“士好经术而矜功名。”①明清时期，滨州文风昌盛，教育发达，人才辈出，科第人才涌现，产生了数量众多的进士与举人②，产生了众多的名门望族③。明清时期滨州主要的名门望族有滨城杜氏家族、海丰吴氏家族、沾化丁氏家族、邹平袁氏家族、惠民李氏家族、博兴顾氏家族、沾化李氏家族、无棣张氏家族、阳信劳氏家族、无棣杨氏家族等。该时期每个名门望族的形成都与科举有关，他们家族中的代表人物大多

---

① （清）李熙龄《武定府志》，清咸丰十一年刻本（影印本）。

② 冯建民《明清时期滨州科举盛况及原因分析》，《山东青年政治学院学报》2012年第4期。

③ 顾峰《滨州明清望族》，中国戏剧出版社2011年版。

是进士，入仕后多有建树并影响深远。

明清时期滨州文风昌盛，科举入仕之人不断涌现。其主要原因有六。一是明清时期科举制度本身的完善与公平，极大地鼓舞了百姓子弟刻苦攻读、积极应试的决心和信心。二是受儒家“学而优则仕”思想影响深重，尊儒重教，崇尚功名。三是地方官员重教兴学，推动文教发展。自元代开始，滨州就设有学宫①、培风书院、社学等。学校由州府配有相应的“学田”，知府、知州或学正富商捐银生息作为修缮学校之费用。各个村庄几乎都有公学（庠）和私塾，能为孩子们学习提供较好的学习环境和师资。据《武定府志》（咸丰）记载，咸丰年间的武定府，设有府院（学政试院）、敬业书院、三台书院、乡升书院、社学（储英义学）等。四是明清时期黄河南流从徐淮河道入海，黄河灾害多出现在徐淮地区，而渤海湾西南岸地区之小清河、大清河、徒骇河、鬲津河等众河流相对安澜，包括滨州在内的鲁北平原农、工、商、渔盐业、水上陆路交通运输业较兴旺发达，经济处在较鼎盛时期，为当地士子安心学习提供了经济保障。五是滨州距京城路途不算远，消息较灵通，且惠民的李之芳（李阁老）、滨州的杜氏家族、无棣的吴式芬家族等，有清以来代有在朝为官者，成为滨州士子追求科举的指路明灯。六是名门望族累世中举，带动区域文教昌盛。这一现象滨州优胜，如滨州杜氏家族，明清两朝有“一门十二进士，父子五翰林”的美誉。

游百川出生在道光三年，道光、咸丰时期是清朝由盛渐衰的阶段，也是游百川人生观、世界观的形成时期。游百川亲眼所见外国列强鸦片贸易之毒害，将广州虎门销烟的林则徐视为心目

① 元至元间达鲁花赤奉训贴里同知州范耆建滨州学宫，明洪武二十八年知州曹俨重修，天顺间知府季德甫、东昌府同知署州事万鹏程，万历中学正姚时策、知府吴邦靖，天启间知州王应修相继重修，康熙十八年、乾隆五年、嘉庆二十二年、道光十年都有修缮或扩建。

中的英雄。另外，清末官府腐败，外加水灾、旱灾、虫灾，普通百姓经济负担沉重，陷入极度的贫困中。这些现象深深地印刻在少年游百川的脑海中，促使他英年励志，努力考取功名，以争取给朝廷建言献策，为百姓争取话语权和生存权。这就是后来游百川犯颜直谏、敢于担当、两袖清风、一切为民民生思想形成的重要原因。

欲救民于水火，必须入仕获得话语权，为此游百川奋发读书。在他的思想里，读书入仕不但是“光宗耀祖”，最主要的还是救国救民、富国强民，游百川是这么想的，也是这样做的。据查证，游百川作为第一责任人给皇帝上的奏折共四十余件，其中，关于统一思想崇尚经术、除弊治吏、阻止异端为民请愿的奏折就有二十余件，如《奏为士习为人才所系宜崇尚经术以端趋向》《奏为吏胥滋弊为患最深请饬内外臣工随时惩治以儆贪残》《奏为除弊务求实际》《奏为河患未弭亟宜妥筹长策变通办理以纾国计而救民生》《请缓修圆明园》以及《奏请严禁各省种植罂粟》等，体现的都是民生思想。

二、壬子中举

受传统和地域文化的影响，游百川志存高远。理想抱负是奋发学习的动力和源泉。为了考取进士，游百川奋发学习，付出了常人难以付出的努力。

道光廿二年(1842)，游百川二十岁，按族规，游百川娶妻周氏，担负起家庭的重任，农活之余他坚持学习，诗书耕读。道光廿四年(1844)长子游序贤出生，道光廿六年(1846)次子游礼贤出生，繁重的家务致使游百川不能到学宫去学习，但这并没有动摇游百川刻苦学习的决心，他坚持自学，往往读书到深夜。为了给自己创造更好的学习环境，他在家开起了汇东书院，一边教书一边学习。

咸丰二年(1852)，游百川参加山东乡试(咸丰壬子科)，“中试第四十名”，是年游百川 30 岁，三子游汝贤出生，可谓双喜临门。

三、京师游学

中举后，游百川没有沾沾自喜，儒家“修身、齐家、治国、平天下”的思想理念深深扎根心底，游百川要到更好的地方——京城求学。民国《游氏世谱》记载：“是后游京师馆，于钱塘许文悫公乃普家，慕其学行政治，因师事之。大为契重，凡奏疏书牍，悉委公，无窜易。”许文悫，字乃普，嘉庆丙子举人，庚辰榜眼，官至礼部尚书。许乃普经学底蕴深厚，善诗文，工书法，与祁文端公寯藻、赵文恪公光、陈子鹤尚书孚恩同列清四小书家，又称为“同光四家”。许乃普是同光时期有名的文豪、良吏、书法家，与翁同龢等都是“同治中兴”的代表人物之一。

钱塘许氏是有清一代著名的文化世家。许乃普祖父许钺为乾隆戊午（1738）科举人，历官甘肃知县，署广东知府。父亲许小范（学范）乾隆戊子举人，壬辰进士，官京师顺天府治中。许乃普兄弟七人，他排行老五。许乃普的大哥许乃来，乾隆癸卯举人。他的二哥许乃大，嘉庆辛酉举人。他的三哥许乃济，嘉庆戊辰举人，己巳翰林。四哥乃谷，道光辛巳举人。六弟乃钊，道光戊子举人，乙未翰林。七弟乃恩，道光癸卯举人。“七子登科，海内所未有。伯兄、季弟先后同年，尤科目所罕见。”①许乃普与其儿子许寿身（后易名许彭寿）为“父子鼎甲传胪”。许彭寿道光丁未科高中“会元”，殿试又中二甲第一名，而同年的李鸿章为二甲三十六名。许乃普的侄子许庚身，与游百川同年进士，二甲第二名，以军机处章京入仕，因其精兵要地理，官至军机大臣、兵部尚书。

---

① 潘世恩《思补斋笔记》，转引自沈建忠《〈皇清诰授一品夫人陈尚书继配许夫人墓志铭并序〉考略》，《杭州文博》第五辑，2007 年。

据《山东乡试朱卷咸丰壬子科·游百川》阅卷批注,有同考试官一位,大主考官两位。分别记有:“同考试官济南府长山县知县曾□阅　荐。大主考翰林院编修加三级黄□批　取。批曰:才华俊逸经术湛深。大主考南书房行走内阁学士兼礼部侍郎衔稽察右翼觉罗学加三级许□批　中。又批:根柢盘深神味渊永。”卷中“大主考南书房行走内阁学士兼礼部侍郎衔稽察右翼觉罗学加三级许□”正是许乃普。考卷中,“本房总批:理扶质以立干,文垂条而结繁。议论风生,藻思泉涌。经术则淹贯乎东京西京,理解则折衷于南宋北宋。律语得长城之坚固,后场擅中垒之淹通。揭晓来谒知生性,质温纯天资超迈。幼失趋庭之训,长怀抱砚之思。赖萱兰茹苦含辛,和丸画字。故能英年励志,壮岁成名。持三代之门楣,全一家之节孝,此曰鹏程奋迹,信堪快慰。夫北堂他年雁塔题名,尤足树声于东国,勖尔前修,副予厚望。”考官对游百川的文章和人品给予了极高的评价,并寄予厚望。考试结束后,许乃普介绍游百川到京师馆学习,并邀请游百川到许府寄住。游百川敬慕许乃普的才学、家道与人品,便拜许乃普为师。身为南书房行走内阁学士兼礼部侍郎衔稽察右翼觉罗学加三级的许乃普,不计游百川家道贫寒,如此爱惜人才、礼贤下士,深深感动了游百川。在许府,游百川经常为许乃普起草奏疏书牍,深得赏识。

拜许乃普为师,是游百川人生中的一大幸事。许乃普深厚的经学、理学功底,温润儒雅、处事不惊的个人风范,洞察时局、深谋远略的政治才能,深深影响了游百川。游百川从中学到、悟到了很多,为今后顺利通过国考、金榜题名奠定了基础,也为将来入仕参政议政、为国为民尽忠、励精图治的治国思想奠定了良好的基础。

咸丰三年(1853),游百川考取景山官学汉教习,咸丰八年(1858),充补右翼宗学汉教习。咸丰九年(1859),任右翼宗学汉教习。在此期间,游百川教学相长,经学功底得到进一步的锤炼，开阔了视野，凝练了思想。

四、金榜题名

游百川没有辜负母亲和家族的期望，虽然“幼失趋庭之训”，“赖萱兰茹苦含辛”，但他“长怀抱砚之思”，“英年励志，壮岁成名”，终于鹏程奋迹，雁塔题名，“持三代之门楣，全一家之节孝”。①

同治元年（1862），游百川四十岁，考取内阁中书，继而参加会试②。第一场考试，考中第九十四名贡士。第二场，覆试，“发下覆试卷一百九十九本，臣等公同详阅，分别等地名次。拟一等二十六名，二等六十名，三等一百四十名，四等三名。臣等将分阅之卷各于卷面黏签，并黏等第名次签，恭呈御览，伏候。”③经过“发下再行折阅弥封缮写名单进呈”，确定游百川列一等第二名。中试，“发下朝考试卷一百九十四本，臣等公同详阅，分别等第名次。拟一等三十二名，二等五十六名，三等一百名，四等六名。谨于卷面黏签恭呈御览，伏候。”朝考中，游百川列一等第六名。殿试二甲十一名，赐进士出身。钦点翰林院庶吉士，散馆授编修。从此进入仕途。

在中国大多数人的传统思想中，有“三十而立，四十不惑，五十知天命”的思维定式，游百川40岁考中进士进入仕途，是对

① 见《山东乡试朱卷咸丰壬子科·游百川》主考官批语《本房总批》。

② 会试是中国古代科举制度中的中央考试，是集中全国举人会同考试之意。考中者为“贡士”，又称为“中式进士”，取得“贡士”资格后方可参加由皇帝亲自御殿覆试、决定取舍等第的殿试。会试由礼部主持，在京师举行考试。

③ 中国第一历史档案馆《同治朝上谕档》，广西师范大学出版社1998年版，第177页。

上述传统思想的挑战和突破。进入仕途后，游百川凭着自己的能力和努力，一步一个台阶，从编修到福建道监察御史，再到给事中、湖南衡永郴桂道、四川按察使、顺天府府尹、户部仓场侍郎（仓场总督），为朝廷所倚重，可谓大器晚成。

附：

同治元年壬戌科殿试金榜

第一甲三名

徐　郙　何金寿　温忠翰

第二甲七十二名

陈　彝　许庚身　柳熙春　陈学棻　刘瑞祺　吴鸿恩
龚聘英　平步青　薛斯来　王兆兰　游百川　张家骧
任朝栋　寻銮晋　董兆奎　张鸿远　龙湛霖　周德润
鲍功枚　黄槐森　吴存刚　杨益豫　吴文钊　张寿庆
吴澍霖　唐国翰　王葆修　昆　冈　王福保　仇炳台
范德馨　曹秉浚　王　昕　朱学籛　王　琛　鹿传霖
张良璋　马文耀　朱逌然　高其镇　王　铦　沈鸣珂
叶守矩　黄　彬　姜敏修　康　敉　尹绍甫①　童毓英
王允谦②　傅维弼　陈锡麒　谢维藩　于　腾　涂修政
刘熙龄　梅雨田　徐肇梅③　赵子端　乔有年　揭裕文
宜　绶　王道源　廖坤培　段汝林　李国楠　黄荣熙
周　浚　谭钧培　杨先棻　崔志道　林　煊　马相如

第三甲一百一十八名

李　江　郑业骏　况桂森　饶继惠　武良锐　康秉彝

① 原名：尹萧怡，改名：尹炳甲。

② 改名：王宪曾。

③ 改名：徐肇嵋。

王嘉安[1]　段福昌　张文鼎　杜充辉　刘承挚　贾汝霖
谌命年　潘家钰　贾树诚　韦　煐　赵　朴　袁祖安
李宝箴　马丕瑶　简宗杰　王兆柏　杜正诗　李龙章
吴起凤　李士琨　刘景宸　陈　楠　陈维周　崔铨淦
李祖光　苏毓元　孙凤翔　石会昌　盛一朝　乐正宣
吴继心　刘朝升　王　轩　永　惠　宋梦兰　吕宪瑞
童德中　郑燡林　许俊魁　陈汝霖　贾邦铎　吕慎修
李湘南　栾庆沅　黄文棠　唐泰澜　石学阶　徐登云
齐方书　吴毓春　桂　昂　顾菊生　刘泽远　傅　桢
耀　年　萧浚藩　李瓘辉　萧开荣　濮斗衡　马国宾
张鸿翼　任树楷　贾譔策　张庆麟　汪正元　路慎皋
刘　辂　洪永勋　李赓云　庆　锺　张　玠　张铭焕
杨延烈　恒　龄　王　霦　杨澍鼎　周伯贞　夏抡谟
王玉相　徐璞玉　胡凤冈　张士铨　耿名臣　熊镇湘
刘秉清　王经庭　何含章　阎道行　何赉高　刘昌绪
吴正丙[2]　蔡汝霖　郭深基　郑履端　刘开第　顾　衷
觉罗同照　张为章　李长春　李东垣　吴大光　晁　炳
井锺丹[3]　崔培元　周培锦　孙体仁　乔玉琛　王尔琨
董应遴　党汉章　原立诚　郭炳南

注:本榜进士后多成为清朝重臣。清朱彭寿《安乐康平室随笔》卷三载:"同治壬戌科进士,大学士二(昆冈、鹿传霖),协办大学士一(徐郙),尚书二(许庚身、陈学棻),侍郎五(游百川、张家骧、龙湛霖、周德润、耀年),守陵总兵一(桂昂),巡抚五(陈彝、刘瑞祺、黄槐森、谭钧培、马丕瑶),布政使一(孙凤翔)。"

---

① 碑作:王寿安。
② 碑作:吴正南。
③ 碑作:亓锺丹。

第二章　仕宦经历

同治元年(1862),时年四十岁的游百川中进士,被选为庶吉士,同治四年(1865),散馆授翰林院编修,历任福建道监察御史①、工科给事中②、刑科给事中、湖南衡永郴桂道员、四川按察使、顺天府府尹、总督仓场侍郎③。时间从同治元年(1862)到光

① 监察御史,中国古代官职之一,御史的一种,隋朝始置。为制衡行政机构主官的非常派朝廷或地方官员。监察御史不仅可对违法官吏进行弹劾,也可由皇帝赋予直接审判行政官员之权力,并对府州县道等衙门进行实质监督,也可在监察过程中对地方行政所存在的弊端上奏,防范公家官吏侵害人民权益,或者惩治贪赃枉法的贪官污吏。

② 给事中,官名。秦汉为加官,晋以后为正官。明代给事中分吏、户、礼、兵、刑、工六科,辅助皇帝处理政务,并监察六部,纠弹官吏。清代只设"六科掌印给事中"、"给事中",隶属于都察院,与御史之职权无别。

③ 清朝设置总督仓场侍郎,分满、汉各一人,分别驻守通州、新城。掌仓谷委积、北河运务等,有笔帖式四人从属。其所管辖的粮仓,满、汉各一人,满族由六部、理藩院郎员担任,汉员由六部郎员内选拔起用。所辖机构有坐粮厅:满、汉各一人组成,驻通州,掌管漕粮验收、水陆运输、通济仓银的出纳、北运河的疏浚工程。大通桥监督:满、汉各一人,驻大通桥(北京东便门之外),掌管大通的陆运。京仓监督:掌管京仓(即京城内外各粮仓),京仓原设十三仓,即禄米、南新、旧太、富新、兴平、海运、北新、太平、本裕、储济、丰益、万安、裕丰仓。均分布在朝阳门、东直门、德胜门、东便门内外。后来裁去万安、裕丰两仓,只剩下十一仓。通仓监督:掌管通仓(即通州各粮仓)。通仓原设三仓:西仓(在通州新城)、中仓(在旧城南门内)及南仓。乾隆十八年将南仓裁去。每仓监督也是满、汉各一人。

绪十七年(1891)游百川被革职,长达二十九年。除去中间被革职在家闲居和丁母忧5年时间,仕宦时间计24年。纵观游百川的仕宦经历,大体可分为早期、中期和后期三个时期。分别为:

早期:翰林院庶吉士(同治元年)——福建道监察御史(同治十二年);

中期:工科给事中(光绪四年)——顺天府府尹(光绪七年);

后期:总督仓场侍郎(光绪八年至光绪十七年)。

仕宦早期,游百川积极进取,注重学习和调查研究,就国计民生、国家长治久安等重大问题适时向朝廷建言献策,其文韬武略得到慈禧太后和同治皇帝的认可和赏识。仕宦中期,不畏权贵,积极行政,协助李鸿章、左宗棠、童华等参政议政,确保了顺天府及京畿地区的安全与稳定。仕宦后期,游百川受命统领治理黄河工程,多方筹措善款赈恤灾民,清正廉洁,名垂史册。

第一节　早　期

同治元年(1862)四十岁(按家谱推算为四十岁,皇榜告示为三十六岁)的游百川中进士,钦点翰林院庶吉士。同治元年二月十二日上谕:“……游百川……俱著以内阁中书用。”同治二年四月二十五日上谕:“……二甲庶吉士陈彝、宜绶……王道源、廖坤培、尹绍甫、游百川俱著授为编修。”同治十二年(1873)十月,五十一岁的游百川在担任福建道监察御史期间因上疏谏请缓修圆明园惹怒同治皇帝被革职回家,这十一年时间,游百川积极进取,建言献策,励精图治,仕途平顺,官阶由正七品逐步升为从五品,可以看作其早期仕宦时期。

一、入翰林、授编修

同治元年(1862)二月十二日,游百川与周之函、武震、常如楷及刘信中等人由同治帝特赐均“著以内阁中书用”①,掌撰拟、记载、翻译、缮写,官阶为从七品。继而参加会试,中试第九十四名贡士。殿试二甲十一名,赐进士出身。清制,进士经殿试后,除一甲三名授修撰、编修外,其余一部分选为庶吉士,由特派的翰林官教习,三年后经考试优等,原二甲进士授编修,原三甲进士授检讨;次者改任各部主事或知县。因翰林官相当于唐、宋的馆职,庶吉士学习之地称庶常馆,故学习期满称散馆,留充编修、检讨者称留馆。游百川为同治元年进士,二甲第十一名,覆试一等二名,朝考一等六名。六月甲戌,游百川被选庶吉士。据《清实录·同治朝实录》载:“六月(甲戌),引见新科进士。得旨,徐郙、何金寿、温忠翰业经授职外,陈彝、柳熙春、陈学棻、刘瑞祺、吴鸿恩、龚聘英、平步青、薛斯来、游百川……俱著改为翰林院庶吉士。”《同治朝上谕档》亦载,六月二十三日内阁奉上谕著游百川等人为翰林院庶吉士,入京城庶常馆学习。同年冬,游百川主持创修《游氏世谱》,撰写《〈游氏世谱〉序》,次年春成谱。

同治二年(1863)四月二十五日,游百川等未到三年即于京城“散馆授编修”,相当于破格晋升。《同治朝上谕档》载“内阁奉上谕,此次散馆之……二甲庶吉士……游百川俱著授为编修”。《清史稿》列传二百十《游百川传》载:“同治元年进士,选庶吉士,授编修。”清制,三年散馆后经考试优等者,才能授编修。清代编修属翰林院,职掌编修国史,职位次于修撰,清翰林院编修以一甲二三名进士及庶吉士留馆者担任,无实职。游百川等入馆仅一年,即散馆授编修,属于破例。

同治五年(1866),游百川于京城任编修,大考遭罚俸一年。《清实录·同治朝实录》载:“同治五年五月(乙丑),谕内阁,此次考试翰詹各员,经阅卷大臣等校阅进呈,拟定等第,一等五员,

① 中国第一历史档案馆《同治朝上谕档》,广西师范大学出版社1998年版,第78页。

二等三十七员，三等五十二员，四等三员，不列等一员。……编修王昕、龙湛霖、温忠翰、游百川，检讨吴镇、编修马相如，均著罚俸一年。"《同治朝上谕档》亦载有同治五年五月初七日游百川等被罚俸一年事。翰詹，清代对翰林和詹事的合称。清制，翰林院官员自侍讲学士、侍读学士以下，编修、检讨以上，詹事府自少詹事以下，中允、赞善以上人员，每隔数年，不定期，临时召集考试，不许称病托词，规避请假，称为大考。据考试成绩，最优者超等升擢，可由七品升至四品，其次酌量升级或遇缺提奏，再次分别降调、罚俸、休致、革职。游百川因"考列三等"，因此被罚俸一年。

二、迁御史、数建言

同治六年(1867)，游百川充任顺天乡试同考官①，随后"迁御史"，旋补福建道监察御史②。迁御史后，游百川有了建言献策的机会。这段时间，游百川深入调研，勘察时弊，积极进取，建言献策。

1. 关于黄河下游的河患问题

自咸丰五年(1855)黄河改道北行夺大清河河道从利津入海，"夫以黄河之水入大清河，万万不能容纳也"，黄河下游的河南、山东段，黄河泛滥成灾严重。民国《齐东县志》记载："(咸

---

① 明清时期乡试科考，除主考官之外，还有协同主考官阅卷的同考官。同考官又称"同考试官"。因同考官在贡院内各居一房阅卷，又称"房考官"、"房官"、"房考"。顺天乡试同考官选派翰林院侍读学士、詹事府庶子以下，科道、部属、评事、博士、监丞以上官员担任。顺天乡试的同考官由皇帝钦定，最初定为20人，后定为18人，称为"十八房"。

② 御史，是中国古代一种官名。先秦时期，天子、诸侯、大夫、邑宰皆置，是负责记录的史官、秘书官。国君置御史，自秦代开始，御史专门为监察性质的官职，一直延续到清代。

丰)五年六月，河南铜瓦厢黄河溢，归大清河入海。五年至八年，连岁坝河水溢，知县苏名显创筑坝堤。八年至十二年，连岁黄河决。"《利津县黄河志》记载："(咸丰五年)九月，河水(大清河)又涨，利津沿河村庄首次筑埝自卫。"同治六年，当时的河道还没有形成上下贯通的河坝。六月伏汛，大清河上流河堤溃漫，溢平原、禹城凡百余里。八月秋汛，齐东等处同时决口，冲没四十余村落，利津县城垣半陷于水，九月初旬又决北岸，济、武所属州县数百里悉为泽国。游百川老家滨州父老的田舍尽没水中。游百川看在眼里急在心里。十月二十一日，游百川写下《奏为东省迭被水患亟宜筹办河防以济民生》的长篇奏折，也是游百川"迁御史"以来的第一篇奏折。折曰：

臣闻防患者警惕于履霜，图治者绸缪于未雨。我皇上御极以来，念切民依，直省偶告偏灾，无不恩膏立沛，盖欲薄海内外无一夫不得其所，无一物不遂其生也。近恭阅邸抄，湖北、陕西疆臣各报水灾，钦奉谕旨妥为安抚，不准稍有含混，仰见轸恤灾黎恫瘝在抱之至意。而东省黄水为患，济武两郡被灾甚重，尚未见诸奏牍，臣敢即访闻所及，覼缕陈之。溯自咸丰初年，河决兰仪，嗣是不循故道，折而东北，灌大清河，山东水患濒急矣。乙卯，清河决白龙窝，漂没无算，从此连年被水。癸亥濮州、范县及济属之齐河而下，凡决十数处，洪流泛滥，勘验成灾。曾经前山东巡抚阎敬铭奏请赈恤。甲子又大水，今岁清河上流河堤溃漫溢平原、禹城凡百余里。八月齐东等处同时决口，冲没四十余村落，利津县城垣半陷于水，九月初旬又决北岸，济、武所属州县数百里悉为泽国。夫以黄河之水入大清河，万万不能容纳也。况去淤刷沙惟混江龙之法称便，今久未施用。现闻清河下流由利津入海之处，河身淤有横沙，水不畅行，激而横流，以致诸郡县多罹昏垫。臣闻水盛涨时，沿河险工百出，居民尝数万人畚锸从事昼夜抢险，然悉力堵御而究不能免水患者。查其冲决之由，率因地方官以无治水专责置身事外，民间自为堤防不能如法，又兼情势各歧，未免贻误。讵知一经溃决则生灵性命以及屋庐田产尽付波臣，不但正供之赋无所从出，而查灾议赈所费亦复不赀。伏思军务未竣，库款支绌，建议修河诚知不易，然沿河民力已尽，频年被灾，筹办河防实有不可稍缓者。查济东泰武临道本有兼辖水利之责，为今之计，可否简派廉干大员率同该道，周勘遍历，相度河形，宜疏导者务疏之以分水势，宜堤防者务防之以遏水冲，并将历年被水流沙积压之地确切验明详情，免其钱粮以苏民困。其实在险要处所督同本处绅耆估计工程，绘图贴说，奏请兴修。至所需经费，应否援照豫工筹饷例，酌量减成劝损，以期大工克举。一俟捐有成数，一切购料鸠工，应饬各地方公举稳练之人，由总理河务处察看，择其材堪董事者委之办理，以专责成。仍随时悉心稽查，盖以本地之民庀材自顾桑梓，不患有浮冒之弊也。以本地之民趋役自保身家，不患无坚实之工也。款项必涓滴归公报销，必丝毫无隐。如此则山东群黎庶免其鱼之叹，而河流顺轨可致安澜之庆矣。臣籍隶海滨，访闻既悉，谨将被水情形及筹办事宜冒昧渎陈，是否有当，伏祈皇太后、皇上圣鉴。谨奏。

同时，游百川请旨复赐起用素有洁己爱民、廉隅素著、熟悉河务、为民称道的前山东抚臣阎敬铭专办河防。折曰：

再臣闻，从前河工百弊丛集，每估一工辄逾百万，部臣议驳以期核实，然犹不下数十万两。及帑已筹拨，真实归工者不过数万两耳。朝廷子惠元元，不惜帑藏，原思康济民生，谁知内外蒙蔽，以府库之金钱，竟饱庶司之私橐乎。今事事核实不假，吏胥固无从前弊窘窦，然建议修河事关拯救灾黎，非洁己爱民实心任事者不足以胜艰巨。窃闻前山东抚臣阎敬铭廉隅素著，前在巡抚任内厘剔积弊，任怨任劳，东省士民至今称道，且曾修濮范一带河堤，以工代赈，于河务尤称熟悉，现在引疾乞退而年力正强。可否请旨复赐起用，以之专办河防，堪资得力。臣愚昧之见，谨附片奏闻，伏祈圣裁。谨奏。

这两道奏折说明：一、游百川心系山东灾黎疾苦，怀着浓浓的家乡情结。咸丰五年改道北流至同治六年十余年间，黄河下游黎民连年被灾，被灾之处庳舍荡折，灾民流离失所而“尚未见诸奏牍”，足见清末官场政治之腐败。游百川敢言上陈，显示了游百川的敢作敢为和浓厚的民生思想。二、游百川极力推荐阎敬铭统筹河务，彰显了游百川关心政治、知人善任的荐人标准。

2. 关于整治科举教育时弊

在任顺天乡试同考官期间，游百川发现很多地方的教学存在着为应对科举考试而采取应对法教学的现象，造就一批不学无术、不明经义、不明事理、一心只为科考而求学的科举士子。长此以往，国家将陷入无真才实学、无栋梁之才可用的地步。基于此，同治六年十一月二十八日，游百川给慈禧皇太后、同治皇帝提交《奏为士习为人才所系宜崇尚经术以端趋向》的奏折。折曰：

臣闻为政之本在于得人，得人之原视乎造士。国家吁俊求才，原期天下士子读书明理，本所学发为文章，而因以措诸实用也。乃自为学者，求名之心太急，往往《四书》《五经》未能成诵，而即读肤浅考卷，学为应试之文，既务应试，则束书不观，专取文艺数十篇揣摩求售，叩以经义茫然莫辨，且有并句读不知者。师如是以为教，弟子如是以为学。求所谓淹通经史者盖鲜也，求所谓砥砺行修者益寡也。岂知学无根柢，安有佳文？寒畯之士不读书而临场蹈怀挟之弊，素封之子不读书而倩代恃枪冒之人，人心日浮则风俗愈敝，虽有严刑峻罚不能禁也。且此等弊风，始犹以为郡县偶然耳，及询之各直省大率类然，何惑乎文风未振真才不出乎。今改此锢习，莫若杜人徼幸之心，而引之专意读经。窃维人才登进之路,赖有乡会两科;人才培植之基,尤在岁科两考。按岁科考试,生童正场之前例有考古一场,应请旨饬下督学使臣遍行晓谕,生童中如能默诵《五经》通晓经义者,准其赴该学报名注册,即于考古场中按名面试,试以数条,其能否成诵、讲解无难立辨,可取录者,即正场文字未甚优长,亦拔之以示鼓励。其未经报考,止就正场文字取录者,亦于发落时令其认习某经,各注名下,俟下届按册试之,勤奋者立予奖励,玩愒者加之创惩。如此殷殷劝诱,将来届选拔举优年份,可期得经明行修之儒,以仰副我皇上乐育人才之至意。盖经与文并重,参以面试之法,则怀挟枪冒等弊举无所施,各省士子庶勉勉焉尽务实学,而士习之颓可以挽救。此整饬学校正本清源之一道也。臣为劝学杜弊起见,是否有当,伏祈皇太后、皇上圣鉴。谨奏。①

游百川的提议得到同治皇帝的认可,并令内阁"通谕知之"。同治六年十一月二十八日内阁奉上谕,"御史游百川奏请崇尚经术以端趋向各折片,国家吁俊求才,原期士子通经致用,若学无根柢,徒恃怀挟倩代,以图徼幸,所谓淹通经史者安在?何以振文风而端士习?学政岁科两试,生童正场之前列有考古一场。著直省学政于按考各属时遍谕生童,如有能默诵《五经》通晓经意者准其报名,即于考古场中按名面试拔之,以为研经者。劝其未经报考者亦令熟悉某经,于下届按册试之。该学政等务当崇尚实学,拔取真才,毋得视为具文以副朝廷乐育人材之意。将此通谕知之。钦此。"②

同治十二年九月,游百川任监试御史,他发现顺天乡试头二三场考试的试卷装订错误,且与编号不符。游百川发现问题及

① 陈弢《同治中兴京外奏议约编》卷五,上海书店 1985 年影印本。

② 中国第一历史档案馆编《同治朝上谕档》,广西师范大学出版社 1998 年版。

时上奏。《同治朝上谕档(同治十二年)》记载:“同治十二年九月十五日,内阁奉上谕:监试御史福宽、游百川奏试卷编号错误开单呈览一折,本科顺天乡试头二三场红号不符试卷,至有三十一本之多,并有满卷与合卷互编错乱,实非寻常疏忽可比。著监临提调查取职名,交部照例议处。此次场内试卷编号错误,该监临等何以并未奏闻?著将因何错误及有无弊窦之处查明,据实具奏。钦此。”①可见,当时同治皇帝对发生在顺天乡试试卷中的装订编号错误是非常生气的。游百川的认真,让许多官僚既恨且怕。

3. 关于迅剿捻军与善后抚恤

同治六年,捻军分为两支北进,一支由张宗禹领导的活动于陕西,他们计划由陕西进河北威胁北京,称西捻军。一支由任拄、赖文光等领导的活动于皖、楚、豫、鲁等地,他们希望沿运河北上,进入京畿腹地,称东捻军。同治七年年初,张宗禹由河北漳卫入定州,进逼北京。清政府得知后极为震惊,京城内外一片慌乱,朝廷一方面调集山东巡抚丁宝桢、河南巡抚李鹤年、陕甘总督左宗棠、湖广总督李鸿章、安徽巡抚英翰等围剿捻军,一方面准备派出守京城的劲旅阻拦捻军的北进。在这危急关头,游百川着眼全局,分析战局,于二月十四日向朝廷提交《奏为官军与贼相持日久请旨饬各路统兵大臣尽除私弊迅筹剿贼以伸天讨而解民困》的奏折。折曰:

> 臣闻师出以律,师克在和。古训昭垂,可为明鉴。逆匪窜扰直隶,官兵云集,以形势论之,贼以乌合之众,深入重地,临以大兵,当不难刻期殄灭。然军营之弊有二,一在纪律不严,一在将士不睦。亟宜痛思惩诫,以振国威。至于临机决策,尤当迅图。灭贼断不可旷日持久,有防堵之名无荡

① 中国第一历史档案馆编《同治朝上谕档》,广西师范大学出版社 1998 年版。

寇之实,以致老师靡饷也。自来节制之兵,于民间秋毫无犯。臣闻上年山东平贼带兵诸将,惟直隶提督刘铭传所部约束严明,其余或占住民房,或劫掠民物,闾阎苦之。近阅邸抄,陕西邠州有兵勇抢夺民间骡马,杀弊六命之案,是带兵者漫无纪律,所在多有。夫兵以卫民,非以扰民也。失律之兵未能破贼而徒扰民,使民畏兵甚于畏贼。岂朝廷除贼救民之意乎?此军营之弊一也。陕甘总督左宗棠统兵有年,劳绩卓著。然臣闻其入陕之后,刘松山、郭宝昌等均不乐为之用,且闻各督抚多存私意,未能畛域不分合力破贼。此营主战,彼营主守,甚或一营出队而他营袖手旁观,不为应援。怠慢军心,要皆将帅不和所致。此军营之弊二也。现在钦奉谕旨,各路统兵大臣均归亲王等节制,统驭得宜可期奏绩矣。然兵贵神速,势难遥度。臣犹虑带兵诸将私意未除,既不肯协力攻贼,又以专候节制为名借端推诿,不免贻误戎机。且贼初窜直境,有谓不宜轻战者。夫不轻战诚是也,然官军俱集,兵力数倍于贼,若以大营扼其冲,以游兵掩其旁,募敢战之士更番迭进,使贼不得休息,无所抢掠,不过旬日贼必饥疲,官兵不劳。贼已立困,乘势合兵进击,无难聚而歼旃。若不图进战,能令贼自消自灭乎?夫兵与贼相持日久,不但需饷浩繁,时虞难继,即勉强支应,以直隶上年荒旱之岁,收成歉薄,采办亦属万难。况春分节近,东作方殷,贼一日未平,畿辅百姓避难且不暇,安得尽力于畎亩?现时诸物昂贵,全望麦熟有秋,若再歇业废时,何以济民食而苏民困乎?相应请旨饬各路统兵大臣激发天良,和衷共济,申明军法,治兵勇以严,破除己私,驭诸将以睦,勿骄盈以偾事,勿刚愎而失机。并密赐谕旨诘其有无方略,何时破贼,使之切实自陈,毋得饰报胜仗。庶诸将帅努力同心,贼有可乘即时连营进逼,使无所逃窜,则逆氛速荡。上纾宵旰之忧,下解倒悬之厄矣。臣职司献言,不敢安于缄默,仅就见闻所及，冒昧渎陈，伏祈皇太后、皇上圣鉴。谨奏。

“同治七年二月壬辰，又据御史游百川奏，请饬各路统兵大臣迅筹灭贼，并请诘其有无方略，何时破贼，切实自陈，毋得饰报胜仗等语。贼扰直境已逾一月，各路官军不下数万，若不迅图剿洗，糜饷劳师，伊于胡底。左宗棠等务各屏除意见，戮力同心，迅将此股贼匪就地殄灭，共奏肤公。”

三月，西捻军由开州、滑县、清丰、朝城渡运河进入山东茌平、高唐，后挺进到沧州、静海。游百川奏请合力兜剿捻军。《清实录·同治朝实录》载：“本日御史游百川奏，此次捻逆回窜青莱，未得肆掠，饥疲已甚，其中被胁难民，皆思自拔，请饬乘此合力兜剿。李鸿章现在但防运河东北，黄防兵甚寥寥，黄河冰坚冻，贼如北窜，恐东省军务，贻患非轻等语。著李鸿章迅筹剿办，不可稍失戎机。黄河防务，并著妥为布置，以期有备无患。将此由六百里谕令知之。”四月，东捻军在山东巡抚丁宝桢、两江总督曾国藩、提督刘铭传等的围追堵截下，在胶莱河、潍河一带被消灭。西捻军失去了外援。六月，恰逢黄河涨水灌入运河，西捻军被围困在徒骇河、马颊河、黄河与运河之间，被丁宝桢、李鹤年、李鸿章大军所消灭。

捻军被剿灭以后，一是余部的清剿，二是官方死伤人员及被扰百姓的善后处理。秋七月初九日，游百川提交《奏请饬办善后事宜》折。折曰：

> 逆捻荡平，善后事宜亟应妥办。谨即愚悃所及，胪列渎陈，伏祈采纳。蠲缓与赈济宜并行筹划也。臣闻贼纵所至，闾阎耕种失时，田无所出。闻蠲缓恩旨固已食惠无穷。至失业之民，避贼逃难糊口无资。及闻贼灭，复还乡里，饥寒切肤，莫能存活，惟有辗转沟壑耳。请饬督抚查有失所贫民，令州县据实详报多少名口。先期筹款赈恤，或设立粥厂，或酌给米粮。庶贫富一体感恩，民生咸□矣。奖励与请恤，宜力求核实也。臣向闻被贼之区，往往有本处绅衿并无

团练实绩，徒以平日与官吏相习，事平之后，滥得优奖。而义民实在出力者，或反不得仰邀声叙。请饬下督抚，凡奖励团练，务令地方官确切查明，秉公详报，不得稍涉含混。至士女殉难捐躯，非地方官所能周知，宜责成公正绅者设局采访，分别请恤。靖乱与制治宜认真讲求也。粤逆倡乱，其端起于至微而流毒遍天下，贻祸十余年。迄今捻逆荡平，急图救定。思患预防，莫如妥行保甲之法。盖保甲政行，户口之多寡，习俗之美恶，皆得同知。一切教匪会匪孽芽无自而起，逆捻余党纵有窜伏草野者，亦莫能漏网，不致灰烬复燃。请饬下督抚，责成各属牧令，实力奉行，如有贪庸不职、不以民事为心者，即据实纠参，力除泄沓故习。庶消患无形，民登衽席。

"御史游百川奏陈善后事宜各条，除赈恤贫民俟官文、丁宝桢等查明后再降谕旨外，其团练出力绅董及殉难绅民妇女，著官文、丁宝桢转饬该地方官确切查明，分别奖恤，毋得冒滥遗漏；至保甲之法，尤当实力举行……傥地方官有贪庸不职、不以民事为心者，即著该督抚等据实严参，以副朝廷保卫民生、整顿吏治至意。"

紧接着游百川又上《奏为续行访闻本籍各州县阵亡殉难绅民妇女饬旌恤由》的奏折。折曰："奏为续行访闻本籍各州县阵亡殉难绅民妇女恳请恩予旌恤，并准捐资建祠，以维风化而立忠节，仰祈圣鉴事。窃臣于同治八年九月间，曾将本籍阵亡殉难绅民妇女开单奏请恩恤，仰蒙允准在案。兹复访得山东各属自军兴以来，历年阵亡殉难绅民，泰安府泰安县举人贾公策等三千三百九名殉难妇女、武定府沾化县绅士、前任四川彭山县知县范象乾之妻王氏等一千六百二十五口，查其死节情形或齐心弑贼慷慨……"

另外，游百川还提出"靖乱与制治宜认真讲求也"，而"思患豫防，莫如严饬督抚责成各属牧令，妥行保甲之法"。"盖保甲政行，户口之多寡，习俗之美恶，皆得周知，禁奸除盗，销患无形，政治始基，莫先于此。地方官如果倡率董事，实力举行，一切教匪、会匪蘖芽，无自而起，逆捻余党，纵有窜伏草野者，亦莫能漏网，不致灰烬复燃。”因此，他献策清廷“饬下督抚责成各属牧令实力奉行，如有贪庸不职、不以民事为心者，即据实纠参，力除泄沓故习”①。这项呈奏，得到清廷的认可。《清实录·同治朝实录》载：“（同治）七年秋七月甲申，谕内阁，前因捻逆荡平，直隶、山东、河南被扰地方，饬令该督抚等查明轻重情形，分别蠲缓，并寄谕官文、丁宝桢等妥筹抚恤。兹据御史游百川奏陈善后事宜各条，除赈恤贫民，俟官文、丁宝桢等查明后再降谕旨外，其团练出力绅董及殉难绅民妇女，著官文、丁宝桢转饬该地方官确切查明，分别奖恤，毋得冒滥遗漏。……”

平捻之后，钦差大臣都兴阿、两江总督李鸿章、署理安徽巡抚英翰、御史吴鼎元等，分别提出“严禁起义军余部与处理被收抚者”、“挑选劲旅，驻扎要地”、“修理圩寨，整顿乡团”、“整顿士习，查禁伪书”②的主张。而游百川则围绕民生问题提出赈恤贫民与“力行保甲，清查户口”的建议。

4. 关于除吏胥积弊问题

针对清朝末年官场滋弊问题，同治七年十一月十九日，游百川提交《奏为吏胥积弊为患最深请饬内外臣工随时惩治以儆贪残》的奏折。折曰：

臣窃维患莫大于营私，弊先去其太甚。国家建官立政，额设府吏胥徒藉资办公，不过取其执簿书、供奔走而已。乃

---

① 《掌福建道监察御史游百川奏请饬办善后事宜折》（同治七年七月初九日），军机处录副奏折；朱学勤等《方略》第三百一十八卷，第6、7页。

② 郭豫明《清朝政府平捻之后的“善后”措施》，《上海师范大学学报》（社会科学版）1998年第1期，第45～51页。

自若辈盘踞把持，遂成积重难返之势。论者谓天下大权归于胥吏，此诚沉痼之疾，不能遽除，而实不可不除者也。夫自京畿以及各直省有不营私之官，而鲜有不营私之吏，大抵上司衙门之胥吏有病于官，庶私衙门之胥吏有害于民，其工于取利也。率多暧昧不明，其敢于逞奸也。实觉悉数难尽，即如吏部职司铨选，仕路之所赖以清也。然闻外省每有缺出，书吏即悬以饵人，或多引例案以遂其招摇，或暗致信函以行其吓诈。保举之或准或驳，处分之可重可轻，既已轩轾在心，无难上下其手。吏部如此，其他可以类推。盖成案既多，援引各异。书吏先深入其中以操纵之，司员始泛从其外而觉察之，已属不及之势，而况有纵之者乎？此在京各衙门胥吏舞弊之大概情形也。而外省胥吏之为害，更有不可胜言者。州县为亲民之官，所用吏胥本有定额，乃或贴写或挂名大邑，每至二三千人，次者六七百人，至少亦不下三四百人。夫此数千百人者，政之蠹、民之蟊贼也。百姓含冤呈诉，其待长官申理不啻赤子之依父母，而吏胥乃从而陵侮之、剥削之、逼勒之，颠倒拨弄，率以财之有无多寡为事之曲直是非。总之，吏胥视民如鱼肉，民畏吏胥如虎狼。然民且甘受搏噬而不敢告发者，当前因投鼠而生忌，既恐其力有不敌，日后或假虎以逞威，又恐其心有不甘也。臣每恭读朝廷恩诏，必曰勿任吏胥舞弊，不得假手吏胥，诰诫至严切矣。第恐有司奉行不力，以吏之给使令也，而恃为爪牙；以吏之工趋承也，而引为腹心；以失察吏胥有关于己之考成也，而且巧为弥缝，曲为袒护，不曰吏胥狡猾而曰民俗刁顽，何其不仁之甚也！臣愚以为今日者，甫离兵燹之祸，民幸有其身家，若再遭胥吏之伤，何以完其生聚？相应请旨谕令中外大臣，严饬所属，振刷精神，破除弊窦，一应文案悉心稽查，立限清厘吏之名数，过多者务加裁汰，吏之情弊既露者，即行痛惩。开人告发之端，毋蹈徇庇之习。盖害政者吏也，而足以治吏者官也。官诚得人,吏自敛迹。至于家丁之串通书役,绅衿之包揽讼词,并饬地方官概行屏除,毋或宽纵。庶妨政之弊渐去而民困可稍纾矣。臣愚悃所及,为去弊起见,是否有当,伏祈皇太后皇上圣鉴。谨奏。

慈禧太后和同治皇帝对游百川的提案高度重视,并谕令内阁"通谕京外各衙门知之"。"(同治)七年十一月(壬辰),谕内阁,御史游百川奏请除吏胥积弊一折,京外各衙门额设吏胥,不过用以执簿书供奔走,乃近来各衙门胥吏,或舞弊营私,甚至盘踞把持,缘引为奸,坏法乱纪,殊堪痛恨。嗣后内外大臣,务当严饬所属,振刷精神,破除积弊,将一切文案,立限清理,吏数过多者,核实裁汰。其有舞文弄法之吏,随时察防痛惩,不准稍涉徇庇。至家丁串通书役,绅衿包揽词讼,亦著一并严禁,以儆贪蠹而杜弊端。将此通谕京外各衙门知之。钦此。"①

其后,游百川于同月二十四日再次上呈《奏为除弊务求实际续陈愚见》的奏折。折曰:

窃臣为吏胥积弊,于本月十九日具折奏陈,仰蒙谕旨森严,通饬内外大臣一并严禁。具见圣心洞察靡遗,孜孜求治之至意。臣窃伏思,欲除吏弊,宜先澄叙官方,欲肃官方,尤贵激扬士气。现在京各部司员,实任候补以及学习行走者,实不乏人。果能实力奉公,何难发奸擿伏。而其间人才不等、甘苦不均,或立志报效而辛苦莫得上闻,或纯盗虚声而粉饰藉以自便,以致贤劳之欢不免,推诿之心渐生。应否由各堂官于每司中实力简拔,亲加遴选,先择贤隽数员付以事权,专其责任。凡查有舞弊情事,即令无所徇隐据实禀办,各堂官再详加稽考,勤奋精慎者随时记功,怠慢疏忽者,随时记过。积功多则优加保奖,积过多则严行纠参。其初到

① 中国第一历史档案馆《同治朝上谕档》,广西师范大学出版社1998年版。

衙门学习公事者，亦时加激励，勉其用心讲求，使得渐次上进。盖为治之道，特患贤愚杂揉泾渭不分耳。果使杜请托抑徼幸，不职者斥之，可用者升之。赏罚既明，人才自奋。稽察既密，弊窦自清。如臣议可行，其如何明立章程，以专责成之处，应请旨饬下各部堂官悉心妥议，具奏恭候圣裁。至外省各地方官，本有惩治吏胥之权，但能实心爱民，勤求吏治，则胥役虽欲舞弊，当无所用其伎俩，而慎选贤员实为致治大要。伏恳严饬各督抚破除情面，秉公考察，为缺择人，勿以人试缺。廉明服官者，务登荐牍；阘茸不职者，即列弹章。再求简派廉正大臣时行巡查，遇有贪官蠹吏，经民间告发者，列状奏闻，以杜各该管上司瞻徇容隐之弊。如此则庶司咸知警畏，将见弊端胥除，官清而民自安矣。臣刍荛之见，冒昧渎陈，伏乞皇太后、皇上圣鉴。谨奏。

清朝末年，官场胥吏积弊深重，庶司衙门之胥吏皆工于取利。本父母之官，却视民如鱼肉，民畏胥吏如虎狼，阶级矛盾极近不可调和的地步。为维护大清江山的稳定与统治，游百川直抒胸怀，尽数官场胥吏积弊，阐发除弊之策。游百川敢于向官场宣战，显示了他的刚正与清廉。

5. 关于耕种和民生问题

在任福建道监察御史期间，游百川了解到山东、河南、江苏等部分地区的农民种植罂粟以代替种植农作物，且有种植面积逐渐扩大的趋势。同治七年十二月十七日，游百川提交《奏为栽种罂粟大妨民食请旨重申严禁以济民生而培国本》。折曰：

臣窃维民为邦本，食为民天。而今有妨食病民者，莫甚于栽种罂粟之害。闻此弊始自甘凉，延及陕西，今则晋省各属每县种者多至万余亩。夫沃土三亩，计出谷可养一人，以一省计之，废田谷百余万亩，是坐使数十万人失养也。又闻江苏之丰、沛、萧、砀等县，河南之彰、卫、怀，山东之兖、沂、曹等府，种者渐多，几与五谷相埒。童谣有云："遍地花开，睡去醒来。得过且过,不管将来。”小民贪利忘害,流毒无穷,若不拔本塞源,尽绝根株,何以裕民食而重民命乎?臣闻陕甘往年初种罂粟,民间暴称富庶,官其地者亦借端取利,瘠缺变为美缺。迨其后废地既多,积粮渐少,猝遇事变,饥民无所得食,遂辗转沟壑,逃死流亡,以致军民两困,甚有携带银两求食不得自投于河者,东南之乱未至如斯之惨也。论者谓吸食鸦片之害甚于洪水猛兽,而栽种罂粟其祸本也。地方一种此物,虽遇丰收之岁亦成歉薄之年。盖罂粟收浆正值农夫锄禾,民尽力于罂粟,遂不暇顾及于田苗。是已种之地固有妨禾稼,未种之地亦多就荒芜也。况既已种之,鲜不食之。始之种也,犹为取人之利,继而食也,必且身受其殃,食久则安于颓废,怠于耕耘而无术以自解免。数年之后,地利既减,人力又亏,民穷事起,贻祸何可胜言。夫罂粟布满田野,显然共见,禁之本属甚易,然易禁而卒莫之禁者,特以地方官吏借端渔利,既不肯实力严究,而督抚大员亦复姑息为心。故例禁虽有明文,究不免阳奉而阴违也。臣愚以为,与其异日酿无穷之患,何如先时申严禁之条?应请旨谕令各省督抚,严饬所属,剀切晓谕,一体禁止。倘有不法匪徒故意抗违,即治以应得之罪。如各州县不肯认真办理,任令吏胥贪财饰词蒙蔽,即由各该管上司立予参革,或更简派廉政大臣亲历查勘,以防瞻徇容隐之弊。惩一警百,使天下咸知朝廷贵农重粟之意,庶莠民畏法不敢妄为矣。盖自发捻倡乱以来,民多失业,户少盖藏。乘此军务渐平,培养元气,民食为先,万不可听民徇利,使为苟营目前之计,以酿患于将来也。臣愚悃所及,冒昧渎陈,是否有当,伏祈皇太后、皇上圣鉴。谨奏。

游百川细数了甘肃、陕西、江苏、河南、山东等地民间栽种罂粟现状及危害,分析民间栽种罂粟屡禁不止的原因,除小民趋利外,地方官吏借机取利,督抚大员也因一私己利而默许之,进而提出了整治方法。同治皇帝阅览奏折后非常震惊,栽种罂粟涉及国计民生和国家的长治久安,便谕令内阁“著各该管上司从严参办,毋稍徇隐”。“(同治)七年十二月(庚申),谕内阁,御史游百川奏请饬严禁栽种罂粟以济民生一折,栽种罂粟之害,有妨民食,始于甘肃,延及陕西、山西,近复江苏、河南、山东等省亦有渐行栽种者,小民贪利忘害,仅顾目前,势必至膏腴之产尽种无用之物,于百姓生计大有关碍,前曾严行申禁,著各该督抚迅饬各地方官,再行剀切晓谕,一体禁止。傥有不法匪徒故意抗违,即治以应得之罪。各州县官如不能认真办理,任令吏胥饰词蒙蔽,并著各该管上司从严参办,毋稍徇隐。将此通谕知之。钦此。”

6. 其他疏奏

同治八年,湖广等省多被水患,而直隶、山东亢旱为灾,地球出现月食现象,民间多流言,人心惶恐,社会不安。十二月十八日,游百川针对这种现象,提交《奏为雪泽愆期月食递见恳增修圣德感召天和》奏折。折曰:

> 臣窃维《洪范》九畴以皇极为本,其言休征咎征天人感应之机毫发不爽,是知天时之有未协,皆人事之有未修也。本年湖广等省多被水患,直隶山东亢旱为灾,收成歉薄,秋间二麦未能种齐。入冬以来,雪泽又少。皇上虔申祈祷,虽得微雪沾濡,而节届大寒祥霙尚未渥沛。六月月食示警,本月十六日又复月食。臣虽未习占验,然以人事推之,即昔证今,窃觉患未虚生,灾有由起。查道光年间国家席庶富之业,内而廷臣,外而督抚,率以粉饰太平为务,州县习于奢汰,以能逢迎者为良吏,以多机械者为干员。吏治既颓,乱机斯伏。嗣是粤逆首祸,捻匪纵横,外患内忧踵兴递起。流毒遍天下,蔓延十数年,生民涂炭极矣。今幸发捻殄灭,时势望有转机。然而水旱频仍,灾异递见,意者天心厌乱,已有悔过之机,而人事未修,不足以应之,故特示变异以昭警戒乎?伏望皇上恐惧修省,惕厉忧勤,懋圣学益,以新圣德,

兢兢业业，以同治初元之心为心，以同治初元之治为治。于引对臣僚及一切用人行政垂意慎查，务使在廷诸臣随时随事得尽其匡弼之心，至于国计所关民生，所系尤望推求至当，不厌审详，并严饬内外大臣激发天良勤思治术，用情务得其正，勿以偏私而妄为爱憎。议事务持其平，勿以瞻徇而谬为轩轾，勿纵诡随开人奔竞之渐，勿滥保举启人徼幸之心。至有言责诸臣，共竭忠诚，各进谠论，于政治之未当者，剀切直陈，无稍隐讳，上下知惧思患预防，庶人事克修，天心可格，雨旸时若，年谷顺成，民困得苏，天下蒙福矣。臣管窥之见，冒昧直陈，伏祈皇太后、皇上圣鉴。谨奏。

"（同治）八年十二月（乙卯），谕内阁，御史游百川奏请修德以召祥和一折，今岁雪泽愆期，月食再见，直隶、山东、湖广等省水旱歉收，凡此沴祲之兴，皆系上苍示儆寅畏殊深，允宜兢业为怀，倍加修省，内外大小臣工，亦当各矢公忠，恪尽厥职，力除瞻徇奔竞之习。其有言责诸臣，尤宜遇事指陈，毋泛毋隐。庶几君臣交儆，以承天眷而迓天庥。"

同治十年七月二十九日，游百川上《奏请整饬仓储》折。同治十二年二月，游百川闻知黄河改道的危害极为惨烈，奏请河运并治。《清实录·同治朝实录》载："（同治）十二年二月庚戌朔，谕军机大臣等，前因乔松年奏筹办黄运两河情形，文彬、丁宝桢奏请仍挽复淮徐故道，并御史游百川奏河运并治，宜详筹妥办等情。"《清实录·同治朝实录》载："（同治）十二年闰六月（甲申），谕内阁，前据军机大臣六部九卿会议乔松年、文彬、丁宝桢并御史游百川所奏筹办黄运两河情形，当经谕令李鸿章妥筹办法。"

三、因"园"被革职

同治十一年九月十五日（1872 年 10 月 16 日），同治皇帝大婚盛典举行。同治十二年正月二十六日（1873 年 2 月 23 日），同治皇帝亲政大典举行。同治皇帝亲政之后，两宫太后面临

“归政”的问题。为了尽快摆脱太后干涉朝政，少受管束，同治皇帝以“孝亲”为由，下令重修圆明园。谕令：“朕念两宫皇太后垂帘听政十一年来，朝乾夕惕，倍极勤劳，励精以综万机，虚怀以纳舆论，圣德聪明，光被四表，遂致海宇升平之盛世。自本年正月二十六日朕亲理朝政以来，无日不以感戴慈恩为念。朕尝观养心殿书籍之中，有世宗宪皇帝御制《圆明园四十景诗集》一部，因念及圆明园本为列祖列宗临事驻跸听政之地，自御极以来未奉两宫皇太后在园居住，于心实有未安，日以回复旧制为念。但现当库款支绌之时，若遽照旧修理，动用部储之款，诚恐不敷。朕再四思维，惟有将安佑宫供奉列圣圣容之所，及两宫皇太后所居之殿，并朕驻跸听政之处，择要兴修，其余游观之所，概不修复。即著王公以下京外大小官员量力报效捐修，著总管内务府于收捐后，随时请奖，并著该大臣等核实办理，庶可上娱两宫皇太后之圣心，下可尽朕心之微枕也。特谕。”

重修圆明园的谕令，引起朝野上下的关注。尚未开工，同治十二年十月初一日(11 月 20 日)，御史沈淮“抗疏力争，以为靡费”，同治皇帝震怒，立即召见沈淮，“谕以《大学》养老之义。沈素……但连称兴作非时，恐累盛德”。同治皇帝谕令内务府，仅修治安佑宫为驻跸殿宇，其余免兴修。

同治十二年十月初六日，游百川上《奏为密陈管见》折。折曰：

窃臣阅邸抄，御史沈淮奏请暂缓修理圆明园一折，钦奉上谕，宣示中外。我皇上本大孝之至性，寓惜物之深仁，凡在臣民理宜共喻。即总管内务府大臣等恪遵谕旨，谅必力求节省，不敢多所糜费，有负圣怀。惟臣葵藿愚忱，有惓惓不能自已者，敬为我皇上密陈之。京师为首善之区，万民辐辏，纵有异域殊方僦屋而居者，亦不过杂于市廛之中，远隔九重，无敢往来喧肆。加之禁城门禁森严，宿卫周密。皇上临朝听政，穆穆清清，此居中驭外之权，实长治久安之道也。

圆明园经变之后，岁久失修，山水景物今昔悬殊，且并无城垣，虽有宿卫之森罗，而门禁不能如内城之严密。臣闻近年西山一带时有外国人游骋其间，万一因我皇上驻跸所在，亦生瞻就之心，于圆明园附近处所修盖庐舍，听之不可，阻之不能，体制既非所宜，防闲亦恐未备，以臣愚悃，不无过虑。又，臣闻明年南北方向修造均非所宜，即乘今年诹吉开工，亦殊非慎重之道。伏望皇上善体圣慈，暂缓兴修，一俟天时、人事相度咸宜，然后徐图营建，斯《大雅》所咏"经始勿亟，庶民子来"之效，将复见于盛世矣。臣区区愚见，冒昧渎陈，伏祈皇上圣鉴。谨奏。

游百川在奏疏中说，京城为模范之区，万民聚集一处，纵然有出色的房舍、不平常的处所，租赁屋居住的，不过是杂处于闹市之间，远离宫廷，没有敢在宫廷往来和大肆喧闹的。严守紫禁城门，宫中卫士密切警戒，皇上临朝听政，这种坐在宫中控制着天下的权术，实为国家长治久安之策。圆明园经变乱之后，年久失修，山水景物面貌今昔悬殊。况且那里外无城墙，即使警卫森严，门禁终究不如内城严密。我最近听说西山一带，时常有外国人在那里游荡，万一因皇上暂居园内，他们滋生偷看靠近之心，在圆明园附近建造房屋，听任他们不行，又不能阻止他们，严加防范，恐怕也难完备。我虽无知但很忠实，不能不对此忧虑，希望皇上体现慈心，暂缓兴修，待天时、人事均有利时，再慢慢谋划营建，而且百姓急于公事，如子女急于父母之事，不召自来的情景，会出现在当世。

同治皇帝阅完游百川的奏折后震怒，于十月初七(11 月 26 日)召见恭亲王奕䜣、醇亲王奕譞及御史游百川等。同治皇帝厉声对游百川说："汝亦有父母，岂有父母所欲而故为违抗者！"游百川说："皇太后政暇颐养，不如就近增饰西苑，以为临幸之地，用帑不巨，易复旧观。"同治皇帝竟然不知西苑在什么地方。游百川解释说："即南、北、中三海，近在宫掖。"同治皇帝命令他回去写奏折子报上来，转瞬又说："无需也。"就拿御笔交给游百川即兴书写。游百川就御座前执御笔写道："臣伏愿皇上大孝，以天下治安为主者，臣实愿军务全完，帑项渐裕……合万民之欢心以成斯役，而不愿藉资于捐修。'捐'之一字，实万不得已之举，救灾捍患动捐犹可，至营建宫室而劝捐，我朝向无此例。且圆明园既值宜修之时，亦不过专务要工，存先朝之旧制以明光复故物云尔，若以为游憩之所则臣有不敢遽言，而又不敢不言者。如万不得已，太液池南福华门内，京都士庶称为南海，加以修理奉两宫太后游览其中，亦足以藉资颐养。臣愿皇上善体圣慈，如得皇太后懿旨暂缓园工，然后明降谕旨宣示中外，得我皇上善则归亲之义，此尤臣所虔诚默祷者也。"

御史沈淮上疏后，同治帝就很恼火，曾严词申斥。现在游百川又上疏谏阻，同治帝更恼，他认为这是对自己皇权的挑战。十月，同治帝下令将游百川即行革职。《朱谕将奏请缓修圆明园之御史游百川革职》曰：

> 自古人君之发号施令，措行政事，不可自恃一己之识见，必当以群僚适中共议，可行则行，不可则止，此求事理合宜之意也。至于为人子者，欲尽娱志承欢之孝，非他务可比也。既非他务之可比，则必当竭力以效其忱，岂可托诸空言而止耶？夫朝廷设言官之意，本为达人君之耳目，不可不言也，至于尽孝思之事，非言官可阻谏也。且沈淮奏请暂缓修理圆明园之时，业有旨宣示中外，使咸知朕心欲承慈欢之意矣。何该御史又请缓修，且言俟天时人事相度咸宜之时，再行修理，朕观该御史所奏之意，亦不过欲使人知已尽言官之责，徒沽其名耳，安有体朕孝思之意哉？纵使朕纳其言即行停止，亦不过咸称朕为纳谏之君而已！是朕欲尽孝思之意，岂不托诸空言耶！即如该御史所言，俟天时人事相度咸宜之时再行修理，果及天时人事相度咸宜之际再兴此工，又必谓不可。又言西山一带，时有外国人游骋其间，岂京师各城

内外即无外国人往来乎？以朕观之，京师各城内外之外国人，较之圆明园犹为附近也。该御史既恐外国人生瞻就之心，今岁夏令当洋人求观之时，汝何不奏请止其观见乎？朕思该御史所陈之言，不过欺朕冲龄，实属妄奏。

该御史既为言官，并未闻有关系国计民生之论，乃先阻朕尽孝之心，该御史天良安在？著将该御史游百川即行革职，为满汉各御史有所警戒，俟后如再有奏请暂缓者，朕自有惩办。特谕。①

折中明载“著将该御史游百川即行革职”，显见《清史稿·游百川传》所载“寻以忧归”大为不确。

对于同治皇帝重修圆明园，朝内许多重臣元老都婉言劝阻，毫无效果。同治十三年六月十四日，大学士文祥上折请停圆明园工程，也未奏效。七月十六日，恭亲王奕譞等亲贵重臣听说载淳将于二十日阅视园工，于是约集御前大臣和军机大臣十人，联名上疏，提出八大问题：停园工、戒微行、远宦寺、绝小人、警宴朝、开言路、惩夷患、去玩好，全面地向皇帝进谏。后来几位朝中重臣因重修圆明园所需经费估算过高出来反对，君臣矛盾爆发，八月初一日，同治帝拟召见群臣，宣布将十重臣尽皆革职，为“朋比谋为不轨”。两宫太后闻讯大骇，出面调解，撤销了同治帝前日宣布的上谕。② 结果双方互做妥协，重修圆明园改为修葺三海。一年后，同治皇帝暴病而亡，工程同样没有完工。

《清史稿》记载：“命葺治圆明园，奉皇太后驻跸。御史沈淮疏请暂缓修理，上特谕宣示孝养两宫之意，专修安佑宫供奉列圣御容，暨皇太后驻跸之所，治事之地，量从节俭，不事华靡，此外均不必兴修。百川继疏申谏，上召入诘责，百川侃侃正言无所

① 中国第一历史档案馆《宫中朱谕》上编，第 637 页。

② 徐立亭《清朝列传·咸丰帝同治帝传》，吉林文史出版社 2004 年版，第 423 页。

挠,上为动容,一时敢谏之名动朝野。”①

这段时期,游百川刚正不阿,不畏权贵,犯颜直谏,可谓“谏臣”。

第二节　中　期

游百川于同治十二年十月被革职,关于他何时起复,至今未查到确切史料,但笔者推算其停职时间并不长。到中国第一历史档案馆查找相关史料,在光绪元年正月初四日,游百川还上了一道《道员丁寿昌夺情究非常经请旨饬令仍遵定制》的折子。据此推断游百川的复职时间,可能是两宫太后出面调解时同其他被革职人员一起复出的。光绪二年闰五月二十五日,游百川的母亲孙夫人去世,游百川丁忧“服制”,到光绪五年四月,这段时间未见有游百川的奏折。直到光绪五年五月初三日,游百川新授湖南衡永郴桂道道员时有《奏为恭谢天恩仰祈》的奏折。查《游氏世谱》和其他史料知,服制期间游百川受沂州府知府、武定府知府邀请去沂郡书院(琅玡书院)和武定府敬业书院讲学。

从光绪五年任湖南衡永郴桂道到光绪八年任总督仓场侍郎,官阶由正四品升为正二品,“山东游汇东侍郎百川,同治壬戌翰林,由御史给事外放,数迁至顺天府府尹,擢仓场侍郎,同光间之进阶最速者也”。② 这一阶段可以看作其中期仕宦时期。

一、掌福建道监察御史

同治六年,游百川任福建道监察御史,直至光绪四年,其中段时间因力谏缓修圆明园被革职。该段时间游百川励精图

① 《清史稿》,中华书局1977年版。

② 祁景颐《𫍯谷亭随笔》(近代史料笔记),中华书局2007年版。

治，就国计民生等问题数进忠言，另外还严于执法。光绪元年(1875)春正月初四日，游百川上疏《奏为道员夺情究非常经请旨饬令仍遵定制》。折曰：

> 窃臣恭阅邸抄，奉上谕，御史李桂林奏请将丁忧道员破格留用一折，前任直隶天津道丁寿昌，现在丁忧开缺。著俟百日孝满后，准其留于直隶，交李鸿章差遣委用。钦此。嗣经太常寺少卿周瑞清奏，丁忧员人例应终制。奉上谕，丁寿昌现系留于直隶差遣委用，并非实缺。可比所奏，著毋庸议。钦此。跪读之下，仰见朝廷于郑重地方之中，寓爱惜人才之意。惟臣愚，窃维持服终制，礼之常经，臣下夺情原属万不得已之举。军兴以来，援墨缞从戎之义，间有特旨留用之员。现时军务已平，天津近在畿辅，群疑有何急务必不得已，而请将该道员破格留用乎？即谓洁己爱民，舆情感戴，各直省中，此等贤员当亦不少，若使本属官绅纷纷效尤，相率藉端渎请，何以靖人心而杜攀援之弊？查定例，绅民人等赴该管上司衙门具呈请留本地方官员者，概不准行。从前定例，岂不知舆情爱戴之员有益地方而不便准行者，杜渐防微，意至深远。我圣朝孝治天下，凡陈情终养者，尚许解官，况丁忧人员，尤宜令恪遵礼制，遂其孝思。相应请旨谕令直隶督臣，仍饬该道员回籍终丧以符定制，庶于礼教无亏。如因天津系畿南重地，该员留津最为吃紧，则臣伏望明降谕旨，嗣后无论何省何官均不得援以为例，以为贪荣忘亲者戒，似亦预防流弊之至要者也。臣愚昧之见，是否有当，伏祈皇太后、皇上圣鉴。谨奏。

同治末年，西城盗匪猖獗，及至入室抢劫和酿成命案。光绪元年十一月初七日，掌福建道监察御史游百川与给事中景隆巡视西城，严令司坊官率役带勇，并会同营汛协力访缉，于十月十一日缉拿到两次逃军周三锁儿(周三元儿)，十七日缉拿到两次逃徒贼犯祝二(祝三)、刘二(肉刘)及贼妇张李氏等六人。讯录供词，交代了多次窃得三条胡同事主童氏等十余家，所获赃物均被收缴认领。他们指出窝主系大黄（宽和）和二黄（宽亮）。二十五日，全营掩捕宽和、宽亮。被捕获后，二人称系宗室。宽和居西长营，宽亮居炮厂，俱属外城，召集包庇贼匪，肆扰民间。十一月初七日，游百川请旨将周三锁儿、祝二及刘二等人解交刑部，大黄、二黄由刑部会同宗人府查办。《清史稿》列传二百十《游百川传》载："宗室宽和等所行多不法，奏劾惩治，一时贵近敛迹。"

另外，同治八年十一月，棍徒孔正兴即蔡墩子、蔡升玉恒、祁唐氏、镶白旗文大（文惠）等假称官役，将翟济堂、张镇东羁押暴打，勒索财物，致张镇东病残。翟济堂告发官府，久拖不结。游百川与掌湖广道监察御史国秀巡东城，受理案件后传唤文大，未到案。游百川、国秀联合上书《奏为棍徒假充官役设局刑吓搜取财物请旨交部严行惩办》，指出北京乃毂辇重地，岂容棍徒潜踪扰害。案子引起了慈禧太后和同治皇帝的高度重视，谕令刑部严传归案审办。

二、任湖南衡永郴桂道员

奏
新授湖南衡永郴桂道臣游百川跪
奏為恭謝
天恩仰祈
聖鑒事本月初二日内閣奉
上諭湖南衡永郴桂道員缺著游百川補授欽此竊臣
山左下士知識庸愚由翰林院編修洊升給事
中俸滿截取蒙
恩記名以繁缺道員用涓埃未報兢惕方深茲復渥荷
温綸補授今職自
天聞
命倍切悚惶伏念湖南為繁要之區道員有監司之
責如臣檮昧惺弗克勝惟有黽求

宸訓敬謹遵循俾到任後於一切事宜矢慎矢勤以

期仰答

高厚鴻慈於萬一所有微臣感激下忱謹繕摺叩謝

天恩伏乞

皇太后

皇上聖鑒謹

奏

光緒五年五月 初三 日

光绪四年，游百川得授工科给事中，不久转任刑科给事中。“光绪五年，出为湖南衡永郴桂道”①，官阶升为正四品。五月初二日，游百川受命补授湖南衡永郴桂道员，初三日，游百川上折“恭谢天恩”。折曰：

> 本月初二日，内阁奉上谕，湖南衡永郴桂道员缺，著游百川补授，钦此。窃臣山左下士，知识庸愚，由翰林院编修洊升给事中，俸满截取，蒙恩记名，以繁缺道员用，涓埃未报，兢惕方深，兹复渥荷温纶，补授今职，自天闻命，倍切悚惶。伏念湖南为繁要之区，道员有监司之责。如臣梼昧惧弗克胜，惟有吁求宸训，敬谨遵循，俾到任后于一切事宜，矢慎矢勤，以期仰答高厚鸿慈于万一。所有微臣感激下忱，谨

① 《清史稿》，中华书局1977年版。

缮折叩谢天恩，伏乞皇太后、皇上圣鉴。谨奏。

湖南衡永郴桂道隶属湖广行省，道治驻衡州府城（今衡阳市区），领衡州府、永州府、郴州、桂阳州。当时鸦片盛行，衡州人染此者不计其数，游百川便张出告示恳切劝止，见到的人很多都为之叹息、落泪。他又为染毒者制戒烟丸、解毒膏，施舍救治。百姓去官府求药者每天达一百几十人。王良弼是清末衡州的杰出人物，看到这种情景后，给以极高的评价，从而使禁烟戒毒成为一种强大的舆论力量。从光绪五年五月到光绪六年六月，游百川在湖南任职一年，期间整顿时弊，力主戒烟，为当地百姓做了许多有益的事情。

三、职掌四川按察使

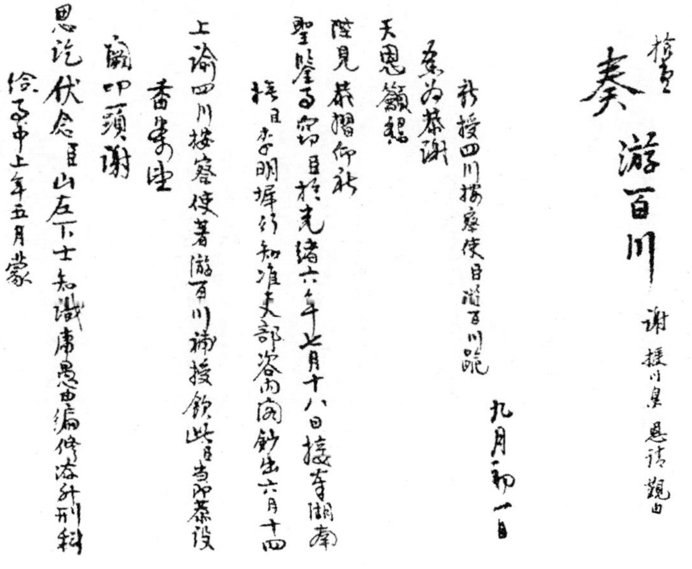
奏　游百川　谢擢川臬恩请觐由
新授四川按察使臣游百川跪
奏為恭謝
天恩籲懇
陛見恭摺仰祈
聖鑒事竊臣於光緒六年七月十八日接準湖南
撫臣李明墀行知准吏部咨內閣鈔出六月十四日
上諭四川按察使著游百川補授欽此臣當即恭設
香案望
闕叩頭謝
恩訖伏念臣山左下士知識庸愚由編修洊升刑科
給事中上年五月蒙
九月初一日

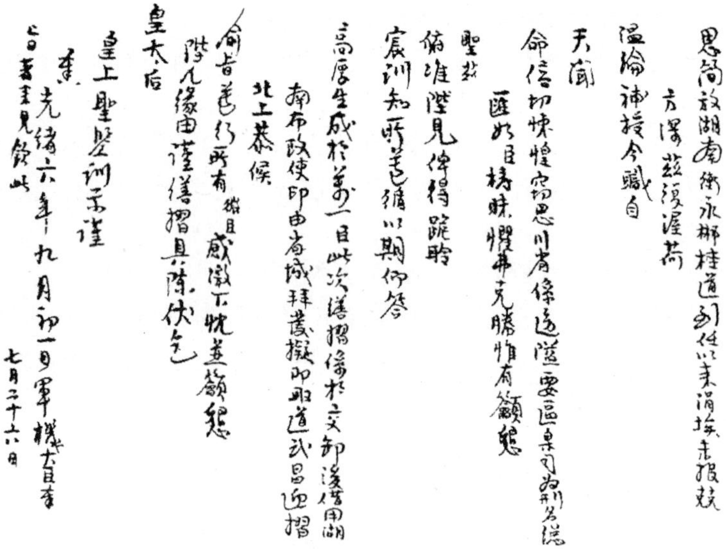

思简放湖南衡永郴桂道到任以来涓埃未报兹
方深兢渥荷
温谕神授今职自
天阍
命信切悚惶窃思川省係边陲要区臬司为刑名总
汇如臣梼昧惧弗克胜惟有籲恳
圣慈
俯准陛见俾得跪聆
宸训知所遵循以期仰答
高厚生成于万一且此次缮折係於交卸后借用湖
南布政使印由省城拜发拟即取道武昌迎折
北上恭候
命旨遵行所有臣感激下忱并籲恳
陛见缘由谨缮折具陈伏乞
皇太后
皇上圣鉴训示谨
奏
光绪六年九月初一日军机大臣奉
旨著来见钦此
七月二十六日

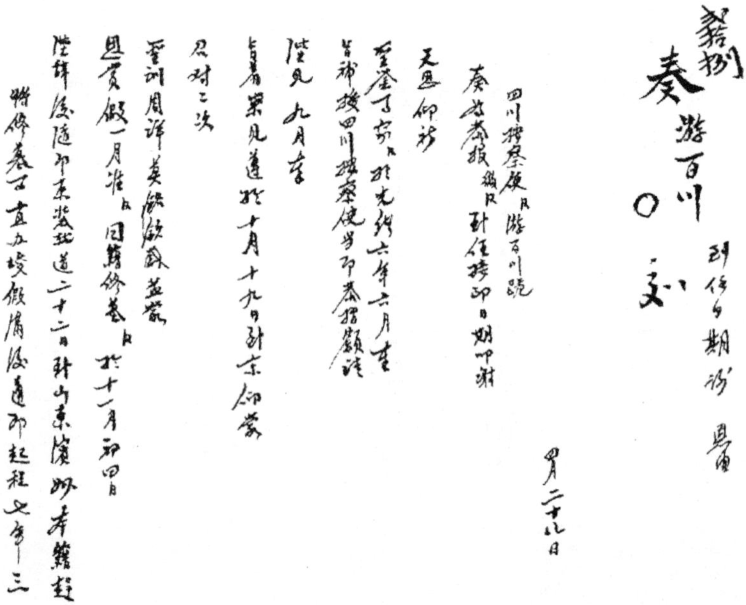

奏 游百川
〇 文
到任日期谢恩
四月二十九日
四川按察使臣游百川跪
奏为恭报微臣到任接印日期叩谢
天恩仰祈
圣鉴事窃臣于光绪六年六月奉
旨补授四川按察使当即恭折籲请
陛见九月奉
旨著来见遵於十月十九日到京仰蒙
召对二次
圣训周详莫铭钦感并蒙
恩赏假一月准臣回籍修墓臣於十一月初四日
陛辞后随即东发取道二十二日行抵山东滨州本籍赶
将修墓事直力竣假俾后遵即起程已於十三

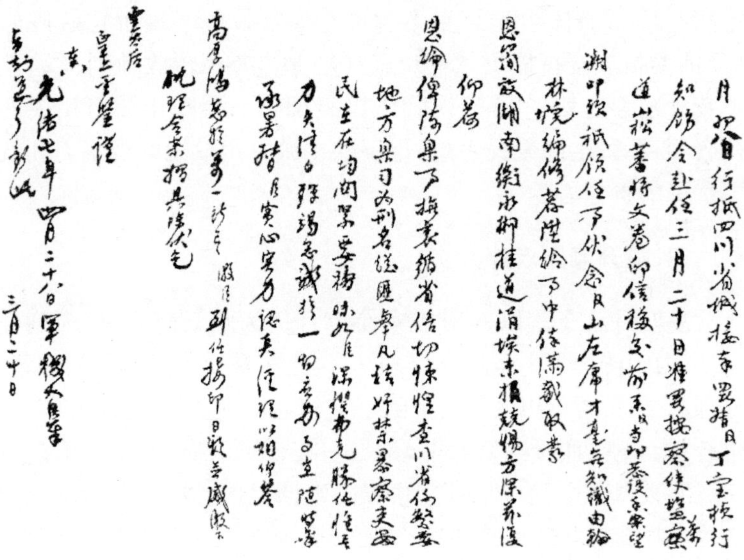

“光绪六年六月庚戌，以四川按察使黎培敬为漕运总督，湖南衡永道游百川为四川按察使。”①官阶升为正三品。四川按察使管“刑名”，相当于现省法院院长。九月初一日，游百川取道武昌迎旨北上，上疏《谢授川臬恩请觐由》，一是谢恩，二是恳请陛见。十月十九日游百川抵达北京，受光绪帝两次召见。去四川上任前光绪皇帝准假一个月，游百川从十 月初四日离京，二十二日回到滨州修墓祭祖。

光绪七年三月初八日，游百川行抵四川省城。四川总督丁宝桢迎接，三月二十日游百川接印及文卷，正式上任。

游百川从北京去四川途经冀、晋、陕、川，沿途看到大片耕地荒芜，偶有耕种者便是罂粟，村庄稀疏，一片萧条，有较大的村庄也是围墙高筑，寨门紧闭，乡民团练自卫，反射出社会动荡不安一片萧条的场景。沿途十多天，游百川边走边调研，后于光绪七

① 《清实录·光绪朝实录》，中华书局1986年版。

年闰七月二十日给光绪皇帝提交《奏为撮举时政所宜敬陈管见》的奏折。奏折提出三个观点:(1)举办垦田以收地利;(2)严申栽种罂粟之禁;(3)整饬管伍以复旧章。反映出游百川关心社会、心系民生的爱民思想,也反映出游百川敏锐的观察力和忧国忧民的责任心。

四、擢升顺天府府尹

夏四月己亥,“以四川按察使游百川为顺天府府尹,未到任前,以内阁侍读学士张凯嵩署理”①。此次升迁系经左宗棠推荐。五月初二日,游百川从四川督臣丁宝桢处得到圣旨,即日交印,离川赴京,上奏《谢授顺尹恩由》谢恩。在任顺天府府尹期间,游百川资助教育事业、治理永定河、恤民生谏垦田、设粥厂济灾民、建济养堂收养妇女幼童、维护京城治安等,显示出一定的执政才能。

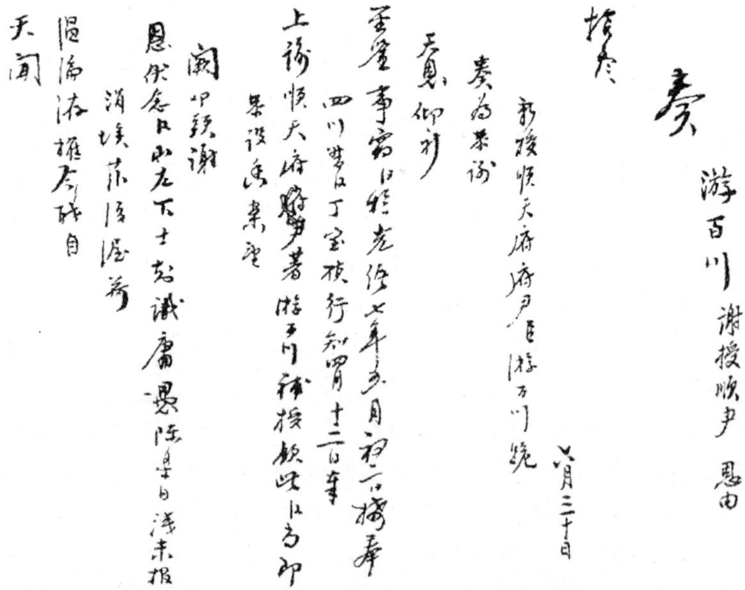

① 《清实录·光绪朝实录》,中华书局1986年版。

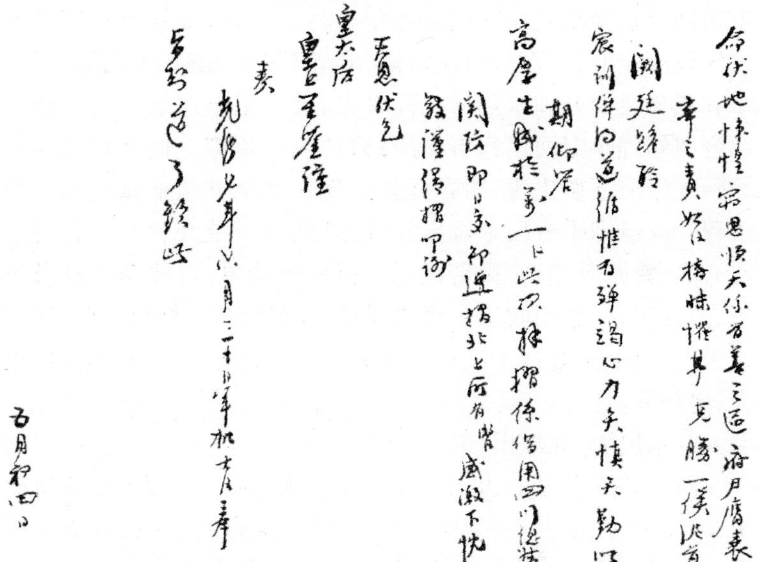

1. 捐修金台书院

位于今天北京东城区的金台书院，清代时为顺天府义学，乾隆十五年改为金台书院。游百川上任后，适值金台书院修缮，游百川参与指挥金台书院修缮并捐款资助。史载："并由历任顺天府尹童华、李朝仪、游百川，各厅州县教佐等官员以及顺天府绅士等也相继捐款。遂于光绪七年春间完工。"①历任顺天府尹对文化的传播起到了重大作用。

2. 治理永定河

永定河是流经北京（顺天府）的最大河流，有北京"母亲河"之称。历史上永定河汛期洪水肆虐，裹挟泥沙，威胁京师安全，清代各朝皇帝均非常关注和积极治理。永定河左岸堤地处石景

① 李绶《重修金台书院碑记》，拓片。赵连稳、韩秀允《顺天府尹在金台书院文化传播中的作用》，《北京工业大学学报》（社会科学版）2013年第3期，第140～146页。

山区,东距天安门广场17公里,地势高差约30米,是顺天府城市防洪重点险段之一。同治七年七月十三日,大学士左宗棠奏请修理永定河,游百川与左宗棠、恭亲王奕䜣、醇亲王奕譞、李鸿章和童华会商办理永定河工程事宜。《大学士左宗棠为与李鸿章会商修理永定河工程事奏片》载:"……臣拟一面咨请李鸿章委验永定河下游工程,明春再会商童华、游百川委验永定河上源工程。庶臣经手分段承修事宜得有归结……在事诸员及各将士实心实力,踊跃趋功,微劳足录。拟汇列清单,咨请李鸿章及童华、游百川,于验明收工后照请褒奖,以昭激劝。是否如斯,伏候皇太后、皇上圣鉴训示施行。谨奏。"①经修筑,永定河堤规模更大,更坚固。

3. 系民生,谏垦田

游百川在往返四川途中,看到晋豫两省严重歉收,荒田很多,河南卫辉、山西平蒲等县中,不耕之田有数千顷、万余顷不等。七月二十日,顺天府府尹游百川奏请仿古屯田之法举办垦田,整饬营武,严申栽种罂粟,提交《奏为撮举时政所宜敬陈管见》奏折。折曰:

> 窃维求治莫贵因时恤民,亟宜行政。臣上年恭膺恩命,由衡永郴桂道简授四川按察使,道经秦楚晋豫等省,目睹各处地方情形,并访闻确实,觉时政所宜举行者,大端有三,敬为我皇太后、皇上陈之。
>
> 一举办垦田以收地利也。国赋民食资乎土田,晋豫两省与直隶接壤,皆近畿之地,经往岁大祲之后荒田甚多,河南自卫辉以西,过孟津,历洛阳,直抵潼关,蓬蒿遍野,千里萧条。山西之平蒲、解绛殆有甚焉。闻各该抚,前经奏请,蠲缓钱粮,或三年,或五年,朝廷已立沛恩施矣。至议行招

① 中国第一历史档案馆《光绪年间治理永定河档案》,《历史档案》2012年第3期,第35~65页。

垦，亦当筹给籽种，然客民至者绝少，现闻一县之中，不耕之田犹有数千顷、万余顷不等。盖他处百姓稍有家赀者，既不肯轻去其乡，而贫困无业之民，虽欲前往认垦，又苦于糊口，无资问之。土人佣工一日，值需制钱五六百文，人烟稀少则工价必昂，有田者无力雇工，忍弃其田而弗种，故荒田綦多也。臣愚再四筹思，招垦既未能行，旷土实堪深惜，可否仿照古昔屯田之法，令各直省应行裁撤之勇丁移往该处，分路驻扎，举办垦田，而以老成稳练之提镇大员统率之，每月有口粮，不患其或乏食也；平时有节制，无患其不安居也；令老农导之耕耨，不患其不习也；有营弁课其工作，不患其不勤也。锅帐暂充庐舍，马匹可代耕牛，无锋镝之忧而有禾稼之利，似犹是古人寓兵于农之意，较胜于撤勇之后，一经遣散，仍不免游手好闲也。如蒙采纳，恳饬下廷臣集议，并命各该抚妥立章程，乘时举办。迨田既垦熟，招种无难，升科自易。足食之效，即肇于兹矣。

一整饬营武以复旧章也。我朝绿营兵制立有定额，乃自发捻倡乱以来，举办团练，招募勇丁，其时非兵力不足也，徒以承平日久，武备废弛，训练不精，征调远方，水土不习，故兵不如勇耳。然自此营勇日积，曰楚勇、曰淮勇、曰川勇，其数比兵额渐多，其饟比兵粮加重，督抚养勇，或曰亲兵，或曰练军，旗帜鲜明，铠仗齐备，以其便于调遣，足壮声威也，遂专意用勇而兵则投闲置散，一若无所用之，从此营兵望勇夺气，亦安于阘宂无能。就一省言之，养勇万数千人，岁饟百余万金，全省厘捐不敷支放，须藉别款补足之，是兵额之外又重设兵且加多也，饟焉得不竭？民焉得不穷？臣思均是人也，岂有名曰勇则勇，名曰兵则怯乎？但遽议裁撤勇丁，各省督抚每曰地方不靖，急须藉勇以资弹压。夫以理势论之，州县营汛有窃盗积案，责在兵役之缉捕懈弛，非关无招募之勇也，至偶有他虞，养兵之谓何，非藉以卫民捍患乎？

纵或真有险要地方，因兵力不敷，必须藉勇镇抚，然宜裁汰者亦多矣。相应请旨，饬下各省督抚，报明营勇名数，实在须酌留若干、宜裁撤若干，以免虚糜帑项，勿复养勇自卫，致贻后患，似为当今之急务矣。

一严申栽种罂粟之禁，以除民患也。鸦片烟流毒中国，为害已深。至栽种罂粟，其祸尤不可胜言。天地生殖五谷，所以养亿兆之命也。乃以干净之土，沃饶之田，栽种邪秽害人之物，显背天心，岂不上干天怒？前此各省惟山西栽种最多，丁丑戊寅旱荒之灾，亦惟山西最烈，前抚臣阎敬铭谓西省遍栽罂粟，饟源已竭，一遇饥馑无所得食。仰蒙圣慈如天之仁，发帑赈济，并举天下之全力捐助之。然犹流亡过半，是明明天降之罚矣。现时山西地荒，种此物者已少，而各省效尤，又蹈此覆辙。臣见陕西、四川地种罂粟者，约有十分之二三，而汉中府属竟有十分之六七，朝廷屡饬查禁，而有司久弗遵行。夫愚民好利，不顾远害，固也。乃至督抚大员，禁令不行，又从而曲为之说，谓比年丰收，谷贱伤农，民间正藉此易钱以完国课。抑不思未种罂粟以前，岂少岁丰谷贱之日，彼时钱粮果何由完纳乎？夫吸食鸦片，踪迹诡秘，犹谓陷溺已深，非一时所能禁止。至罂粟显布田间，禁种岂曰甚难？只因各处抽收土厘，或二三万，或十余万。地方贪得此利，遂不复关心民瘼耳。相应请旨，严申从前禁令，饬下各省一体懔遵，如再奉行不力，应如何议罚之处，断自宸衷。庶民去大害，民得足食，斯亦救时之一端也。

以上三条，督抚各存意见，或以为未便施行，牧令狃于偷安，或以为又滋多事。然值此年谷顺成，民气安舒，不乘此时修明政令，而空言求治求安，臣未见其可也。愚昧之见，谨缮折具陈，伏祈皇太后、皇上圣鉴。谨奏。

4. 维护京城治安

光绪七年七月间，朝鲜使臣照例将贡物交盛京将军派员解送，八月甲子尚未报到，因距九月初九日孝贞显皇后梓宫奉移日期甚近，光绪帝一方面命恩福、松林饬令解送香贡委员赶紧解送，一方面命游百川与李鸿章、童华和谦德立即行派员迎提，妥速解京。八月己卯，本年九月初九日孝贞显皇后梓宫奉移普祥峪定东陵，为防止灵轝经由道路地方官员借端格外苛派，光绪帝命游百川与李鸿章、童华对他们加以严饬。

御史萧韶奏顺天州县讳盗成风，据称顺天府属各州县遇有盗案，不准事主呈报，迫令改盗为窃。文安县百姓杨万基被劫，前文安县知县陈绍谌并不究办，府尹张凯嵩令新任文安县知县张云霈详查，又设法消弭，仍以被窃申请审核。九月庚寅，游百川受命与童华确切查明杨万基被抢一案，并据实查办了相关人员。

顺天通州之燕郊以及直隶三河县地方，向来有回民流窜逃犯匪徒在僻静处所设炉私铸钱，潜运京城私销。冬十月甲戌，游百川领命与李鸿章、童华严密搜查捕拿近京地方私铸匪徒，加以究办。

有人奏直隶卸署文安县知县陈绍谌在署任时，妄议加增税银，借端勒捐，因案纳贿，并且讳盗为窃。十一月庚子，游百川领命与李鸿章、童华秉公查明，据实严办。

5. 设粥厂，建广仁堂

八月二十四日，卢沟桥地方贫民生计维艰，游百川与童华奏请设厂发米。同日，游百川循案给慈禧太后和光绪皇帝提交奏折，请赏普济堂、功德林两处粥厂米石。九月二十九日，在北京城内新建广仁堂，收养幼童妇女，游百川援案请赏米石。

九月二十九日，游百川、童华提交《京师新建广仁堂收养童幼妇女援案吁恳恩赏米石以济穷黎》奏折。折曰：

窃据城内绅士翰林院编修袁善、朱百遂，刑部郎中冯光勋、兵部员外郎季邦桢等呈称，前于光绪三、四年间，晋豫灾馑，近畿歉收，经直隶总督在天津设立广仁堂收养抚恤，法甚周挚。而京都地面较广，贫民流寓更多，职等仿照其法试行赁屋收养，并函商直隶总督量筹救助，除随时陆续资散外，其妇女童孺孤寡无依势实难于支遣者，酌量收养，行已数年，颇有成效。现于本年七月在广安门内烂面胡同购屋八十四间，建立广仁堂一所。仿照天津成法办理，查有无依童幼，自五岁起至十五岁止，收入堂中栖宿，逐日养赡。仍分设义塾四斋，延师课读，逐月稽查，以期造就其体质健壮。资禀蠢愚者另教各项工艺以备日久资生，不至终归游惰……

6. 重学习，代进《春秋说略》

已故户部主事郝懿行学问渊博，经术湛深，嘉庆年间，海内推重，所著《春秋比》《春秋比说略》《尔雅义疏》及《山海经笺疏》精博邃密，足资考证。十二月壬午，游百川呈进郝懿行所著书四种，交南书房翰林阅看。其《奏为代进前户部主事解经之书》曰：

> 窃维为学莫先于研经，而著书尤贵乎析义。臣籍隶山东，稔知同乡前户部主事郝懿行所著《春秋说略》十二卷，《春秋比说略》二卷，《尔雅义疏》十九卷，《山海经笺疏》十八卷，并附《图赞》一卷，《订讹》一卷，积数十年之精力而成其书，颇为赅洽。伏念《春秋》有褒讥之义，说经之门户宜分，《尔雅》为训诂之宗，名物之异同必辨。郝懿行穷源竟委，曲引旁征，会博极乎群书，求折衷于一是。至如《山海经》一书，刘歆骇其神奇，郭璞称其灵化……可谓殚心典籍，无愧通方。该主事系山东栖霞县廪膳生，乾隆丙午优贡……嘉庆已未进士，户部江南司主事。髫龄励志，皓首躬经，其成书有稗实学。今其孙现任顺天府东路同知郝联薇收存，原稿校缮成编，臣谨代进呈以备采纳。伏察康熙年间胡渭进《禹贡锥指》，乾隆年间，顾栋高进《春秋大事表》，均蒙圣祖仁皇帝、高祖纯皇帝锡以嘉予，掺入四库。今郝懿行

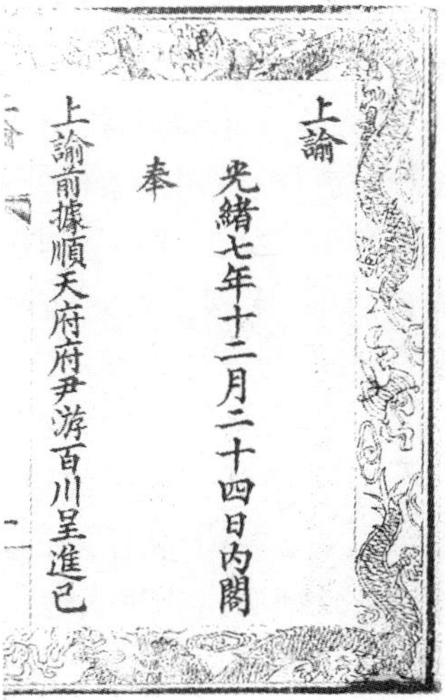
上諭
光緒七年十二月二十四日内閣
奉
上諭前據順天府府尹游百川呈進已

御覽
光緒七年十二月由順天府進　呈
春秋
說略
比
東路廳同知郝聯薇恭繕

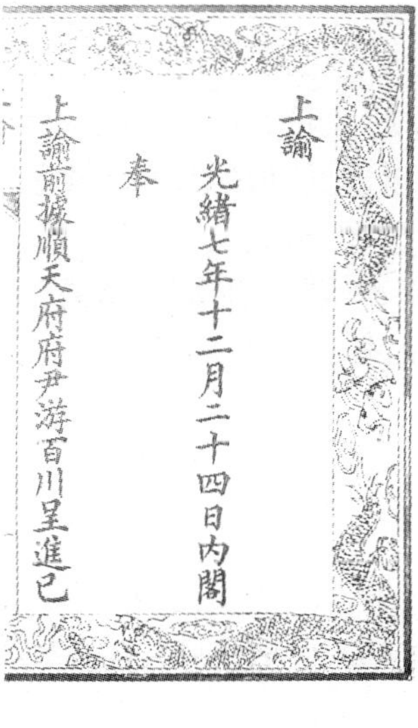
上諭
光緒七年十二月二十四日内閣
奉
上諭前據順天府府尹游百川呈進已

御覽
光緒七年十二月由順天府進　呈
山海經箋疏
東路廳同知郝聯薇恭繕

所著等编倘蒙皇上典学之余，俯赐乙览，则儒生稽古之荣，与胡渭、顾栋高并传艺苑矣。谨将装成书三函计十六本恭折随同上进，伏乞皇太后、皇上圣鉴。谨奏。

游百川仕宦中期，从光绪元年到光绪八年春正月，七年间从掌福建道监察御史升任湖南衡永郴桂道员、四川按察使、顺天府尹、总督仓场侍郎，官阶从从五品升为正二品，一年一升职，这在清朝职官史上是非常罕见的。清朝初期，康熙皇帝效仿明朝的官员管理制度设立了对官员考察的制度，每三年考核一次，对京官的考核叫"京察"，对地方官的考核叫"大计"。其目的在于奖优罚劣，使各级官员时时恪尽职守、效忠朝廷。考核的原则：以官声、政绩取人。游百川在这几年内，每次都未满任期，即刻破格提拔，升职另任，究其原因，其官声、政绩必定有过人处。在此期间，游百川勤政、廉洁，为人称道，诚可谓一代"良吏"。

第三节　后　期

从光绪八年六十岁的游百川升任总督仓场侍郎，一直到光绪十七年夏四月壬寅，六十九岁时"交部议处革职"，在此九年期间，游百川一直在此任上，虽未再升迁，但职掌仓谷委积、北河运务，干系重大，且受命督黄河工程，赈恤灾民，确系朝廷倚重的重臣。由于仓场积弊太深，尽管兴廉、游百川倾力整治，但仍无力回天，兴廉与游百川只落得同时被革职。此阶段可以看作其仕宦经历的后期阶段。

一、首任仓场侍郎

光绪八年春正月辛亥，顺天府府尹游百川升为仓场侍郎，顺天府府尹一职由署都察院左副都御史周家楣担任。封建社会中，历代都要将所征收的粮米解往指定地点及京师，以供官、军之用，这种粮米一般是由水路运送的，因此叫漕粮。漕粮解到指定地点及京师后，要收贮在一定场所（即仓场）中，这样就需要有一个管理漕粮收贮的行政机构。清代时，这种机构是隶属于户部的仓场衙门，最高长官全称叫总督仓场侍郎，简称仓场侍郎。由于仓场侍郎是仓场的总管，因此又称仓场总督。清代的仓场侍郎共两名，其中满、汉各一人，都分别驻在通州（今北京通州区）。它所辖的机构有坐粮厅（驻通州）、大通桥（北京东便门之外）监督、京仓（即京城内外各粮仓）监督和通仓（即通州各粮仓）监督四个机构。仓监督下属有攒典、仓书（又称书办）等仓吏负责收放漕粮时的各种文书工作，如掌管米档、收缴米票等。仓中各廒房有花户（又称甲斗）等仓役专门从事该廒内的铺廒、抱筹、抬斛等体力劳动。此外，还有小甲从事扛粮、倒囤，雇长从事扛米入仓、包囤等体力劳动。

光绪八年十一月壬寅，全漕告竣，前署仓场侍郎锡珍议叙，游百川与其他官员各有不同的升迁。议叙，清制于考核官吏之后，对成绩优良者给以议叙，以示奖励。议叙之法有二，一加级，二记录。据《皇清诰授荣禄大夫直隶津海关道陈君墓志铭》落款“赐进士出身、翰林院编修、诰授资政大夫、总督仓场户部侍郎，加二级、纪录十次，年愚弟游百川顿首拜撰”，知游百川共获得加二级、纪录十次。

在任仓场总督期间，游百川做了两件大事：一是受命治理黄河，提出“治河三策”，多方筹集赈款，赈灾安民。二是调度漕粮运储，治理仓场积弊，保障京城粮食安全。

二、钦差督河工赈

光绪八年七月中旬，黄河陡涨丈余，历城、章丘等处民埝漫决。秋天，历城县泺口上游屈律店、刘七沟、骚沟和桃园等处黄河漫决。水由济阳入徒骇河，徒骇河北岸到处漫溢。历城、章丘、济阳和沿河鲁西北、鲁北各州县多遭水淹，利津各坝也被冲刷多处，“水患情形重者庐舍荡然”，人畜死亡不可胜计。急需有人统筹全局，设法疏浚，以消弭后患。

光绪八年十二月初八日，因为山东黄水之患特别严重，游百川举荐陈士杰移任山东，修治黄河，除患弭灾。同时遵旨保荐人才，附折进呈声名素好、材堪任用人员，文职有知州福昌、曹大任、邹振岳以及知县张鸿顺、孙儒卿、张春熙、张会一七人，武臣有贺搢绅、廖德茂、刘树元、樊国泰四人。游百川提交《荐任人才》疏。折曰：

前月二十八日恭读上谕，为治之道首在任用得人，内而部院大臣，外而督抚大员，各有以人事君之义，著各举所知，秉公保荐等因，钦此。仰见圣主明目达聪，延揽真才至意。臣窃维任贤以恤民为本，恤民以救灾为先。本年安徽等省各报水灾，而山东黄水之患尤甚。前经给事中郑溥元等陈奏，仰蒙恩施立沛，发帑截漕，筹工办赈，普救灾黎。嗣阅抄报，桃园堵筑决口合龙，窃冀藉纾宸廑。乃近闻济阳、滨州又复开决两处，臣籍隶海滨，稔知黄水势大，济渎河身及入海尾闾淤垫日高，宣泄无路，非开引河道分溜入海，统筹全局大加修治，仅补堤筑堰，顾此失彼，无以出灾民于昏垫之中。惟是工费浩繁，必赖熟悉济北、徒骇、马颊、钩盘、鬲津诸河形势，应于何处导引，何处疏通，如何区处民田奏请免赋，如何建修闸坝，启闭应时，相度适宜，勘估明确。而且多方晓谕，使民不惊疑，方期办理妥善，不致骚扰闾阎。溯查光绪四年，河决白龙窝，前兵部侍郎夏同善奉命便道查验灾区。臣时守制在籍，曾经该侍郎约臣同往履勘，伊时山东臬司臣陈士杰关心民瘼，亦访查修防情形，与臣函商筹度办法，颇有规模。惟因事权不属，未见施行，现闻升任浙抚办理海塘堤工，岁省十余万金而工程弥益保固，若得该抚移任山东，于修治黄河情形素悉除患弭灾，庶克胜兹艰巨。伏念朝廷用人，岂臣下所敢拟议，然东省水患频仍，群黎待拯，孔亟管见，所及不得不据实陈奏，伏祈圣裁。至臣平时见闻，有声名素好，材堪任用者，文职如知州福昌、曹大任、邹振岳，知县张鸿顺、孙儒卿、张春熙、张会一等七员；武臣如贺搢绅、廖德茂、刘树元、樊国泰等四员。谨另缮清单注明各该员实迹，附折进呈，伏候鉴纳。所有遵旨保荐人才缘由，理合恭折具陈，伏祈皇太后、皇上圣鉴。谨奏。

这是游百川围绕治理黄河泛滥的第二次提案，提案终于得到了清廷的高度重视。光绪八年十二月初九日，内阁奉上谕："山东黄河工程关系至为紧要，亟应统筹全局，设法疏浚，以弭后患。著派游百川驰驿前赴山东查看情形，妥筹具奏。山东候补知府全士锜、直隶候补知府朱采著交游百川差遣委用。钦此。"紧接着（十二月初九日）光绪帝又下了一道旨意：调陈士杰任山东巡抚。内阁奉上谕："陈士杰著调补山东巡抚，浙江巡抚著任道镕调补。钦此。"清政府经过通盘考虑，选派游百川赴山东察看情形，督导治理黄河工程与赈灾事务。

游百川得到圣旨后，立即着手筹备，为确保顺利完成此项工程，游百川提交《奏为谨拟酌带随员以期得力并沥陈下悃》奏折。折曰：

窃臣猥以疏庸，恭膺简命察看山东黄河工程，并派山东候补知府全士锜、直隶候补知府朱采随臣同往，仰见轸念民生，恩施畴载，闻命惶悚，感激无任。伏念山东系臣父母之邦，济北现属灾祲之地，以臣本属之人筹本处之事，惟有详慎体察，勉竭驽骀，以冀上纾宸廑，下拯民患。……臣现拟赶理行装，谨俟跪聆圣训，即驰赴德州，先就近至平原、乐陵等县境内寻求钩盘、鬲津诸河，看其是否可以疏通遥分水势。再至济南府晤抚藩臬臣，悉心会商，或遂溯河而上，至铜瓦厢昔年黄河开缺处所，细审情形究竟能否导引河流渐使南下，如淮徐故道决不能复，则沿河而下，遍历济武两属地面，详察徒骇、马颊等河道可否开引，一律疏浚，俾得由海丰、沾化两县分溜入海，再下抵利津济河尾间，以至海门地方，审度有无可以施工之处，使水宣泄有路。一俟查勘稍有头绪，再行专折奏闻。……是否有当，谨缮折缕陈，伏乞皇太后、皇上圣鉴训示。谨奏。

十二月己巳，游百川奏请携带随员获批，顺义县知县张春熙、直隶补用知府候补同知谢伟勋、候补知县赵钦舜、山东前观城县教谕孙翰卿与候选教谕王庆祥一并驰驿前往。

光绪九年正月，黄河凌水陡涨丈余，长清、历城、齐河、济阳和齐东等县境内民埝决口，各庄也都被淹，并冲塌济阳县城垣二十余丈。正月初二日，春节刚过，游百川一行从北京出发骑马踏冰抵达德州，初五日，到达历城桃园工地，初六日抵山东省城济南，十七日邀山东巡抚陈士杰一同循黄河南岸由长清、平阴、东阿至十里堡沿大堤而行，二十六日至河南兰仪县铜瓦厢东坝头。查勘后，游百川认为很难将黄河挽回故道，"毋庸置议"。经与山东巡抚陈士杰共商，提出三条意见：一、疏通河道。具体办法为船尾带铁篦子拖刷河道。二、分减黄流。主张利用徒骇、马颊等河分水，并建议在惠民县白龙湾修建减水闸。三、亟筑缕堤。主张上至长清，下至利津，南北两岸先筑缕堤一道，已有之堤加高培厚，无堤处一律补齐，顶冲险要处再添筑重堤一道，长六百余里，两岸总计千余里。二月戊午，山东河决，历城、齐河诸县民埝毁坏，游百川等受命赈抚灾民。惠民县属之清河镇冲塌民房八百余间，牛家庄等处民房也多被冲，急应迅筹堵筑。任道镕奏《黄河凌汛盛涨至将各属民堤冲决》折。光绪皇帝命游百川等查明漫决情形，设法堵御。三月初九日，游百川陈士杰联名上疏《灾区普放春赈由》，同时游百川上疏《治河三策》，游百川放赈与开通小清河以分水势的提议得到回复，光绪皇帝要求其与陈士杰再行通盘筹划，会同熟商。四月初六日，山东候补知府全士锜在巡视小清河时称旧病复发，回籍（涿州）调养。五月十八至二十三日，黄水骤涨，湍急异常，齐东、利津和历城等处民埝漫溢，决口二三百丈至数十丈不等。齐河、济阳和惠民等县堤工也都岌岌可危。游百川看到灾黎遍野、荡析离居的民间困苦情形，与陈士杰上奏请求抚恤。六月庚戌，游百川受命迅速宽筹赈项，查明各属被灾轻重，分别加以认真抚恤，并相机赶筹堵筑。至于河工经费，除本省筹拨外，游百川等受命即行催提应用，户部先后指拨银一百万两。游百川等前拟由徒骇、马颊二河分水一折，得到"经工部议令测量地势，必确有把握再行举办"①的批示。由于堵分疏三事同时并举，财力民力均有不及，要求奏明如何次第兴办。六月初一日，四川总督丁宝桢"自捐廉银三千两，并多方集腋共凑合银二万二百两"，游百川等上奏拟动用四川汇款办理历城等县赈恤事宜。六月辛酉，清廷下令山东从应解京饷项下截留银十六万两，用于赈济。游百川与陈士杰立即督饬该地方官员，分赴灾区，详细查明，核实散放。

小清河淤塞日久，每遇山洪暴发，就会漫淹田庐数百村，为害很大。游百川呈文拟分两路办理，分路疏导。统计上自历城，下至乐安，出海约四百八十多里。清廷命丁宝桢筹拨银十六万两，迅速解交山东。六月丁卯，游百川与陈士杰接命马上查照所拟上下游段落，克日兴工。翰林院侍读学士何如璋奏山东省普筑重堤，劳费无益，拟请展筑遥堤。清廷命游百川与陈士杰酌度办理。由于此次山东历城等处水灾甚重，不仅需要拨款赈济，而且还需要分发大批粮食。六月庚午，清廷降旨截留漕粮，用来散放。由于灾区太广，赈灾银两不够散发。

六月二十三日，游百川与陈士杰奏上《截留江北漕粮抚恤灾黎并陈劝捐接济情形》折，筹办赈抚，劝捐助赈，所捐银两，按照直隶劝赈章程给予封典虚衔。同日，适逢江北漕船正在山东境内，游百川与陈士杰受帝命截留漕粮五万石，用来核实散放，接济灾民。秋七月戊子，游百川与陈士杰择要修培沿河州县民

① 《清实录·光绪朝实录》，中华书局 1986 年版。

埝,并查明河工现定堤基远近。千总衔候补把总山东齐东汛经制外委金玉玺于本年六月间因齐东县东关外堤坝被黄水冲激,异常险要,冒险抢工,被溺殒命,游百川与陈士杰上奏恳请优恤。七月初十日,光绪帝下旨照军营阵亡例从优议恤。七月戊戌,代递教习王开运提议调集营勇兴工挑挖河内泥沙,仍就民埝加堤建闸,开沟蓄洩,险要用砖堵砌,沿河植柳护堤。游百川与陈士杰受命酌度情形,奏明办理。游百川、陈士杰认为杜家沟新决口门至济阳境灌徒骇河,已经刷成河槽,因势利导可以事半功倍。但因马颊河距黄流尚远,并且经过直隶地方,对于民生利害关系甚大。七月十八日,根据历城等州县黄河决堤、受灾黎庶多寡轻重,详核普放赈灾物资,游百川与陈士杰联合上《奏为被灾各属现均散放普赈谨陈办理情形》折。八月戊申,游百川与李鸿章、陈士杰受命会同悉心酌度。游百川所请将分河地段钱漕豁免,允准实行。

八月十一日,游百川接到谕令"著即回京",所有山东黄河工程由陈士杰督饬各员认真办理。八月十二日,游百川上疏《查河查赈事竣理应回京复命》,对前期工作进行了全面回顾和总结。八月十三日,提交《秋汛盛涨各灾区间有复被漫溢情形》折。八月二十日,游百川与陈士杰联名上《被灾各处续放赈米情形》折。八月丁卯,游百川奏请河工采购木植予以免税,清廷立即咨照左宗棠等查验放行此项木植,免其抽收厘税。

九月初一日,游百川上呈《遵旨回任陈明起程日期》折。折曰:

> 臣接奉八月十一日上谕,仓场侍郎游百川著即回任等因。钦此。……即清理经手事件,查赈米五万石漕船业于八月初一日全数到齐,当即验明分拨,饬令各属领运灾区,会同绅董按照查明户口核实散放。至河工事宜,臣与东抚臣会同商备细筹,议将来次第举行,即由东抚臣妥慎办理。臣拟于九月初三日束装就道,因驿路被淹,只得取道德州乘

船由水路北上。所有遵旨启程北上日期缘由,谨缮折具陈,伏乞皇太后、皇上圣鉴。

游百川从光绪八年十二月“恭膺简命察看山东黄河工程”,到光绪九年九月初三日“束装”取道德州乘船北上回京就任,“督河工”计十月有余。正当游百川督河工初见雏形,筑民埝、修遥堤、疏通小清河、徒骇河、鬲津河,导黄河水分流入海渐见成效时,北京粮仓盗窃、冒领、私运、内外勾结猖獗,粮仓亏空弊端凸显,光绪帝不得已谕令游百川即刻回京整顿仓务。

三、回任整顿仓务

光绪九年九月底,游百川从山东黄河工地回到北京总督仓场衙门,开始对仓场积弊进行整治,责令各职官进行自查和相互举报,彻底纠正弊端。自此,游百川陆续收到揭举材料。十月二十二,游百川根据掌握情况上《现任职官互相禀揭请旨交部讯办事》折,将有问题的职官移交吏部或刑部。职官通仓首领凤山暂行解任,交刑部讯办,通州西中二仓带班章京岳兴等一并听候传质。十一月己丑,游百川上奏山东河工请改筑缕堤。十二月庚戌,游百川与锡珍上奏《江浙二省来年冬漕请饬提前赶办》,因近来南漕到通较迟,甚至七月下旬起运卸坝,以致遭雨损坏,所有光绪九年分江浙二省应运漕粮请饬提前赶办。清廷当即令左宗棠、杨昌浚、卫荣光和刘秉璋督饬藩司粮道,迅速催办来年应运新漕。

光绪十年五月癸未,漕粮御史春长等奏江浙漕粮未能一律干洁,游百川与锡珍受命将该御史等所陈情弊确切查究,照例惩办。游百川与锡珍密饬江浙粮道搜查捕拿舞弊船户,并悉心查核。七月壬戌,游百川与兴廉上奏提前赶办漕运事宜,以免临时迟误。清廷令曾国荃、卫荣光和刘秉璋督同藩司粮道,将漕运事宜提前赶办。光绪十年六月,给事中洪良品上奏查明禄米仓仓门倒坏,漫无关锁,恐有偷漏之弊。并且每次放米,该仓书花户并不先期请放，只是在事后报闻，明显有亏短情弊。八月甲戌，游百川与兴廉受命确切查明，并随时认真整顿，力除积弊。御史章耀廷上奏漕粮潮湿，请饬认真清理剔除，并条陈拨船积弊。九月丙午，游百川与兴廉领命查照所奏，切实整顿。九月庚午，全漕告竣，游百川与兴廉均予以议叙。游百川与兴廉奏访闻已革花户金六等人与包揽车脚之唐荫亭等人向有影射太平仓、争在身后办事等事情，双方寻隙为仇，互相报复，搅扰仓储。十二月丁亥，清廷令步军统领衙门严密缉拿金二（金光亨）、金四（金光兴）和金六，以及唐荫亭、唐顺成等人，一并解交刑部质审明确，按律惩办。

光绪十一年正月十八日，游百川遵旨查明兴平仓花户勾串私盗仓米等事，并查明太平仓尚无别项情弊。经过一段时间的排查和整治，游百川基本摸清了仓务中所存在的各种弊端，理清了整治思路。就前期反映出来的问题，于五月二十二日，提交《遵旨酌议整顿仓务》折。折曰：

> 本月初四日，承准军机大臣交出本日面奉谕旨，给事中洪良品奏仓务积疲请饬整顿一折。仓务积弊已深，亟应厘剔，该给事中所陈各条，著仓场侍郎悉心酌核，妥议具奏。钦此。并将原奏抄交前来。臣等窃维仓储积弊日久且深，亟求整顿，必先究其致弊之由，未有不知弊之所在而漫言整顿者也。臣等自受任以来，随时随地无不兢兢以去弊为心，然有因时制宜渐收实效者，有积重难返骤难悉除者，谨即该给事中所陈各条明辨其是否可行，并就臣等思虑所及觑缕悉述，敬为皇太后、皇上陈之。原奏谓各仓偷漏由于封锁不严。查存米各廒历经臣等于完漕后发给长封，严密封固，其未经放竣之零廒，例由都统御史封识。然每岁大雨时行，监督例得启封查看，俾免米石因渗漏浸湿。又新收之米不无因热回潮，该监督亦应察看，分廒挑晾，历办章程如是。夫严密关防，固为慎重仓储要事，然查从前仓亏各案，动辄盈

千累万，而谓偷漏之弊系乎封锁与否，则实不尽然。若如该给事中所议，各仓钥匙或存仓场侍郎，或存查仓御史收管。查收放米石，迟早无定，臣等自春历夏经秋远驻通州各仓，分隶都城内外，与查仓御史住址远近不同，随时请钥，不但往返稽迟，且恐诸多牵制，实有未便。拟请仍照常责成轮班值宿之监督一手收掌，由臣等严饬监督，于收放之际逐日亲自封锁，不得假手花户，其有不遵定例封锁，或挑晾查看不行报明臣衙门者，即由臣等查参，庶事无旁贷而责有攸归矣。又原奏谓土米存仓，易启搀和之弊。查各仓发粜土米久未查办，盖从前全漕不下四百万石，仓储之米陈陈相因，故有分年粜变土米之例。自减漕折征以后，收数仅三分之一，虽有土米而不能发粜者，一因收仓年分未久，旋即支放，例不准揭除气头廒底，一恐仓役藉便夹带好米出卖，故三十年来未经举办。然而米质已变者，按例不准揭除，各旗不肯关领，历年既久，积而愈多，损伤折耗实为各仓之大累。臣等惟有严饬监督查看各廒，于现在收存之米勤加挑晾，毋使积有霉变，庶米色不致显有差池，而搀和情弊可期渐除矣。又原奏验米色以核收数一条，据称近来入仓之米闻途中有发水搀沙等弊，及每石短少一二升等语。查各省运通米石，臣等亲临查验，必须干洁方准斛收起运，其由通至桥派委员弁节节防查，至由桥运仓亦有武弁押送，何来搀和情事？或有起运之际骤然遇雨者，亦必札饬该监督在仓风晾干燥，再行入廒，其米袋到仓，例准抽掣，如有短少，归于车户名下应赔，于仓储实收并无所损。原奏所称搀和短少或系传闻之误。至于收米之时，御史例得在仓稽查，应由臣等通饬监督，每逢收米之日，先行报明御史，以便临仓查察，并如该给事中所拟各仓支应收放人役均以巳正齐集，不得稍有迟延，以免贻误。又原奏估修廒座一条。查京城各仓自光绪元年择要兴修，其未经修理之廒，诚如该给事中所奏，现有坍塌日甚情形，前经臣等咨明工部查勘，嗣准覆称虽有应修各工，惟经费支绌，暂拟缓修等语。现经该给事中指陈，臣等自应严饬各仓监督查看应修廒座，分别轻重情形，据实详明，由臣等循照办过成案筹款，奏明兴修，总期工归实用，帑不虚糜。至如何办法，方臻核实，臣等另行附片奏请，候旨遵行。又原奏严制防以驭花户，详考察以课监督。查各仓花户有头役，有散役，额设虽有定数，而其实多寡不同。散役人等，无非著名花户所接引，非其戚党，即其友朋，总属通同一气。该给事中请令花户分廒管领，意谓各有责成，而有无弊窦仍不能出头役之圈套，所议之法，恐未必得力。盖花户之良莠，视监督为转移，苟监督得人，则全仓可以望治，如不得人，则诸务逐渐废弛，此中情事，久在圣明洞鉴之中。臣等于所属各员密为体察，遇有庸劣不职者，立即撤回；才堪造就者，勤加训勉；其办事勤慎之员，无不按照章程奏留奏保。是监督之劝惩已极详慎，计惟有随时严饬，实力防维，以期仓务日有起色。并请饬下户部转行各衙门于保送仓差时，慎选明干廉正之员，庶有治人乃有治法矣。总之，仓廒之隐患在于亏短，亏短之情弊在于偷漏，而偷漏之原由有出于私者，有迫于官者。前闻匪徒私行偷窃，并不由廒门出入，名曰“掉扇”，盗米数十百石犹是暗偷。其最甚者，实由不肖监督与骫法之花户勾结串通，私行开放黑档，此弊花户不能自作，未有监督不知情者。臣等莅任后，刻刻严防，监督中有素行不谨声名平常者，不待显有劣迹，即登时撤任，咨回原衙门当差，计已六七员名。现时各仓监督似皆有警畏之心，不敢妄为。臣等仍时时严密访查，不敢稍涉疏懈。此弊之出于私者，防之务尽也。其弊之迫于官者，按例充当花户皆系殷实良善平民，相沿既久，则善良者绝少，而作弊又非尽无因。查定例，各旗开放甲米，先尽存仓较陈之米，书写廒名，公同阄掣。闻近年关领甲米时，往往不按阄廒，遍仓挑拣，偶有拦阻，即鞭挞立下，监督稍涉庸懦，率行畏避，直待花户向跟随人等私用使费说合，始行竣事。而运往内务府交米，亦不免需索抑勒。花户之钱从何而出？无非取给于米石。此弊之迫于官者也。然此等弊风，花户隐忍而不敢言，监督畏葸而不敢禀，事属暧昧，弊窦实难遽除。相应请旨，严饬各该衙门嗣后领米务遵照定例，按阄掣廒座支领，倘米质霉变不堪食用，准各旗据实纠参，如米质尚好，亦不得任意挑剔，藉端讹索，庶阄廒成法不复视为具文。臣等如闻该仓不认真办理，有前项情弊，监督则立予撤参，花户则从重治罪，此澄治本源，切求整顿之愚虑也。①

是年，江苏、浙江等省海运、河运漕白粮米豆石先后抵通，经游百川、兴廉等督率坐粮厅等验收完竣，办理均无贻误。十一月初八日，游百川与兴廉上奏保奖办漕各员，对在此次漕运中出力人员进行褒奖。皇上采纳，均交部议叙。

十二月十七日，奏请挑浚大通桥上下河道。

光绪十二年九月初九日，有人奏通州坐粮厅信任委员吏胥增卡增征，北自杨富店村数十里至顺义县界，南自崔家楼郭新庄百余里至香河县界，几于无处不卡、无货不税，甚至肩挑负贩之粗粮，一并加重征收。光绪十二年九月戊戌，游百川与兴廉领命按照所参各节确切查明，若有前项情弊，立即将添设局卡一律裁撤，不得税及粗粮，并从严惩办扰害乡民之吏胥。同月二十九日，游百川与兴廉查明厅员经管税课并无增卡重征等事，并上奏《查明厅员经管税课无增卡重征情事》折。

是年，张曜调升为山东巡抚，初议分黄河之流入故道。冬十月己卯，游百川奏山东省河工仍宜兼用张曜初议。其《东省河工仍宜兼用抚臣初议分流入南河故道之策以期确有实效》

① 葛士浚《皇朝经世文续编》卷三十七《户政十四·仓储》。

折曰：

窃维黄河泛滥，为患日深，我皇太后、皇上轸念民生，特命张曜为山东巡抚，拨帑二百余万金，责成办理。凡在臣民，同深感戴。顾臣前阅邸抄，见该抚疏称分黄流十分之三入南河故道，经营擘画，煞费苦心。先虽历陈全复故道，势有三难，而减水分流，妥筹办法，则谓工省费轻，有利无害，深冀其说之得行。乃此次折内所谓分流者，则仅指导入徒骇，以数十丈之河面，断难容纳黄流，终恐不免泛滥。而该抚不复议及南河者，诚以前为钦派大员，自可统筹南北全局，自官东抚以后，责有专归，实难兼辖他省，故万不得已，仅就山东施工。其分流入南河之策，前曾奉旨交南省督抚会议，迄今未见明文，致令治河良策寝阁不行，诚为可惜。臣再四思维，近年专事堤防，此筑彼决，屡筑屡决，其不足深恃，已可概见。而只用徒骇分水，又实不能容纳。与其为迁就之计，但顾目前，徒耗数百万之帑金，终归无济，曷若兼权熟计，早为久远之图。惟有仰恳天恩，仍将该抚所奏分黄流十分之三，入南河故道，命各督抚查照原折，细加体察实在情形。既曰分流，并非掣动大溜全入南河，不过就原有之河槽，量加挑浚，于南民田庐，毫无妨碍。且建带闸石坝，分水多寡，自有限制，御灾捍患之计，莫要于此。臣尝旁加询访，咸谓南省舆情亦无不顺从。伏愿宸谟独断，饬下南省各督抚实心任事，不分畛域，会商山东抚臣，将分流入故道之策坚意举行，以期帑不虚糜，功归有济。即堵筑不容偏废，而水势既减，堤防亦易为功，此又不待辩而自明者也。臣往岁曾奉命察河，不得膜视，用是自忘迂拙，披沥上陈，是否有当，伏乞皇太后皇上圣鉴训示。①

① 盛康《皇朝经世文续编》卷一百八《工政五・河防四》，光绪二十二年(1896)宝善斋书局石印本。

该提议得到两江总督曾国荃、漕督卢士杰坚决反对。分流事宜最终搁浅。

十一月癸丑，全漕漕运告竣，游百川与兴廉再次予以议叙。

是年，游氏祠堂落成，游百川归家致祭，并撰《续修〈游氏世谱〉序》。

光绪十三年，江苏、浙江等省海运河运漕白粮米豆石先后抵通，办理无误。冬十月壬寅，全漕告竣，游百川与兴廉再次上奏《全漕告竣请奖由》，皇上采纳，交部议叙。十二月二十七日，游百川上《河患未弭亟宜妥筹长策变通办理以纾国计而救民生》折，奏请通力合作，务期黄水得复淮徐故道。

光绪十四年，稽查北新仓给事中洪良品奏，北新仓现放正白旗甲米，六月十七日该仓内数十人似是市侩，门外停车数十辆，据花户称系兵丁领米，并未持票。游百川与兴廉受命确切查明该仓花户是否有偷售夹带情弊，并督饬各监督认真办理该仓廒座亏短情弊，以杜弊端。七月十一日，游百川因中风未能即速就痊，上《奏为假期届满病仍未痊恳恩赏准开缺调理事》折。折曰：

> 窃臣前因中风，叠蒙赏假，感悚莫名，满望即速就痊，照常供职。无如医治虽渐见效，而步履维艰，举动仍需人扶掖，右手握笔不能成字。据医云，年逾六十，气血已衰，一时实难全愈。伏念臣仓场滥列七载于兹，本届漕船未起到通，正当请假期内，不克亲身赴坝，寝馈难安。此后按期趋公，尤恐衰病之躯致滋旷误。不得已吁恳天恩俯准开缺调理，一俟臣气体复元，即当泥首宫门，求赏差使，万不敢稍耽安逸，自外生成。所有臣因病恳请开缺缘由，谨缮折具奏，伏祈皇太后、皇上圣鉴。谨奏。

是年九月，李鸿章认为兴建铁路的时机比较成熟了，于是就致信由奕譞领衔主管的海军衙门，正式提出把铁路修到京城附近的请求，即兴建津通铁路。十一月，朝廷批准了海军衙门请许造津通铁路的奏折。十二月丁酉,“御史余联沅、屠仁守、洪良品各疏请罢铁路……旋翁同龢、奎润、游百川、文治等并言铁路不当修,亦并下议”①。游百川持铁路有害无利的观点,认为修铁路将严重地疲国病民,劳力伤财。在一片激烈的反对声中,清廷又犹豫退却了。最终正式决定,缓修津通铁路而改修卢汉铁路。

光绪十五年三月壬戌,游百川与兴廉受命验收仓场新造拨船,九月丁卯,全漕告竣,再次予以议叙。

四、失察自议革职

光绪十六年闰二月十三日,给事中金寿松奏禄米等仓有匪徒马春山等偷放黑档,盗窃仓米。同月二十六日,游百川与兴廉查明并无偷放黑档一事。御史德本奏兴平仓开放镶红旗甲米,放竣后,该仓书吏花户人等与流窜仓匪李二在七月十五日偷拉米数百石之多。秋七月丙申,游百川与兴廉按照原参各节,查明兴平仓并无偷拉米石情事。又有人上奏各仓所发赈米霉变不堪,各粥厂纷纷解回,并有议办折价情事。普济堂、功德林所领禄米仓粟米,搀和糠秕沙土甚多,不堪煮食。八月己酉,游百川与兴廉受命严饬各仓监督,慎选干洁好米开放,实惠及民,如有霉变搀和情弊,立即据实奏明,从严惩办。经查,游百川与兴廉等上奏仓米亏短,将监督参处,并自请议处。禄米仓(清代储存京官俸米的粮仓)米石,光绪十三年时,经仓场衙门查明亏短粳米九千余石,现今经户部盘查亏至十五万五千余石,吴庆坻《蕉廊脞录》载为“查出实在亏短米十五万五千五百三十五石七斗六升六合”。原因在于花户仓匪因缘为奸,监督各员漫不加察。

清代,京、通二仓的仓监督任期是2年或3年,仓书、花户等

① 《清史稿》本纪二十三《德宗本纪一》,中华书局1977年版。

仓吏、仓役的供职年限一般长达5年。尤其是仓役，往往是父子或兄弟相袭代。积年既深，彼此互相勾结，形成盘踞各仓的恶势力。仓役虽然可以把持收放漕米的具体事务，但他们地位低微，因此必须和仓监督家仆、仓书等人勾结才能畅通无阻地进行非法活动。京、通二仓的仓书、花户等偷盗仓米的手段，一是把好米混在霉坏的"土米"中而免验蒙混出仓外卖，一是花户等仓役串通仓书、攒典等文案人员私造"黑档"以冒领俸甲米石。禄米仓一案，该仓花户张世和勾结宗室全才开设"复兴号"米铺为虚幌，采取私造"黑档"的手段冒领八旗俸米十余次，卖钱分用。他们还买通京师各衙门差役，通风报信。

本案中除花户张世和、郭启泰和宗室全才被捉获外，其他参与其事的花户、仓役张增禄、王得海、马德山和仓书陶斌、何桂林都得信逃逸。

九月癸未，该仓监督户部主事容恩、都察院都事孟守箴被革职。游百川与兴廉未能先事觉察，一并交部议处后，降一级留任。

冬十月庚申，全漕告竣，游百川与兴廉再次下部议叙。

十二月辛亥，有人奏前署通州西仓监督福山家丁田喜等人向该仓甲斗讹诈银两，并有勾结流窜匪徒盗米情事。十二月二十七日，游百川查明田喜等讹诈银两并无实据，据实具奏。

光绪十七年二月戊申，御史戴恩溥奏各仓事宜急宜整顿。游百川与兴廉受命督饬各仓监督认真经理。三月丙子，受命就近验收新造拨船。前据给事中洪良品上奏查办侵欺废弛，并条陈整顿仓务事宜。清廷派贵恒、许应骙会同户部查明覆奏，"此案原参欺饰包庇纵弛各节，或业经奏结，或查无实据，即著毋庸置议。惟该侍郎等总司仓政，历年已久，于花户亏空搀和等弊，未能觉察。修廒工程既不坚实，奏报亦涉含混，各仓呈报续塌廒座，并未查明具奏，设法收储。是该侍郎等于一切仓务，均未能实力整顿，咎无可辞。兴廉、游百川均著交部严加议处。至折单内所拟整顿仓务各事宜，均依议行。寻吏部议兴廉、游百川均革职。从之。”[①]《清史稿·游百川传》载为“以仓廒被火，罢归”，地方志书亦载为光绪十七年游百川以仓廒火灾罢官，与史实有悖。是年四月十四日，许应骙接任仓场侍郎。

客观地说，游百川被革职不能说没有主观原因，但应该说主要在于历史和机构管理两方面的客观原因。一、历史原因：仓场积弊始于元代，由来已久，积重难返。清代，在总督仓场侍郎以下设有仓监督，仓监督下属有攒典、仓书（又称书办）等仓吏负责收放漕粮时的各种文书工作，如掌管米档、收缴米票等。仓场放粮时仓监督往往并不到场，而是派家仆代表他监放八旗俸甲米石。这些家仆仗势横行，和仓役串通一气，偷盗，勒索，无恶不作。仓役包括花户、小甲和雇长等。花户（又称甲斗）等专门从事该廒内的铺廒、打卷、抱筹、抬斛等体力劳动，小甲从事扛粮、倒囤，雇长从事扛米入仓、包囤等体力劳动。这些仓役直接负责漕粮的收放、储存和过量，把持收放漕米的具体事务，但他们地位低微，因此必须和仓监督家仆、仓书等人勾结才能畅通无阻地进行非法活动。他们一方面在漕粮入仓时受运丁、船夫贿赂，有意在过斛时多报，进行欺瞒；另一方面，他们又在发放八旗俸甲米石时收受钱财，有意多放，或放好米。仓书、花户等偷盗仓米的手段，一是把好米混在霉坏的“土米”中而免验蒙混出仓外卖，一是花户等仓役串通仓书、攒典等文案人员私造“黑档”以冒领俸甲米石。这样偷盗的仓米可达上千石甚至上万石之多。由此，清代仓储亏额现象十分严重。清代，仓吏、仓役“吃仓”已是公开的秘密，官府称之为“仓匪”，百姓则称之为“仓老鼠”。为此清廷曾制定法规，但收效不大。

二、机构管理原因：（一）选官制度不当，由于仓监督职位卑

① 《清实录·光绪朝实录》，中华书局1986年版。

微事繁,所以一般京官都不愿充任。各仓监督虽然自康熙朝规定满、汉各一员,但均为宗室、八旗闲散之徒和户部各科道平庸之辈,惟以贪赃为能事。仓场各案中,如果穷追不舍,大多能发现仓监督受贿甚至直接参与分赃等情节。(二)仓役盘踞,把持仓务。清代,仓监督任期是2年或3年,仓书、花户等仓吏、仓役的供职年限一般长达5年。但实际由于仓役这一工作需要扎囤、倒囤等专门技术和熟悉繁杂的仓务手续,所以往往世代相袭,很少变动,长期以来形成一个特殊利益集团。如北新仓有所谓"张家五虎"、兴平仓有所谓"王氏五虎"、太平仓有"唐家五虎"等以家族恶霸为核心的恶势力团伙。仓内外的恶势力串通一气,盘根错节,因此难除。

另外,清末混乱、恶劣的社会治安环境也为仓弊的恶性膨胀提供了沃土。清代仓弊集中体现了封建国家经济机构的腐败和黑暗,成为社会一大恶疾。游百川有心整顿,怎奈一己之力难以回天,因此注定摆脱不掉被革职的厄运。

游百川在其后期仕宦经历阶段,为治理黄河竭尽心力,鞠躬尽瘁,全活了无数灾民,其功甚大,堪为一代"能臣"。但由于仓储积弊已久,游百川虽然曾经上呈《酌议整顿仓务章程疏》,志在严查严管,实际工作却不无疏漏,因故革职,未能全节而退,可不惜哉!

附：

游百川仕宦履历表

职　衔	品　阶	任　期	资料出处
翰林院庶吉士		同治元年—同治二年	《清史稿》卷四百二十三《游百川传》《清实录·同治朝实录》
翰林院编修	正七品	同治二年—同治六年	《清史稿》卷四百二十三《游百川传》
福建道监察御史	从五品	同治六年—同治十二年	《清史稿》卷四百二十三《游百川传》
工科给事中、刑科给事中	正五品	光绪四年—光绪五年	《清史稿》卷四百二十三《游百川传》
湖南衡永郴桂道	正四品	光绪五年—光绪六年	《清史稿》卷四百二十三《游百川传》
四川按察使	正三品	光绪六年—光绪七年	《清史稿》卷四百二十三《游百川传》《清实录·光绪朝实录》
顺天府府尹	正三品	光绪七年—光绪八年	《清史稿》卷四百二十三《游百川传》《清实录·光绪朝实录》
仓场侍郎	正二品	光绪八年—光绪十七年	《清史稿》卷四百二十三《游百川传》《清实录·光绪朝实录》

第三章　讲学经历

游百川一生事迹主要有二：一是从政，二是从教。从政24年，期间励精图治，尽职尽责，适时向朝廷建言献策，是一名好言官、检察官、朝廷重臣。从教17年，分三个阶段：咸丰三年（游百川三十一岁）考取并任景山官学汉教习，从教5年；咸丰八年（游百川三十六岁）充补右翼宗学汉教习4年，为第一阶段。同治十二年（游百川五十一岁），因上疏同治帝缓修圆明园被革职回籍，回家后先后被武定府（址在今惠民县县城）敬业书院、滨州培风书院、沂源沂郡书院聘请任月课主讲，到光绪四年游百川五十六岁复职，授工科给事中、刑科给事中，概略5年（含丁忧假期3年），为第二阶段。光绪十七年（游百川六十九岁）因被革职回籍，回籍后先后被济南泺源书院、聊城东昌书院聘为名誉山长（学院总长），任月课主讲，直至光绪二十年（游百川七十二岁因病回籍）约为3年，为第三阶段。

第一节　任汉教习

景山官学、右翼宗学不是普通的官学，是清政府为皇族宗室子弟设立的学校，招生对象为皇族爱新觉罗氏近支子弟，培养目标为未来国家上层管理者。培养对象的特殊性决定了到此任教的教师的非一般性。咸丰三年癸丑游百川考取景山官学汉教习，三十六岁充补右翼宗学汉教习。在此，游百川的教学才能得以施展，其经学思想、治国安邦之韬略得以历练和升华。这段历程成为游百川人生道路上的一个重要节点。

一、景山官学

满族入关建立清朝后，逐渐意识到文化在国家治理中的作用以及满汉文化融合的重要性，意识到培养后备人才特别是本民族人才的重要性，因此清廷格外重视满族子弟的教育事业。为了更好地发展八旗教育，统治者为八旗子弟特别设立了隶属于国子监的八旗官学，并专门为宗室贵族设立了宗学和觉罗学。顺治十年，朝廷下令八旗设宗学，“以昭皇恩玉成宗室之至意”，“凡宗室子弟十岁以上，俱入宗学”①。康熙二十四年，为内务府上三旗（正白旗、正黄旗、镶黄旗，隶属亲军）子弟设立了景山官学和咸安宫官学。雍正皇帝即位后，于雍正二年按照八旗左右翼分设一所宗学，《清史稿》记载：“雍正二年定制，左、右两翼设满汉学各一，王、公、将军及闲散宗室子弟十八岁以下，入学分学清、汉书，兼骑射。以王公一人总其事……每学生十人，设汉书教习一人，礼部考取举、贡充之。”总之，清代为宗室子弟设立的、由宗人府管理的左、右翼宗学，是清代京旗官学教育体系的重要组成部分。

景山官学是清政府于康熙二十四年为内务府上三旗（正白旗、正黄旗、镶黄旗）子弟设立的官学，培养对象为内务府上三旗之子弟。《清史稿·志八十一》记载：“景山官学，康熙二十四年，令于北上门两旁官房设官学，选内府三旗佐领、管领下幼童三百六十名。清书三房，各设教习三人。汉书三房，各设教习四人。初，满教习用内府官老成者，汉教习礼部考取生员文理优通者。寻改选内阁善书、射之中书充满教习，新进士老成者充汉教

---

① 殷芳《清代的右翼宗学》，《海内与海外》2013 年第 9 期。

习。雍正后,汉教习以举人、贡生考取,三年期满,咨部叙用。学生肄业三年,考列一等用笔帖式,二等用库使、库守。乾隆四十四年,许回子佐领下选补学生四名。嘉庆间,定额镶黄旗、正白旗均百二十四,正黄旗百四十,回童四。"《日下旧闻考》载:"北上门左右,北向长庑各五十楹,其西为教习内务府子弟读书处。"景山官学原在景山门外西侧路南,现已无存。

二、右翼宗学

宗学,属于官方办学的范畴,是清政府为皇族宗室子弟而设的学校,专收皇族爱新觉罗氏近支子弟,隶属宗人府,委派王公一人为宗正总承其事,下设总管、副管负责办理具体事宜。

清代的宗学有右翼宗学和左翼宗学,左、右翼宗学的设立与清朝八旗制度有关。清代满族户口以八旗军籍制度编制,分为正黄、正白、正红、正蓝、镶黄、镶白、镶红、镶蓝八旗。顺治元年清世祖顺治帝定鼎北京后,按照八旗方位将八旗分置于北京城内各处,称为禁旅,其所驻方位为:正黄、镶黄位于北方,分置于安定门、德胜门内;正白、镶白位于东方,分别位于东直门、朝阳门内;正红、镶红位于西方,分别位于西直门、阜成门内;正蓝、镶蓝位于南方,分别位于崇文门、宣武门内。又将八旗分为左、右两翼,左翼为镶黄、正白、镶白、正蓝四旗;右翼为正黄、正红、镶红、镶蓝四旗。右翼宗学是为正黄、正红、镶红、镶蓝四旗子弟开设的官学。

清代举人、贡生能到景山官学任汉教习,任右翼宗学汉教习,是非常不容易的事情,也是非常荣耀的事情,因为清代历届皇帝对八旗官学教师的选拔录用,尤其是景山官学教习的选拔录用是非常重视的。对教习的选拔录用,有着较高标准要求和严格的选拔程序,一般选用满、汉文艺优长,德行纯正者考补,一般由正途生员——举人,恩、拔、副、优、岁各项贡生以及一部分进士选拔充补。八旗官学的教师有教习和助教两种,他们是八旗官学教学的主要负责者。教习掌分课八旗官学本馆学生，凡八旗官学，每旗一般有满、蒙古教习各一人，汉教习四人，蒙古弓箭教习一人。汉教习掌教经书文艺，若学生“文理不通，经书不熟”，则“责成汉教习”。

能到景山官学任教习之人，都是出类拔萃的佼佼者，而且大凡在景山官学任教习之人多有建树，如被誉为清末杰出历史地理学家、金石文字学家、目录版本学家、书法艺术家、藏书家的杨守敬，“同治元年中举，同治四年考取景山官学教习”等。

咸丰二年，游百川参加山东省乡试，“中试第四十名举人”，因德才兼备、才学出众被授予“博士弟子员”，获得竞考景山官学汉教习的资格。次年游百川考取景山官学任汉教习，咸丰八年充补右翼宗学汉教习，咸丰九年，任右翼宗学汉教习。在此期间，游百川承担《四书》《五经》的释义讲解，承担诗词歌赋、汉文写作等课程。在教学过程中，游百川教授学生儒学知识，不断提高自己的经学水平，边教，边学，边研究。可以说这段时间是游百川人生的历练阶段，为以后顺利通过进士考试，进而成为朝廷所倚重的重臣奠定了基础。

三、教学思想

在教学过程中，游百川谨遵清廷要求开展教学，按照康熙三十九年颁发的《圣谕十六条》（即《圣谕广训》）的基本要求，“兴行教化，作育人才”。谕曰：“朕惟至治之世，不以法令为亟，而以教化为先。盖法令禁于一时，而教化维于可久。若徒恃法会而教化不先，是舍本而务未也。朕今欲法古帝王，尚德缓刑，化民成俗，举凡敦孝弟，以重人伦；笃宗族，以昭雍睦；和乡党，以息争讼；重农桑，以足衣食；尚节俭，以惜财用；隆学校，以端士习；黜异端，以崇正学；讲法律，以儆愚顽；明礼让，以厚风俗；务本业，以定民志；训子弟，以禁非为；息诬告，以全良善；诫窝逃，以免株连；完钱粮，以省催科；联保甲，以弭盗贼；解仇忿，以重身命。以上诸条，作何训迪劝导，及作何责成内外文武该管各官督率举行，尔部详察典制，定议以闻。”①

除此之外，游百川常把明代乌从善的《博陵书院条约凡二十条》作为行为准则，循此开展教学，他认为乌从善的《博陵书院条约凡二十条》是最具实用价值的规章制度典章。《博陵书院条约凡二十条》全文如下：

天以阴阳五行化生万物，而人何以为最贵？以其有仁义礼智信之性。率性而行，则有君臣父子夫妇昆弟朋友之伦，所以与禽兽不同。人既为人，又既为学，当先知人之所以为人，务全其本有而不可自失也。

人之性命之理，虽属本有，一落于人，则有气质不同，陷溺各异，须当从学明善以复其初也。为学之旨，原是如此，无如人多不达此，只见国家以科第取士，便视为学为利禄之阶，大失先圣垂书训事之意。吾人为学，务先讲明学字。

吾人为学，又当先立其志。人而无志，便如树之无根，如何立得住？试看，程明道十四五便学圣人，范希文做秀才时便以天下为己任，是何等样志，故其后来成就即如此。所以昔人说立志，当以明道、希文自期待，信矣哉。

天下道理无穷，吾人何书不当读？而其最精切者莫如《四书》。凡《四书》中，千言万语无非教人全其固有，反复熟读，神味自足，本不待再加注解。只因初学一见汪洋浩瀚，不啻观海，何从而入？当年朱子一生精力尽在注中，便是圣门引道之人。吾人读书，务字字体贴，玩味庶几不差。

《四书》以外，当读《五经》。《五经》《四书》实相源流，俱不可不读。若濂洛关闽，诸书甚是透辟，有功圣门。吾人

① 《清圣祖仁皇帝实录》卷三四，康熙十年十月癸巳。

并当读究,最有裨益,断不可舍此他求,以至乱道。至于读史,亦要段段看出道理,方是有得。不然,徒当一段故事看,看过有何益乎?

诸子百家,以至一切古文,学者俱当博览。须以孔子为正宗,经书为衡断。若已无定衡,徒乱心思,反为所惑。

吾儒最要明学术之邪正。如近世佛老二教盛行,愚夫愚妇为所惑,学士君子亦为所惑,是真大惑也。若以吾之道正之,则彼之术立穷矣。彼要虚,我要实;彼要出世,我要治世;彼要废伦,我要尽伦。使尽如彼之说,并人类亦几乎息矣。恶能治,国家奈之何俱为他所惑也。全赖吾儒讲明大道,以救正之,断不可反为所惑。

如作文章,原是发明书理。先辈书理精透,故临文恰合,神色气味宛然如生,此最有功于经传者。吾人学文,务以先辈为法,不可妄尚新奇。

古者惟道德为上,人皆争言功名,试问,如何是功名?原是说建功立名也。世人不察,多以游泮登科仕宦为功名,是误认了。人惟误认功名,到头只落富贵之念。所以三代下,并功名亦多看不得。吾人读书时,便当将此辨个清。

古人皆本心学为经济,所谓天德王道一而已矣者。世人多看作两截,是以外面假饶立得功业,与圣贤性分上发挥自是天地悬隔。此汉唐宋所以当不得三代也。吾人为学,要知存废,原是一贯事乃是有用道学。

古今人皆言道,什么是道?道者,理而已矣。本于天,率于性,大而纲常伦理,小而日用饮食,推之天地之间,一事一物,理之所在,即道之所在。吾人读书就是讲道。即使圣人复起,所说不过如此。如读尽《五经》《四书》而不知道,所谓虽多亦奚以为也?吾人要知读书便是游圣人之门,圣人指点亲切如是。如是吾人务记而力行之,自是万世无弊,不是纸上空谈。

天下道理是一贯的。又要看得最活。用之则行,舍之则藏。穷则独善其身,达则兼善天下。虽大行不加,虽穷居不损。故君子素其位,而行不愿乎其外。禹稷颜子易地则皆然也。夫子仕止久速各当其可亦只是不为子莫之执中。吾人读书,务要看透了这些子。

人之居心最要敬。敬则万理皆聚,不则万私丛起。历观千古是非理乱,那不由此分也?所以程朱谆谆言敬,良有以夫。

世上惟不情之事不可以近人。设若惟知己而不知有人,一团私意,如何行得去?所以夫子说惟恕可以终身行,总见得恕则公,故云忠恕违道不远。推之夫子一贯之道,亦不外是。吾人读书,最要体贴"忠恕"二字。

至于"义利"二字,吾人尤不可不辨。人惟知义而不可计利,便光明正大,如青天白日,任其所遇而无愧于心。使其徒知有利而不顾义,则患得患失,无所不至矣。义利几微之际,可不严辨之于早也哉。

人非上圣,孰能无过。故昔人云人生不幸不闻过。子路人告之以有过则喜。今人多不好闻过,所以无入圣之基也。吾愿学者当以知非改过之为急。

人凡事俱当知足,惟为学不可自足,一自足则无进步矣。所以说谦受益,满招损。孟子亦曰人之患在好为人师。甚矣,学者不可不戒也。

圣门工夫是从格物致知起。此处不用工,理虽性有,何由而得乎?若徒恃凭空而悟,终属恍惚。至格致后则在毋自欺,又在慎其独。此理欲之分,即圣狂之界也。吾尝验之,一不慎则无及矣。可不慎哉。

吾人存心制行最要诚。诚方有真学问,真念头,真德行,真事功,真文章,圣贤可以同归。不然,一虚假则无不虚假矣。故曰:诚者,物之始终,不诚无物。是故君子诚之为贵。

昔白鹿洞规曰：父子有亲，君臣有义，夫妇有别，长幼有序，朋友有信。博学，审问，慎思，明辨，笃行，言忠信，行笃敬。惩忿窒欲，迁善改过。正其谊不谋其利，明其道不计其功。己所不欲，勿施于人。行有不得，反求诸己。熹窃观古昔圣贤，所以教人为学之意，莫非使之讲明义理以修其身，然后推以及人，非徒欲其务记，览为辞章，以钓声名取利禄而已也。晦庵先生之教如此，愚窃尝私淑之，今愿与吾党共勉焉。①

在日常教学过程中，游百川根据三旗子弟之秉性特点因材施教，因势利导，循序渐进。《四书》《五经》内佶屈聱牙的词句，通过他声情并茂的讲解变得格外通俗易懂，他的课业也因此受到众皇族子弟的普遍喜爱。

游百川的教与学，不是呆板的两耳不闻窗外事，而是结合现实学以致用。在日常教学中，他发现景山官学三旗子弟同普通汉族子弟一样，都把应试科举考试作为学习的主要目的，他们不是潜心研学《四书》《五经》之经意，通古至今，学以致用，而是把科举考试金榜题名作为行为准则，他们"束书不观，专取文艺数十篇揣摩求售"。游百川看在眼里急在心里，更加注意加以引导，用自己的方法去教育学生。

同治元年游百川中进士，选庶吉士，次年任编修，同治六年迁御史。升为御史后，游百川上的第一道奏折是《奏为东省迭被水患亟宜筹办河防以济民生》，第二篇奏折便是《奏为士习为人才所系宜崇尚经术以端趋向》：

臣闻为政之本在于得人，得人之原视乎造士，国家吁俊求才，原期天下士子读书明理，本所学发为文章，而因以措

① 《博平县志·卷五》，第1831页。

诸实用也。乃自为学者,求名之心太急,往往《四书》《五经》未能成诵,而即读肤浅考卷,学为应试之文,既务应试,则束书不观,专取文艺数十篇揣摩求售,叩以经义茫然莫辨,且有并句读不知者。师如是以为教,弟子如是以为学。求所谓淹通经史者盖鲜也,求所谓砥砺行修者益寡也。岂知学无根柢,安有佳文?寒畯之士不读书而临场蹈怀挟之弊,素封之子不读书而倩代恃枪冒之人,人心日浮则风俗愈敝,虽有严刑峻罚不能禁也。且此等弊风,始犹以为郡县偶然耳,及询之各直省大率类然,何惑乎文风未振真才不出乎。今改此锢习,莫若杜人徼幸之心,而引之专意读经。窃维人才登进之路,赖有乡会两科;人才培植之基,尤在岁科两考,按岁科考试,生童正场之前例有考古一场,应请旨饬下督学使臣遍行晓谕,生童中如能默诵《五经》通晓经义者,准其赴该学报名注册,即于考古场中按名面试,试以数条,其能否成诵、讲解无难立辨,可取录者,即正场文字未甚优长,亦拔之以示鼓励。其未经报考,止就正场文字取录者,亦于发落时令其认习某经,各注名下,俟下届按册试之,勤奋者立予奖励,玩愒者加之创惩。如此殷殷劝诱,将来届选拔举优年份,可期得经明行修之儒,以仰副我皇上乐育人才之至意。盖经与文并重,参以面试之法,则怀挟枪冒等弊举无所施,各省士子庶勉勉焉尽务实学。而士习之颓可以挽救。此整饬学校正本清源之一道也。臣为劝学杜弊起见,是否有当,伏祈皇太后、皇上圣鉴。谨奏。①

游百川将多年的思考诉诸笔端,通过奏折传递给慈禧太后和同治皇帝,希望引起皇帝的重视,以此来扭转学校教育之时弊。

① 陈弢《同治中兴京外奏议约编》卷五,上海书店 1985 年影印本。

第二节　书院讲学

一、千金赠书院

同治十二年，穆宗皇帝亲政，为了表达自己对慈禧和慈安两太后的一片孝心，决定重修圆明园，“奉皇太后驻跸”。谕令一出，引起许多朝中大臣的反对，御史沈淮等上疏“请暂缓修理”。同治皇帝不但不听，反而下令，若再有上书反对者当斩。游百川从国家形势及国内政治经济状况全局出发，“继疏申谏”。同治皇帝召游百川入宫“诘责”，“百川侃侃正言无所挠”，同治皇帝震怒，将游百川革职。

游百川被革职回到滨州后，时任山东按察使的陈士杰得知游百川被革职回籍，赶到滨州中游庄看望。陈士杰看到游百川家境十分贫寒，“便以千金相赠”。落难中的游百川十分感激，但又觉得这样不好，便与知书达礼的周夫人商议。夫人周氏对游百川说：“接受，就会伤害自身廉洁，不接受又有猎取耿直名声的嫌疑。”游百川笑着说：“还是接受好，可把它捐给滨州的书院，作助学金用。”于是就将这千金捐赠给了滨州的书院。滨州民间一直留有游百川“千金捐学”的美谈。

二、培风书院

清代，滨州官学有滨州学宫、培风书院和社学。据清咸丰《武定府志·学校志》记载：“（滨州学宫）在州治东南。元至元间，达鲁花赤奉训贴里同知州范耆建。明洪武二十八年，知州曹俨重修。天顺间，知州何淡增筑基址。正德间知州王宣，嘉靖间知州季德甫、东昌府同知署州事万鹏程，万历中学正姚时策、知州吴邦靖，天启间知州王应修相继重修。国朝康熙十八年知州陈怀德重修，乾隆五年知州汪无限、生员张翩、王鉽劝捐修葺。

十二年,知州宋允升重建泮池于照壁外。自嘉庆二十二年兴工重修,至道光十年知州邵元章告成。入学二十名。”滨州学宫始建于元朝,为当时滨州规模较大的官办学校,内建有大成殿五楹、明伦堂三楹、崇圣祠三楹、尊经阁和泮池。县城中具有教育功能的建筑还有名宦祠、文昌阁和乡贤祠。

滨州培风书院始建于乾隆四十五年,据清咸丰《武定府志·学校志》记载:“培风书院在东南隅,内为讲堂三楹,后院长斋室三楹,两旁号舍四间,堂之旁号舍各一间。其前,东西对号各六间,大门一间,二门一间。其旁小房皆各二间。杜石樵先生记曰:州旧无书院,乾隆四十五年庚子州牧张堂捐廉,劝谕绅士创立。赀未集,调任去,以其事付之先君(杜彤光)暨王沣公。义捐买地基修造,以所余生息……甲寅后,州牧潘大礼置入官地,填莅任复捐廉五百金,倡输添肄业生膏火,并增葺号舍,亦未全集,调任去。以故归制未备,仅刻张牧额曰:培风书院,而碑记尚阙,条约、书籍未具,待后人补焉。”

培风书院之名出自《庄子·逍遥游》:“风之积也不厚,则其负大翼也无力。故九万里则风斯在下矣,而后乃今培风。”雍正十一年,雍正帝为加强满汉文化融合,令各省城设置书院,后各府、州、县相继创建书院。乾隆年间官立书院剧增,山东新增书院2000余所,但新建书院的教育性质与官学无异,都倾向于为科举培养人才,当时滨州的培风书院也成为以考课为中心的科考预备学校。清咸丰《滨州志·艺文志》记载:“杜彤光,字赤文,性豁达沉毅。父翿历官繁剧,命佐理庶务,皆擘画精详。父没,自任家政,课弟彤辉读,卒以成名。州创建书院,重修学宫,皆躬任其事,不避劳怨。治家严整,虽私室燕处,家人环列,肃若朝典。世族言家法者,以杜氏为称首焉。教诸子先实行而后文章,言皆可为世法。子堮追念义方之训,撰《述训》一卷,藏于家。”杜彤光,滨州杜氏家族第十三世孙,杜翿长子,自幼读书勤奋,广泛涉猎各种知识。20岁随侍父亲杜翿在湖北襄阳、广西上思州为官。杜肅公务繁重,杜彤光经常帮父处理各种杂务,显露出较强的管理才能。杜肅病逝于任上,杜彤光扶棺归故里安葬其父,回到原籍滨州。作为长子,他担负起家庭重任,他对弟弟杜彤辉及众子侄说:“家所以立,耕读耳。自今我任耕,弟等任读。耕不善,弟当责我。读不力,我责弟也。”杜彤光不逐名利,心甘务农,供应家族男丁读书参加科举,一是表现了他的家族观念,二是突出了他的教育思想。杜彤光一边务农,一边热衷于当地的文化教育事业,在州县重修官学时他带头捐款,在修建培风书院时他捐资购置地基,鸠工备料,竣工后助资延请名师,参与制定学规。培风书院校风良好,名声远扬,为清末滨州的文化教育繁荣奠定了较好的基础。

游百川“千金捐学”的事在民间逐渐传开,惊动了滨州知州、武定府知府。游百川在京为官,又从教多年,见多识广,当地百姓久慕他的才学,都想拜见并听听他的教导。滨州知州邀请他到滨州学宫、滨州培风书院为学生讲课。游百川不忘家乡父老的养育之恩,欣然应邀前往。后来,武定府知府也邀请游百川到敬业书院担任学校主讲。游百川非常重视父母之邦,在滨州完成授课内容后,又到敬业书院讲学。开讲之日,许多人慕名背负书籍而来,书院的几十间屋子容纳不下,东邻的双忠祠也被占满,本城的学生竟无放置凳子的地方。

三、敬业书院

清代武定府辖十州县:惠民县、青城县、阳信县、海丰县、乐陵县、商河县、滨州、利津县、沾化县、蒲台县。惠民县为武定府府衙驻地,当时武定府的府属官学有学政试院、敬业书院、三台书院、乡升书院、社学(储英义学)等,校址都在惠民县城。

据清咸丰《武定府志·学校志》记载,学政试院于“乾隆十一年十月绅士公建,道光十七年惠民县知县徐钦倡捐改建”。“查十七年改建试院记:‘官民捐银一万七千五百九十两零建造。二十三年,续捐善后银一千二百两,发商生息,以为岁修之用。'"①

敬业书院建于乾隆三年,由知府姚兴滇建。七年,知府郑方坤拓修。十三年,知府董承勋又拓修。"咸丰八年,知府李熙龄以考院余项饬建旧址学舍六间"。"查旧规,公捐本银四千八百八十三两零,发十月当商生息,每年获银八百一十三两零。每月捐银十四两,共银一百四十两,合共九百五十三两零,以作每年经费。"

三台书院建于咸丰二年,由知县余棨建:"公捐银共合制钱一万二千吊,以一万一千吊发商生息,每年获利钱一千三百二十吊,遇闰加增……议遇乡试年卷资每名四吊,入泮者给银三两,中举者给盘费二十两,副榜六两,中进士者鼎甲一百两,庶常五十两,即用三十两。所给银每两折制钱二吊。议山长束脩盘费等二百六十吊,生童膏火等费七百四十二吊五百零。"余棨倡议捐资建造三台书院,加强对书院管理,除维持正常的招生教学管理外,还实行奖励制度,鼓励学校招生童参加乡试,"卷资每名四吊"。对入泮者、中举者、中进士者、庶常、即用等都有奖励,对中进士者奖励最多达一百两。对学校聘用的老师有"盘费",对在校吃住的生童还有"膏火等费"进行资助。余棨还把公捐银中的"一万一千吊发商生息",作为生童岁科两试卷资。由此可知咸丰年间余棨及地方政府对培养人才重视的程度。

乡升书院在"府西北二十里凌霄阁(现阳信县洋湖乡庙五村:庙张、庙杨、庙刘、庙苏、庙李)"。据记载:"此旧为义学,道光十五年附贡吴应龙、岁贡范得兴等捐制钱一千余吊,增修讲堂、学舍,更名'乡升书院',为生童肄业之所。"这是民间有识之

① 李熙龄《武定府志·学校志》(咸丰九年刻本)。

士捐资修建学校的案例。

社学，原名储英义学。储英义学于乾隆二十二年由武定府诸多乡绅士公联合捐资兴建，专门收授贫家子弟。道光二十年，武定府知府陶庆增立案将其改名社学，并在武定府郭城惠民县四城建义学学校，由官府按每季发银一百两到各义学学校作为聘请教师之费用，并定为惯例。

游百川不去滨州学宫讲学，也不去武定府学政试院讲学，而是选择培风书院和敬业书院，原因有二：一是因为游百川是被革职人员，到地方府州直属的官味较浓的官学学堂讲学不合时宜；二是借“培风书院”和“敬业书院”之名，在滨州、武定府培养一股积极向上、求真敬业的好学风。

四、沂郡书院

沂州府知府久闻游百川的学识、品德，听说游百川被革职在家，就聘请他到沂郡书院（琅玡书院）任月课主讲。游百川到任后，分单元讲解《四书》《五经》儒家经典，讲解程朱理学和治世之道，讲解科举考试和国家对人才的渴求，解读国内之忧患。游百川对经义认识深刻，分析透彻，又能结合时政把握学术前沿，无论是讲解儒学经典文章还是程朱理学，他总是能把理论与现实相结合，不但教给学生应对科举考试的经典知识，还教给学生正确的学习方法，叮嘱学生既要把握自己的前程，也要关注国家之命运。每一堂课游百川都能给学生们带来新的知识，使学生们耳目一新。游百川讲课声音洪亮，吐字清晰，抑扬顿挫，诙谐幽默，引人入胜。一堂课下来，听者无不心解神悟，如沐春风般清新。游百川到沂郡书院讲学，丰富了学院讲学内容，活跃了学术研究，在沂郡书院教育史上留下了浓重的一笔。这一阶段也是游百川从教生涯中的一个亮点。

沂郡书院即琅玡书院。临沂，古称琅玡郡，清雍正十二年升沂州为府。据《沂州府志》记载，琅玡书院，清乾隆二十四年知

府李希贤率七属捐建，在王羲之废祠附近修建书院，称琅琊书院。据载："整个建筑气势不凡，庭中书室30多间，庭前有碑亭，大门内立有康熙御书龟趺碑，墙壁上嵌有琅琊法帖及历代石碑，文化气氛很浓。书院属官办性质，鼎盛时期，李希贤、熊遇泰、花泳春等历任知府常来书院讲学课士，另有滨州著名学者游百川等前来主讲，一时间琅琊书院成为临沂学术教育中心，成为沂州府培养、选拔人才的主要机构。"①清末废科举，琅琊书院几经变迁，1901年被改为"沂郡校士馆"。

第三节　名誉山长

光绪十七年，游百川因"未能实力整顿"仓务被革职回籍。回籍后，游百川先后被济南泺源书院、聊城东昌书院聘为名誉山长（学院总长）、月课主讲，直至光绪二十年因腿疾回籍，从教时间约为3年。

---

① 王志民《山东区域文化通览·临沂卷》，山东人民出版社2012年版，第227页。

一、泺源书院

中国的书院创始于唐代，发展于宋元，兴盛于明清，在我国延续达一千多年。书院与府州县学是我国古代两种主要的教育形式，共同构成了地方的教育体系。但书院与府州县学又有所不同，书院是对地方府州县学的优秀生员作进一步培养的地方，书院的教师水平和学生质量一般都高于府州县学。有清一代，山东书院建设大约经历四个阶段：受清政府压制的顺治时期，山东的书院建设几乎没有发展；在清政府积极的书院政策支持下急剧发展的康雍乾时期，山东书院数量和质量迅速发展，济南泺源书院、临沂的琅玡书院（沂郡书院）、滨州的敬业书院等都是在这一时期建成的；书院日益败落的嘉道咸时期和受到维新思想影响而最后废止的同光时期。① 康雍乾时期的书院，大多是理学书院和博习经史词章的书院，嘉道咸时期的书院大多是考课式书院。理学书院以程朱理学、道德修养、格物致知为主要教学目的。博习经史词章的书院大多不讲或少讲理性，不学科举之文，以钻研经史、训诂、词章为主，摒弃空谈心性、八股文风。考课式书院主要以考课为教学内容，以训练学生写八股文、应对考试为目的。

泺源书院是清代山东规模最大的书院，其前身是始建于明代的历山书院。明万历二十四年，山东巡盐御史毕懋康在趵突泉东的谷继宗（历城人，嘉靖进士）别墅故址上创办历山书院。历山书院建成后，“六郡士子读书其中者以百计”②，文风盛极一时。天启初年，历山书院在禁毁书院事件中被取消，改为传递公文的油汀。清雍正十一年，雍正帝颁诏建立书院。诏曰：“择一省文行兼优之士，读书其中，使之朝夕讲诵，整躬励行，有所成

① 马学强《略论清代书院发展》，《山东档案》2004 年第 4 期。

② （乾隆）《历城县志》卷一二《建置考三 · 学校》附《书院》。

就。俾远近士子观感奋发,亦兴贤育才之一道也。督抚驻所,为省会之地也,著该督抚商酌举行,赐书院帑金一千两,将来士子群聚读书,豫为筹划,资其膏火,以垂永久,其不足者,在于存公银内支用。封疆大吏等并有化导士子之职,各宜殚心奉行,黜浮崇实,以广国家菁英协朴之化。则书院之设,于士习文风,有裨益而无流弊,朕之所厚望也。"山东巡抚岳濬奉旨,并筹银千两,因原历山书院院址狭小,发展空间有限,遂将历山书院迁至原都指挥使司故署,并更名为泺源书院,以志不忘其来源。① 乾隆六年巡抚朱定元倡捐修葺。十三年巡抚准太经理该院,制定《训课条规》,提出"为学莫先于立志,为学莫要于寡欲,为学当敦实行,为学当秉虚衷,为学当勤讲读,为学当慎交"六条"为学"的训规。学者沈起元、翰林院编修匡源曾在院讲学。嘉庆九年巡抚铁保、道光八年巡抚琦善先后共得捐白银15200两,又经铁保及二十一年巡抚托浑布、光绪二十二年巡抚李秉衡3次重修,经费充裕,藏书丰富,斋舍宽敞,成为清代山东规模最大之书院。后经巡抚袁世凯奏请,朝廷批准改为山东高等大学堂。

有清一代,泺源书院不但是山东规模最大的书院,而且是师资力量、教学质量最好的书院之一。泺源书院的繁荣发展,一方面得益于齐鲁文化深厚的文化底蕴和旺盛的生命力,另一方面还得益于历届山东巡抚及济南府知府的高度重视,他们广揽教学人才,除聘有固定教师外,还经常在全国范围内聘请高水平的人士来书院讲学。存世的清代木刻板《泺源书院课艺》中,留有清代翰林王兰升、李敬钊、高鉴清、李瞻洪、法伟堂、张洪钧等人的讲课内容。② 另外,曾在泺源书院讲学的著名儒学夫子除游

---

① 王志民《山东区域文化通览·济南卷》,山东人民出版社2012年版,第479页。

② 清代木刻板《泺源书院课艺》内有清代翰林王兰升等名人文章(白宣纸)17到105张。

百川外，还有毕沅、桑调元、沈起元、何绍基、匡源、王之翰、刘耀春、朱学笃和缪荃孙等，他们或曾担任书院的山长，或曾担任主讲，“他们的到来使书院的文风十分兴盛，一时间誉满齐鲁”①。

光绪十七年，“因仓廒积弊，历年已久”，“兴廉、游百川均著交部严加议处……寻吏部议兴廉、游百川均革职”②。年近古稀的游百川对国家内忧外患、朝界宦臣钩心斗角、胥吏积弊深重而无力挽回感到失落。因游百川平时的刚正不阿、惩治宗室、犯颜直谏得罪了不少人，有些人借仓廒管理问题连连上疏弹劾，导致光绪帝渐渐失去了对游百川的信任而被革职。时任山东巡抚福润得知游百川回到滨州，邀请游百川到济南泺源书院讲学并委任其为书院山长。游百川本想在家带带孙子颐养天年，不再出去做事，但经过深思熟虑，还是决定去泺源书院讲学。一方面因为巡抚福润的多次邀请实难拒绝；另一方面因为游百川想在教育事业上发挥余热。回到滨州原籍后，他时常反思国运衰败和吏胥积弊深重的根源。他知道，治理国家靠人才，培养人才靠教育。国家本想通过科举考试“呼俊抡才”，以期“天下士子读书明理”学以致用，而天下众多书院为应对科举考试，成为协助学生投机取巧专修八股的毒壤。使命和良知促使游百川不顾年迈，应邀到泺源书院讲学。

二、东昌书院

光绪十八年，游百川因病回滨州疗养。次年病愈后，东昌府聘请游百川掌管东昌书院。

明清之际，聊城文运大开，儒学星列，书院林立，私塾遍布，一时“科目鼎盛，贤士辈出”。清末刘鹗在《老残游记》中称这里

---

① 王志民《山东区域文化通览·济南卷》，山东人民出版社2012年版，第479页。

② 《清实录·光绪朝实录》。

是“家家富足，户户弦书”。至清光绪废科举兴新学之前，东昌府有书院28处。东昌府的书院大部分属于“考课式”，以学习八股文、应科举考试为主。清代聊城文运大开的主要原因有两点：一是运河漕运经济带来的文化勃兴，二是民间义学的助推。

清代，由于京杭大运河的畅通，东昌府商贾云集，许多富家子弟迫切要求改变自己的政治地位，图谋通过科举步入仕途，当时的儒学（官学）都有定额，并且入学时间和结业时间都有限制，而商贾子弟由于其父母流动性强，不能久居等原因，难以入学学习科举应试之业。“考课式”书院则弥补了儒学之不足，使大批富家子弟、童试落第或在儒学坐学期满（儒学生员坐学期限以下一届生员入读为满期）又没有参加乡试者得以入书院继续习业，以待来岁参加乡试或童试。

另外，由于民间大多数普通百姓子弟家境贫困，无法上学，于是许多有识之士纷纷捐助义学，为贫家子弟提供学习机会。最典型的是聊城堂邑县贫民武训行乞修学一事，其义举感动乡里，传遍朝野。光绪十四年，山东巡抚张曜接到堂邑县知县郭春煦关于贫民武训行乞修学的报告，大为感动。武训自幼家境贫寒，无钱读书，做佣工常因不识字受人愚弄欺诈而得不到工钱。成年后他便终日行乞讨钱，立志修“义学”，让无钱读书的孩子入学识字。他一生没有婚娶，无家无业，破衣烂衫。他用行乞攒下的钱，在柳林、杨二庄和御史巷建了三所义学。武训以身行乞、终生办学的事迹在民间传为佳话，有人送他外号为“义学症”，也有人称他为“武圣人”，将他与孔子相提并论。武训为穷苦孩子办学的动机深深触动了张曜内心的隐痛，因为他早年科考不顺，捐纳做官，被人视为“目不识丁”的武夫。因此，张曜对武训的事迹大加褒扬，倡导社会捐献助学，推动了山东兴学风尚。张曜还把武训行乞兴学的事迹写成奏章上报光绪皇帝，请求封武训为“义学正”，赐赏黄马褂，颁“乐善好施”匾额以示旌奖,光绪皇帝“著照所请”①允准。

同光时期,黄河北流在山东造成大面积黄灾,一定程度上影响到运河漕运和聊城的经济。另外,同治初年,宋景诗领导的黑旗军起义辗转在鲁西北运河两岸活动,同治七年张宗禹领导的捻军由陕西入河南进逼河北京畿地区,几次大规模的剿灭和阻击战均发生在聊城,社会因而动荡不安。为挽救时局、维护正统,东昌府一方面协助朝廷备战,另一方面积极维持社会安定。这种时局也使得执政者认识到发展、强化教育的重要性,认识到书院教育化民安邦的重要作用。

光绪十九年,游百川应邀来到东昌书院。他深入了解书院建设和教学情况,查看教学内容和学生们的课业情况,有针对性地组织教学。教学中,他以《四书》《五经》为主要授课内容,深入阐述“崇尚经术以端趋向”的道理,启发学生们思考:人为什么要学习、学什么、达到什么目的以及学习与科举的关系、匹夫与国家兴衰的关系。

游百川晚年在泺源书院、东昌书院讲学的时间虽不长,但其终身学习、学以致用、忧国忧民、教育兴国的精神,给后世留下了光辉的榜样。

① 王云《封疆大吏——山东巡抚》,农村读物出版社 2004 年版。

第四章　游百川的交游

《管子·权修》云:“观其交游,则其贤不肖可察也。”本章将游百川与滨州大族、艮峰学派、官场重臣的交游做一钩沉爬梳,则其人格品质显而易见。

第一节　与滨州大族的交游

武定府于清雍正十二年由武定州升格而成,并设附郭县——惠民县。至清末,武定府领九县一州:惠民县(治今滨州市惠民县)、阳信县(治今滨州市阳信县)、海丰县(治今滨州市无棣县。因与广东海丰县重名,1914 年改名无棣县)、乐陵县(治今德州市乐陵市)、蒲台县(治今滨州市东南。1965 年撤县)、沾化县(治今滨州市沾化县)、利津县(治今东营市利津县)、青城县(治今淄博市高青县西青城镇)、商河县(治今济南市商河县)、滨州(治今滨州市)。晚清时期,武定府一带涌现出很多名门望族,如滨州杜家,惠民李家、魏家,海丰吴家、张家等。身为朝廷二品大员的游百川,与家乡的这些名门望族成员之间往来密切。

一、与滨州杜氏家族

杜氏家族是国内罕见的知名家族,杜家六百多年来一直长盛不衰,打破了“富不过三代”的常俗,以“一门十二进士”、“四世六翰林”享誉华夏，是当之无愧的滨州第一家族。现滨城区渤海十九路，被一群水泥楼包围的一片残留的村子叫山柳杜。山柳杜是滨州杜家长宗三支的一部分，明末清初由滨州城迁来，当地人指土丘为山，又因村旁有大柳树，故称山柳杜。这个村子就是游百川老师杜源的家乡。

咸丰十年《滨州志》“文学”条载：“杜源，字左泉。幼从仲兄汉读有颖悟，年十九补弟子。”杜源，字左泉，号慕真，岁贡生，滨州杜家第十六代孙，曾任馆陶县教谕。告老还乡后，杜源在家乡办起了私塾。他发现每次上课时，窗外总有一个小孩偷偷地听讲。有一次，杜源先生把小孩叫了进去，把讲的内容问了一遍，没想到的是，在屋内的学生反倒不如在外边偷听的孩子。杜源先生感到这小孩聪明好学，孺子可教，把这个孩子免费收留下来，并且从此以后担负起这个孩子的教育事务，无论走到哪里都带着他，这个孩子就是游百川。

在整个清朝的历史上，今滨城区籍出仕为官能够达到侍郎级别的共有 5 人，其中 4 人出自杜家：咸丰皇帝的师傅杜受田、杜受田的父亲杜堮和杜受田的两个儿子，另外一个就是杜家的学生游百川。游百川幼年丧父，家境贫寒，自幼跟随在别人家作佣人的母亲生活。他之所以能够科举中第，成为一代名臣，多亏了杜源的帮助和教育。

传说当年游百川从北京回家探亲，到达北边离山柳杜村有 8 里路的大尚家村时就下轿，一路走到山柳杜村，到了村边先磕头，然后才入村。以后，每当路过该村时，均步行而过，以示对老师的尊敬。杜源死后，游百川作《哭杜左泉师》哀悼，足见游百川对恩师的深厚感情。

另一个和游百川有交游的杜氏家族成员是德州训导杜受元。杜受元，子宗之，号芥圃，是杜堮的侄子，杜受田的堂兄。约乾隆五十二年生，早年在家乡读书，嘉庆九年以滨州第三名的成绩中秀才，嘉庆十九年被选拔为贡生，到北京国子监学习，以教官职务获选，任德州训导。他以端正士林风气为首务，以身作则，按月举行科目考试，实行较为严厉的淘汰、处罚制度，使当地的学习风气大为改变。

杜受元极其孝敬老人，自己做官在外，担心父母孤独，特意接两位老人到署衙一起生活，虽然薪酬有限，但他总是设法为老人多准备几种食品、蔬菜，侍候老人的饮食起居极其周到。为了使老人能够精神开朗，他在学署的空隙地带开垦荒地，种植了四季花木，亲自浇灌、修理，时常陪老人欣赏。道光十四年，德州运河决口，大水直灌城内，居民受灾严重。山东河道官传令命德州知州和杜受元率领各级官吏监督开挖支河，分头堵塞决口，杜受元连续20余天在工地上，直到工程完全结束为止。咸丰元年，杜受元去世。

关于游百川和杜受元的交游，没有明确的史料记载，从杜受元辞世的时间来看，咸丰元年游百川不到三十岁，杜受元于道光十四年在德州任，至去世前17年事迹不明，后来当致仕归乡。中游村与山柳杜村相距很近，游百川的老师杜源与杜受元又是同村，他们于理有所交游。再者，《清代山东乡试朱卷咸丰壬子科·游百川》载有杜受元手书王维《山水论》，云："凡画山水，意在笔先。丈山尺树，寸马分人。……"落款"瑞庵五兄先生雅政芥圃杜守元"。此可谓游百川与杜受元交游的一个证据。

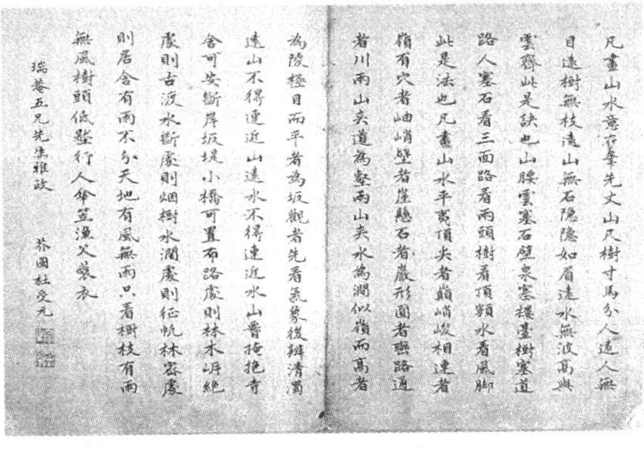
凡畫山水意存筆先丈山尺樹寸馬分人遠人無目遠樹無枝遠山無石隱隱如眉遠水無波高與雲齊此是訣也山腰雲塞石壁泉塞樓臺樹塞道路人塞石看三面路看兩頭樹看頂顛水看風腳此是法也凡畫山水平夷頂尖者巔峭峻相連者嶺有穴者岫峭壁者崖懸石者巖形圓者巒路通者川兩山夾道為壑兩山夾水為澗似嶺而高者為陵極目而平者為坂觀者先看氣象後辨清濁遠山不得連近山遠水不得連近水山腰掩抱寺舍可安斷岸坂堤小橋可置有路處則林木岸絕處則古渡水斷處則烟樹水闊處則征帆林密處則居舍有雨不分天地有風無雨只看樹枝有雨無風樹頭低壓行人傘笠漁父蓑衣

瑞菴五兄先生雅政　芥圃杜受元

二、与惠民魏氏家族

惠民魏氏家族原籍河北枣强，明初迁至山东棣州。清中叶长支因出仕一度兴盛，四支因经商建立庞大家业，至七世魏毓柄时达到极盛。十世魏肇庆一度保持了发展。魏肇庆（1853～1902），字燕昌，号吉云，郡贡生。魏肇庆自幼入庠读书，天资颖爽，文才丰硕，又擅长书画，因青少年既经历了丧父、丧母之痛，又因嗣父、叔父两门均无男丁，作为三支单传，使本来热衷功名的他不得不弃儒从商。魏肇庆念先人素富行富之志，躬理家政，俭于自奉而丰于济人，积极赞助各种公益事业。光绪九年，山东黄河决口，数十州县受灾甚重。游百川受命与山东巡抚陈士杰督办治河工程与赈务，魏肇庆散粮急赈，请筑两岸遥堤，使黄河水不致泛滥。魏肇庆见村中贫家子弟因无力延师而失学，于是立义塾以养蒙正，还曾独修考棚。魏肇庆又向本邑粥场捐银补助。嗣奉文积谷，又捐仓谷一千五百石。事闻，蒙赏，给“好善乐施”匾额。光绪二十年，倭氛不靖，海防戒严，魏肇庆首捐银一千两。太府奏请，奖叙钦赏同知之衔。是时清政混乱，治安无力，地方匪盗蜂起，黄水连年为患，为防御计，魏肇庆特意去京城聘请宫廷设计师精心设计，花巨资修建了防范严密、设计精巧的魏氏庄园。

游百川与惠民魏家有姻亲关系。游百川有三个女儿，大女儿嫁到武定府惠民县城张家，二女儿嫁到惠民魏集镇的魏家，三女儿嫁到乐陵史家。二女儿嫁给了魏肇庆的亲叔伯兄弟魏肇祥，生子魏泽。魏肇祥（1867～1910），字梦兰，附贡生，诰授奉政大夫，候选同知赏戴花翎。少孤，赖母王氏抚养长大成人。魏肇祥喜武术，经常骑马持弓外出郊游打猎。光绪十八年建徙义堂，原有房子80余间，占地近5亩。甲午海战中，清廷财政支出困难，部议开捐，魏肇祥援例纳粮捐得候选同知蒙赏花翎。光绪二十六年，地方骚乱。肇庆曰：“吾未服官，不得为国家作干城，今既家居,何不为乡里作保障乎?”于是捐资筑土堡,置器械,组织民团,保卫家产。后对国家局势失望,专习医术,凡有求者无不速应,凡散膏丹多所备储,且多用济贫。肇祥非常孝顺,为母亲在村东部修建一花果园,植树养花供母亲游玩观赏散心。游百川的次女生于同治五年十二月,卒于光绪三十一年四月。游氏卒后,魏肇祥续娶王氏。

三、与蒲台盖氏家族

游百川与盖氏家族有姻亲关系。盖氏家族为当地名门望族,居住于与游百川的家乡中游村相距不远的蒲台县(今滨州市区)盖家村,起家于两任台湾道的盖方泌。曾祖盖越、祖盖国杰均是县学生。生父盖东烈,任安徽司狱。盖方泌,字季源,又字春舫,号碧轩,出生于乾隆三十三年,乾隆己酉拔贡。嘉庆初年,再被选拔到陕西省候补州判,历任汉阴厅通判、石泉县知县、商州同知,任内以“知军事,懂民情”闻名。嘉庆二十三年,盖方泌因平定白莲教之乱有功,寻调台湾。他两署台湾道,前后任职达八年之久,当地社会稳定,经济发展,不仅受到了当地人民的称赞,也得到了朝廷的嘉许。嘉庆帝曾在十三年召见盖方泌。道光三年,皇帝召见盖方泌,“询居官事,一如睿皇帝”。盖方泌感激朝廷的知遇之恩,更加严格要求自己。梅曾亮在《台湾府知府盖公墓志铭》中写道:“在台湾所谳数罪,皆聚群千百,稍激则变。公一以理喻,民输其诚,蔽罪如法。”在台湾历史传说中,他甚至被神化了。彰化和嘉义曾发生旱灾,引起饥荒,社会秩序一时陷入混乱,《台湾历史人物小传》载:“泌捕七十人,置之法,天乃雨,民呼为‘太守雨’。”盖方泌以公平正义、公道正派赢得了台湾人民的信服。道光三年,盖方泌因病告老还乡。道光十八年在家中去世,享年71岁。次年十月二十八日,葬于盖村北原上。盖方泌著有《春舫诗钞》。

盖方泌有七子、八女,长子盖钰,次子盖锴、盖锟、盖锜、盖键、盖铤、盖鏻，孙男一，女孙二。盖方泌曾经聘请杜堮为家庭教师。盖钰，字式如，一字玉山，与杜堮的儿子杜受田是好伙伴。道光二年，盖钰考中进士。据《石泉县志·官师》载："盖钰，山东进士，道光五年任石泉县知县，三载后调大荔县知事，后升佛坪厅同知。"因审案公平，被称为"盖青天"。著有《奚囊草》。盖氏父子的诗歌在近代徐世昌编《晚晴簃诗汇》中有载。

据游百川曾孙游洪顺介绍，游百川与盖氏是孙辈儿女亲家。盖方泌的孙女名叫盖瑞芸，嫁与游百川三孙子游为房。游为房系游洪顺的爷爷，盖瑞芸系游洪顺的奶奶，该说法应该不会有错。按：盖方泌于道光十八年辞世，时年游百川年仅十六岁，他们根本不是一代人，他们的孙辈联姻似乎不可，盖瑞芸的辈分似乎应为盖方泌的重孙女。未有明证，仅作推测。游洪顺还介绍，盖氏后人盖竹坡当过国民党蒲台县县长，盖竹坡的儿子盖天宇系共产党员，曾带人持枪追捕过其父，盖天宇后来光荣牺牲在战场上。

第二节　与艮峰学派的交游

艮峰学派系游百川的老师倭仁创立。倭仁，字艮斋，一字艮峰，此学派因其字而得名。其弟子除游百川外，还有何桂珍、于荫霖等。艮峰学派笃守程朱之学，以省察克治为要，在政治上为守旧派。道光末年，倭仁标榜理学，以卫道者自居，成为守旧派的首领。

一、与一代儒宗倭仁

倭仁（1804～1871）蒙古正红旗人，乌齐格里氏，道光进士。道光十二年授编修，道光二十四年任大理寺卿，咸丰五年任侍讲学士，同治元年升工部尚书，为同治帝师，后授文渊阁大学士。倭仁对宋代理学有精深研究，是咸丰、同治两朝理学的主要代表人物。同治六年反对设立同文馆，后长期反对清政府兴办洋务。同治十年授文华殿大学士。遗著辑为《倭文端公遗书》。

位居要津的倭仁、李棠阶等理学重臣感染了一批翰詹御史，逐渐形成名噪一时的清流派，对同光朝局产生了较大的影响。倭仁、李棠阶和吴廷栋被时人誉为提倡“正学”的“海内三大贤”，在士林中享有很高的声望。

游百川与倭仁的交往与晚清理学大师唐鉴直接相关。道光二十年，唐鉴“再官京师，倡导正学”，倭仁、曾国藩、吴廷栋、何桂珍、吕贤基、窦坶等一批理学名士聚集在他周围，从其问学。后来倭仁成为一代儒宗，又掌翰林院，为一班御史翰詹所倾慕，多以弟子事之为荣。《游氏世谱》载：“倭文端公艮峰，文章道德高天下，时为翰林院掌院学士，公晋谒，大喜曰：‘吾阅人多，未有若生者。’因教公为古文辞，且以四子书义口授公，并感公忠义。公悉得蕴奥，益以自励，遂常存以觉后觉之心。”①

御史游百川与翰林院编修于荫霖等均成为其门生，终生相交于师友之间。游百川与倭仁同官京师，过从甚密。此时，他们的交往主要是相互切磋理学。他们共同崇信程朱理学，切磋学问，成为继唐鉴之后晚清理学复兴的重要人物。同治十年六月八日，倭仁辞世，其遗折“稿乃游御史百川所拟”②。折中略云：

> 方今旸雨失时，民生凋敝，西陲未定，夷患方深，值兹时事艰难，端赖宸衷兢惕，伏愿皇太后敦崇节俭……毋忘庚申之变……皇上恪尽孝道，奉养两宫，为治平之本，懋修圣德，益勉圣功，毋以诵读为具文，毋以诗书为迂阔。至于亲理庶政之后，存心务极宽大，御下务宜仁厚，声色玩好屏之务绝，匪僻小人斥之务严。

① 《游氏世谱·诰授资政大夫讳百川字汇东公家传》，2001 年 11 月重修，第 805 页。

② 翁同龢《翁同龢日记》第二册，中华书局 1989 年版，第 852 页。

另外,游百川受倭仁的影响很大。《近代名人小传》中说,倭仁为人严谨简朴,最反对侈靡浪费,曾以古人咬菜根之意,创立吃糠会,以提倡节俭。倭仁自己以身作则,他冬天有件狐裘,皮革已破损外露,无钱购新,就用布在外面打上补丁。他们的交游,对游百川的思想有着深刻的影响。同治六年,游百川上《请崇尚经术疏》。同治十二年,游百川阻修圆明园,"謇謇负直谏名"①。无论上疏崇尚经术,还是谏阻修圆明园,都能看到倭仁思想对游百川的影响。

二、与陈钦父子

游百川与陈钦的交游比较复杂,应该既有半个老乡的原因,也有同朝为官、性情相投的原因。陈钦,字子敬,济南历城人,咸丰二年举人。由内阁中书考取总理各国事务衙门章京。时对外交涉事务繁多,陈钦认真收集资料,积极掌握情况,费尽心血出谋划策,颇有政声。总税务司赫德(英国人)曾向总理各国事务衙门申请免除广州海关的进口货税,被陈钦驳回。澳门是中国国土,被葡萄牙占去。赫德等人建议中国政府用白银交换澳门。陈钦识破了他们以此为例,将来得寸进尺、欺骗挟制中国政府的图谋,予以驳斥。咸丰十年《北京条约》订立时,英国人又提出减免重税的要求。经陈钦反复核议,减轻钟表、胡椒等税而增加西药、湖丝税,每年实际税收赢大于减三分之二,维护了国家利益。

同治五年后,陈钦擢升郎中。同治九年,曾国藩称赞陈钦"正而不迂,介而有为,理势并审,体用兼全"②,奏请皇帝授陈钦记名海关道署理天津府知府。陈钦办理天津教案,面对洋人的

① 《清史稿》列传二百十,中华书局1977年版。

② 游百川《皇清诰授荣禄大夫直隶津海关道陈君(钦)墓志铭》,舟山博物馆存拓本。

无理挑衅，义正词严。各国来访者络绎不绝，凡有奏请，陈钦均力持正议，使其无隙可乘。日本遣使臣伊达宗成、柳原前光等来商议条约之事，要求条件与欧洲诸国的相同，遭到陈钦严词拒绝。签订条约不久，日本又提出废除条约，陈钦责其言而无信。后来换约之时，日本再次提出前议，陈钦仍然拒绝，于是日本易约之事不得不搁置。陈钦曾参与跟俄国谈判勘分西北边界之事，他极力坚持国权，但终因朝廷软弱而割地 44 万平方公里。陈钦自言此为生平一大恨事。国势的衰微使陈钦心灰意冷，同治十三年十月他告病开缺，家居近 10 年，卒年 58 岁。

关于游百川与陈钦的交游史料匮乏，目前只知道陈钦死后，是游百川为他作的《皇清诰授荣禄大夫直隶津海关道陈君（钦）墓志铭》，落款为“赐进士出身、翰林院编修、诰授资政大夫、总督仓场户部侍郎，加二级、纪录十次，年愚弟游百川顿首拜撰”。推测此时游百川还在仓场侍郎任。他们二人一个籍贯滨州，一个籍贯历城，从地域上来看，也算半个老乡。又正直正义，性情相投，且同在京为官，交游应该不少。《墓志铭》说：“君既专且久于夷务，每当纷纭轇轕之会，往复辨论，长官至形逍让。而同列或诘之曰：‘国事独君当之乎！’乃谢曰：‘吾思（《集韵》：“惧古作思。”）辱国也。’平居发愤，则曰：‘吾生平所深恨者有二：同治二年，俄使来换约，称其主大皇帝，吾力与之争，俄使将屈矣。会疾作在告，而俄人竟称大皇帝。又尝与俄人辨西北地界，吾力持之，乃以他变，故不果行。此二者，吾之所深恨也。’意气慷慨，至侘傺不能自已。此亦可知素所蓄积矣，而世不察，或且以志虽大，而不切于用少之。嗟乎！士之所以奋发乎事业，而参立乎两间者，亦惟其志之所立焉而已。”在这里，游百川引用陈钦的话语，描绘了陈钦在外交事务处理中敢于碰硬、不畏列强的光辉形象，赞扬了他那可贵的民族气节。

游百川与陈钦之子陈汝恒因治理黄河还有一段交往。光绪八年（1882），黄河泛滥，山东连遭水患，灾民遍野。光绪八年十二月初九日,游百川临危受命钦差督河工。光绪九年正月初,游百川一行骑马踏冰勘察黄河灾情,上至河南铜瓦厢东坝头,下至利津入海口,深感黄灾之重、黄河治理之难。作为钦差大臣,游百川一方面部署各地方官组织筑坝束水攻沙,一方面规划设计由小清河、徒骇河分流,更重要的是眼前赈灾物资的筹备。在筹集赈灾物资方面,游百川多次向朝廷请示从其他省份调拨赈灾粮食和工程粮款物资,截留漕粮,向社会、乡绅倡捐。济南历城陈钦的长子陈汝恒(? ~1889)得知父亲的好友游百川钦差督河工,非常高兴,出家资放急赈,购造救生船20余艘,昼夜穿梭搭救灾民,又分别在黄台山、花园庄东建房500余间和300余间以栖灾民,并设粥厂,施棉衣,救济无家可归者。游百川为陈汝恒的济世利民慷慨之举所震撼,令陈士杰对陈汝恒等捐资赈灾乡绅进行褒奖。光绪九年冬,山东巡抚陈士杰委任陈汝恒办理齐东黄河南岸70余里大堤修筑工程,陈汝恒又捐巨资,采用以工代赈之法,使工程得以按期竣工。

光绪九年九月,游百川受命回京后,陈汝恒仍然坚持赈灾与治理黄河。光绪十年夏秋之交,黄河在齐东上游萧家道口漫溢冲决,陈汝恒再次出资赈济,并添购船只,连同以前自购的救生船,用于抢救灾民、运送堵口材料。堵口工程进入合龙阶段,水口流急势威,众人惊愕胆怯,关键时刻,陈汝恒登上大堤,带动众人冒死奋战,堵口工程胜利告成。事后,山东巡抚陈士杰委任其为河工总稽核,先后督工修筑北店子八里堤、齐东护城大堤等。陈汝恒从事河工以来,从未支领薪水,又创办慈善机构广仁善局、全节堂、育婴堂,修缮曲阜孔庙和省城泺源书院,并捐资生息以作书院生童膏火费,在城厢设立义塾10余处等。诸凡善事,无不力为,综计所捐各款"不下十万金"。光绪十五年(1889),陈汝恒积劳成疾病故于家中,年仅40余岁。经张曜奏请,加授太仆寺卿衔。

三、与何桂珍等人

游百川与何桂珍、于荫霖等人的交游，主要源于他们同为倭仁门生。何桂珍，字丹畦，云南师宗人，道光戊戌年即中进士，被晋升为侍讲，入值上书房，为太子授课，教授爱新觉罗·奕詝，即后来的咸丰皇帝。他给咸丰皇帝讲授《大学》，“以学问受上知”。他对吏治的腐败，抨击不遗余力，多次弹劾权臣琦善，颇著直声。咸丰四年二月被外放出任安徽徽宁池太广道道员，到任不久，捻军事波及他的辖地，他率队与捻军作战战死。他关心民生疾苦，崇尚程朱理学，有著作多种，受到著名理学家唐鉴、民族英雄林则徐的赞赏和推崇。死后谥为“文贞”，后人便把他故居所在的“下北门街”易名为“文贞街”以示纪念。

游百川在“游学京师馆”和任景山官学、右翼宗学汉教习时，同于荫霖交往密切。于荫霖，字次棠，号樾亭，吉林伯都讷厅人，咸丰九年进士，官至河南巡抚。据记载，同治初年，于荫霖官翰林时，“倭文端公为理学名臣，公相从问学”，“通籍后从倭文端公受省身克己之学”，“一以朱子为宗”。于荫霖虽长年为官，然仍潜心理学。据史载：“荫霖晚岁益潜心儒先性理书，虽已贵，服食不改儒素，朱子书不离案侧，时皆称之。”①

游百川常与何桂珍、于荫霖、倭仁、曾国藩、吴廷栋、窦塘、邵懿辰及陈源衮等在一起“考德问业”，“往复讨论，以实学相砥砺”。何桂珍反对空谈义理，他的理学随着时势的变化而体现出“内期立身，外期辅世”的特点，强调“守道救时”，“理学经世”。何桂珍不仅自己躬行实践，而且竭力把这种注重个人修养、求得个人道德自我完善的做法推向社会，使人人都约束自己的言行，从而使整个社会“皆有以善其身，而无憾于伦纪”，甚至

① 《清史稿》列传二百三十五，中华书局1977年版。

帝王也要以“理”而“躬行”。从个人修身养性，推至于“治国平天下”，始于修身，终于济世，何桂珍的这些思想对游百川具有很大的影响。

第三节　与官场重臣的交游

游百川自入仕到革职回家，在官场上纵横二十几年，先后任福建道监察御史、湖南衡永郴桂兵备道、四川按察使、顺天府府尹以及总督仓场侍郎等职，与李鸿章、曾国荃、左宗棠、翁同龢及陈士杰等朝野内外官场重臣多有交游。游百川光明磊落，一心为公，绝无结党营私之弊。

一、与李鸿章

李鸿章

李鸿章（1823 ~ 1901），安徽合肥人，世人多尊称李中堂，亦称李合肥，本名章桐，字渐甫或子黻，号少荃（泉），晚年自号仪叟，别号省心，谥文忠。作为淮军创始人和统帅、洋务运动的主要倡导者之一、晚清重臣，他官至直隶总督兼北洋通商大臣，授文华殿大学士，曾经代表清政府签订了《越南条约》、《马关条约》、《中法简明条约》等。日本首相伊藤博文视其为“大清帝国中唯一有能耐可和世界列强一争长短之人”。

游百川与李鸿章同朝为官，经常在一起讨论时事，相互推重。同治十二年，游百川诤谏同治帝缓修圆明园，被革职。起复后,被任为刑科给事中。李鸿章见到游百川时说:“你的正直振动了朝野。”

光绪七年,游百川迁顺天府府尹,主管首都地方的行政事务。李鸿章时为直隶总督兼北洋大臣,总管直隶、河南和山东的军民政务。虽然顺天府在直隶总督辖区内,府尹和总督并不存在隶属关系,但他们经常在一起议事理事,为朝廷所倚重。据《清实录·光绪朝实录》载:

(七月癸卯)大学士左宗棠奏修理永定河情形。钦奉慈禧端佑康颐昭豫庄诚皇太后懿旨,著左宗棠将所拟办理工程,会商恭亲王奕䜣、醇亲王奕譞,暨李鸿章、童华、游百川归入前议,一并妥筹具奏。

(八月甲子)谕军机大臣等,礼部奏请饬催朝鲜香贡赶紧解京一折。据称朝鲜国恭进香贡,已于七月间、该国使臣照例将贡物交盛京将军派员解送,迄今尚未报到,请饬赶解等语。现距九月初九日孝贞显皇后梓宫奉移日期甚近,典礼攸关,岂容耽延迟误。著恩福、松林饬令解送香贡委员赶紧解送,毋稍迟延。并著李鸿章、童华、游百川、谦德即行派员迎提,妥速解京,以昭敬慎而免贻误。将此谕知童华、游百川,并谕令李鸿章、恩福、松林、谦德知之。

(八月己卯)又谕,本年九月初九日孝贞显皇后梓宫奉移普祥峪定东陵永远奉安,灵轝经由道路,一切应办事宜,该地方官自应循例敬谨豫备。遇有借资民力之处,小民仰荷孝贞显皇后深仁厚泽,亦必急公踊跃,藉以抒其报效之忱。惟念民力拮据,必应量为体恤。著李鸿章、童华、游百川严饬地方官,不准藉端格外苛派,致滋扰累,用副朝廷轸念民艰至意。

(冬十月甲戌)谕军机大臣等,御史嵩林奏,请饬严缉私铸匪徒一折。据称顺天通州之燕郊及直隶三河县地方,向有回民句串逃犯匪徒于僻静处所设炉私铸,潜运京城,以致私钱愈多、民间挑剔不用、贻害非浅等语。私铸私销,向于例禁，该匪徒胆敢安设私炉，大肆销铸，殊属不法。著李鸿章、童华、游百川将近京地方私铸匪徒严密查拿，务获究办，毋任闻风远扬，以重圜法而安闾阎。

（十一月庚子）谕军机大臣等，有人奏直隶卸署文安县知县陈绍谌在署任时妄议加增税银、藉端勒捐、因案纳贿并讳盗为窃各等语，如果属实，于地方民生，大有关系。著李鸿章、童华、游百川按照所指各款秉公查明，据实□办，毋稍徇隐，原折著钞给阅看，将此各谕令知之。

交游归交游，游百川与李鸿章在很多事情上的观点是不同的。其一、在是否开挖马颊河分流问题上意见不一。光绪九年二月，仓场侍郎游百川、山东巡抚陈士杰联名上治理黄河奏折，“开徒骇、马颊河，以分水势”。据《清实录·光绪朝实录》记载：“（光绪九年八月戊申）其马颊河亦经派员逐段细查，并函商李鸿章会同筹度等语，马颊一河，距黄流尚远，且经过直隶地方，于民生利害关系甚重，著李鸿章、游百川、陈士杰会同悉心酌度，妥议具奏。”经过论争，光绪十年，李鸿章上《马颊河不宜开挖分流缘由会同覆奏疏》，事遂寝。其二、在是否建筑铁路问题上意见不一。鉴于日本“仿制铁路火车”并在现代化的道路上有很大成就，李鸿章也把建筑铁路事宜提到日程上来。同治十三年十二月，李鸿章在《筹商海防折》中正式提出了建筑铁路的问题。游百川等人并不赞同。《清史稿》本纪二十三《德宗本纪一》：“（光绪十四年十二月丁酉）御史余联沅、屠仁守、洪良品各疏请罢铁路，徐会沣等条奏，同下海军署与军机大臣议。旋翁同龢、奎润、游百川、文治等并言铁路不当修，亦并下议。”游百川奏：“古设关隘，所以便行旅，亦所以防奸党；今铁路一开，则惟其戎车是利，应请勿予施行。”虽然说，游百川与李鸿章看问题的角度不一样，但客观地讲，李鸿章的意见更符合世界发展大势。《清史稿》本纪二十三《德宗本纪一》：“（光绪十五年）八月乙亥，命李鸿章、张之洞会同海军署筹办卢汉铁路。”

二、与曾国荃

曾国荃

曾国荃（1824～1890），字沅甫，谱名传恒，湖南长沙府湘乡人，曾国藩的九弟，贡生（国子监的太学生）出身，湘军将领，人称“九帅”。在与太平军作战中，是曾国藩的重要助手。咸丰六年从湖南募兵三千增援江西吉安，次年陷吉安。咸丰十年围安庆，屡败陈玉成援军，次年陷安庆。同治三年攻破天京（今江苏南京）。后任湖北巡抚。因善于围城，又精于长壕法，人称“曾铁桶”。又由于在攻打太平军天京时，滥杀众多南京百姓，与其兄被称为“曾剃头”、“曾屠户”。光绪皇帝的老师翁同龢对曾国荃评价极高，认为“其学有根柢，再见而益信畏友也。吾弗如远甚”，“沅甫之学，老庄也。然依于孔孟，其言曰‘抱一守中’，又曰‘止念息心’，又曰‘收视反听，是为聪明’，其养生曰‘神水华池，时时致念’，其为政曰‘顺民心’，其处世曰‘恕’，其临事曰‘简’，其用兵皆依乎此而已”，“其人似偏于柔，其学则贯彻汉、宋，侪辈中无此人也”。字字皆赞语。

曾国荃的兄长曾国藩与游百川均为理学名士，都与倭仁、许文蕙交游甚密。曾国荃也具有理学背景，以书生典兵，而成为方面大员。他乘镇压太平天国之机迅速崛起，成为统治阶级内部一批新起的实力派，支撑起清王朝岌岌可危的半壁江山。曾国荃与游百川理学背景相同，交游较多。同治十二年，游百川诤谏同治帝遭黜，起复后，曾国荃见到游说：“天下敬仰你的风采。”

交游归交游，游百川与曾国荃在许多方面意见并不一致。光绪十二年，鉴于黄水泛滥给山东造成的严重危害，山东巡抚张曜提出了利用淮徐故道三分黄水以减轻下游水患的办法。他说:“全河挽归故道,势实难行,减水分入南河,事尚可办。”此方案得到仓场侍郎游百川的赞同,他建议朝廷“将分流入故道之策,坚意举行,以期帑不虚糜,功归有济”。两江总督曾国荃与河道总督成孚、河南巡抚边宝泉则一致反对黄水“三分归南河故道”的主张。复道与改道之争延续了30多年才告平息。

光绪六年年底发生关于铁路的第一次大争论时,争论以洋务派失败告终。光绪十五年二月十四日慈禧太后发布懿旨,要地方大员也发表意见。但这些“地方官”大多数都是含糊其辞、态度暧昧。游百川坚决反对修铁路,两广总督张之洞经中法战争后已转而支持修铁路,威望甚高的曾国荃上奏坚决主张修铁路,认为今天不修明天肯定也要修,各国皆同。历史证明,洋务派是符合历史潮流的。

三、与左宗棠

左宗棠

左宗棠(1812～1885),汉族,字季高,一字朴存,号湘上农人。晚清重臣,军事家,政治家,湘军著名将领,洋务派首领。左宗棠少时屡试不第,转而留意农事,遍读群书,钻研舆地、兵法。后竟因此成为清朝后期著名大臣,官至东阁大学士、军机大臣,封二等恪靖侯。一生经历了湘军平定太平天国运动、洋务运动、平叛陕甘同治回变和收复新疆维护中国统一等重要历史事件。左宗棠为出身于湘淮系的新贵,督抚重镇,与李鸿章都是属于曾国藩系统的官僚,与游百川一样,也有一定的理学背景,有交游。

鸦片泛滥是晚清社会长期存在的一大弊病,游百川与左宗棠在禁烟方面意见一致,都属于“严禁派”。同治七年,时任御史的游百川以甘肃、陕西、江苏等地也有种植罂粟者,有碍地方百姓生计,奏请禁种。清政府于是传谕:“御史游百川奏请饬严禁栽种罂粟以济民生一折。栽种罂粟之害,有妨民食。始于甘肃,延及陕西、山西,近复江苏、河南、山东等省亦有渐行栽种者,小民贪利忘害,仅顾日前,势必至膏腴之产,尽种无用之物,于百姓生计大有关碍。前曾严行申禁,著各该督抚迅饬各地方官,再行剀切晓谕,一体禁止。若有不法匪徒,故意违抗,即治以应得之罪。各州县官如不能认真办理,任令吏胥饰词蒙蔽,该管上司即当从严参办,毋稍徇隐。”同时制定了禁种罂粟条例,防止鸦片流毒危害社会。

同治五年九月,清政府任命左宗棠为陕甘总督,第二年六月到任,始督办陕甘军务。在陕西全省和庆阳一府的大旱中,因吸食大烟而死亡的人难以数计。令人奇怪的是,烟民领到政府的赈灾款后,不去买粮食,而是去买烟膏,这使左宗棠十分恼火,他叹谓:“真正岂有此理!”当时,甘肃庆阳是旱荒,它的近邻宁夏没有受灾,本是产粮地区的宁夏的大多数良田,都开着娇艳艳的罂粟花,竟无力来救庆阳的饥荒。面对这样的现状,左宗棠开始把禁烟当成要政,不遗余力地禁种、禁运罂粟。他一面禁种罂粟,一面劝种棉花。棉花价钱高,完全可以超过罂粟的利润,而且种棉花所费工夫又少,省力方便。他同时发布公告:川、滇等地土烟入境,一律禁毁。最后一步,就是劝烟民戒除烟瘾。左宗棠把各种戒烟的药方广泛宣传,介绍给群众,并鼓励官绅士民提资合药,分赠烟民。这些办法对禁烟工作起到了一定的作用。

左宗棠对游百川的能力比较欣赏,对游百川的仕途升迁有过助力。光绪六年六月,游百川升为四川按察使。光绪七年夏四月,经左宗棠推荐,又兼慈禧太后垂帘听政后对游百川关注已久，游百川擢任顺天府府尹。

四、与翁同龢

作为官场重臣，游百川除与李鸿章、曾国荃和左宗棠等交游以外，还与两代帝师、户部尚书翁同龢多次往来。游百川为倭仁的门生，翁同龢虽然不是倭仁的门生，但深受倭仁的影响，与倭仁有类似师生般的交谊，以故游百川与翁同龢颇多往来。翁同龢（1830～1904），常熟（今江苏常熟）人，晚清政坛的重要人物，先后担任同治、光绪两代帝师，历任户部、工部尚书、军机大臣兼总理各国事务衙门大臣。在光绪时期，因卷入“帝党”与“后党”的政治斗争被慈禧太后罢官。著有《翁文恭公日记》等。

同治十年，倭仁辞世，其遗折稿由游百川所拟。翁同龢闻讯赶来，“删其前半履历之琐屑者，后半叙子孙三四行，并易其中数语”①。

黄河在郑州决口，因我国的地势西北高、东南低，决口后的黄河水大量冲向苏北洪泽湖地区。洪泽湖又是北高南低，形如锅底，加上年久淤塞，无法蓄积，大量洪水倒灌入大运河。运河水位增高后，东侧堤坝经常倒塌，洪水灌向里下河地区。里下河边的高邮、宝应、兴化、盐城等州县成为重灾区。翁同龢与潘祖荫深入细致地进行调查，游百川与刘鹗、张之万等人也与之多次进行反反复复的研究，为翁同龢最终提出疏通里下河入海的水道建议——《南浸洪水入海问题解决方案》做出了很大贡献。朝廷同意后，户部拨出白银30万两。两江总督和江苏巡抚组织高邮、宝应、盐城等地30万民工疏通里下河入海水道。水道完工后，南浸洪水很快宣泄入海。里下河地区从此变成稻米高产区，为当地人民造福颇多。

游百川与翁同龢（号称“南清流”领袖）同为清流派人物，在

① 翁同龢《翁同龢日记》第二册，中华书局1989年版，第852页。

翁同龢

观念上都属于保守派。光绪十四年十二月，御史余联沅、屠仁守、洪良品各疏请罢铁路，不久游百川、翁同龢、奎润、文治等并言铁路不当修，由此产生了中国铁路建筑史上的第二次大论战。双方论战的焦点为"是否为外敌入侵打开方便之门"、"是否扰民"、"是否会剥夺小民生计"，尽管反对派的出发点也是为了国计民生，但昧于世界大势，看不到修建铁路乃"自强要策"，最终只能在"见电杆而伤心，听铁路而掩耳"的无奈中败退。

五、与陈士杰

陈士杰(1825～1893)，字隽丞，衡永郴桂道桂阳州(今湖南桂阳)人。同治十年，陈士杰出任山东按察使，因母丧守制在籍，于光绪元年始赴山东就职。在任辨析疑狱，平反错案，深得民心。后因山东巡抚文格被劾，牵连罢官。五年起复，署福建按察使，六年升山西布政使。七年擢浙江巡抚，在任增修镇海、笠山港和定海、乍浦炮台。光绪八年，在游百川的举荐下陈士杰"转任山东巡抚"。时值巡抚丁宝桢之后，曹州、兖州一带以用人不当，治安可虞，民怨甚多。陈士杰调任山东巡抚后，在整治境内河患时，来往奔驰，亲自督工，节约费用，但疏于察弊，工程质量低劣，经常决口，引起鲁人不满。光绪十九年春，卒于衡州，年69岁。

游百川与陈士杰的交往始见于同治十三年甲戌。当时游百川被革职，家境贫寒。时任山东按察使的陈士杰勘察黄河走到滨州段,闻知游百川被革职在籍,便去看望并以千金相赠。光绪五年游百川任湖南衡永郴桂道,陈士杰为衡永郴桂道桂阳州人,时署福建按察使,推测二人在此期间颇有往来。

二人交往密集期为光绪九年游百川钦差察看黄河工程、陈士杰调任山东巡抚共同治理黄河阶段。此段时间,两人及相关人员共同查勘灾区及黄河治理情况,协调上下游关系,一面赈灾抚恤,一面治理黄河。经过考察黄河上下游实际情况,二人共商提出三条意见:一、疏通河道。具体办法为船尾带铁篦子拖刷河道。二、分减黄流。主张利用徒骇、马颊、小清河等河分水,并具体建议在惠民县白龙湾修建减水闸。三、亟筑缕堤。主张上至长清,下至利津,南北两岸先筑缕堤一道,已有之堤加高培厚,无堤处一律补齐,顶冲险要处再添筑重堤一道,长六百余里,两岸总计千余里。二人查明决口情形后,先后用木船、小火轮(机船)拖带铁箅子、混江龙等器具在利津铁门关一带上下刷涤,因笨重难行而拖淤试验未能收效。二月,受命迅筹堵筑。三月,查明黄河下游情形。六月受命核实散放截留银,核实散放截留漕粮,并劝捐助赈,认真抚恤。六月十九日,与陈士杰奏请筹拨银两开浚小清河。八月,妥为办理应办各工,游百川收到回京回任的调令。游百川自二月前后会晤陈士杰,九月初三日返京,相处共事半年多,因工作关系两人建立了深厚的友谊。期间,游百川曾会商巡抚陈士杰,探寻疏浚自明朝以来被湮塞的小清河事宜,提出“上下分办,计自历城至乐安出海,计四百八十余里”的分水通道。若疏浚成功,小清河既能分减黄水,又是一条通向大海的交通要道。这一设想是未打通津浦路以前的唯一海外交通路,后因银两移作义赈而未果。

第五章　游百川的思想

截至目前,课题组共搜集到游百川作为第一责任人的奏折40余篇,作为第二责任人的奏折20余篇。通过梳理游百川的奏折及一生事迹不难发现,游百川是一位有思想、有抱负、有担当的清末良吏。其思想主要集中在民生思想、吏治思想、理学思想和治理黄河几个方面。

第一节　民生思想

作为清朝晚期举足轻重的政治家,游百川为官期间,始终坚持以民为本,关注民生,改善民生,在巩固晚清统治、稳定社会秩序的过程中展现并实施了他的民生思想。他虽然没有专题论述民生问题,却在长期的实践中形成了丰富的思想内涵。他的民生思想是理论与实践的完美统一,在当前对推动以"改善民生"为重点的社会建设,仍具有一定的借鉴意义。

一、形成背景

"民生"一词最早出现于《左传·宣公十二年》"民生在勤,勤则不匮"一句,这种朴素的民生思想在后人的著述中得以继承和发展。北宋程颢在《代吕公著应诏上神宗皇帝书》中说过

“为政之道以顺民心为本,以厚民生为本,以安而不扰为本”①,明代何景明在《应诏陈言治安疏》中又说“民生已困,寇盗未息,兵马驰惫,财力并竭”,清雷鋐在《经笥堂文钞·与周抚军书》中提出“爱民生即所以为国计,不可分为两途”的观点。由此,足见古人高度重视民生问题,并视之为治国之道、安邦之策。到了20世纪20年代,孙中山先生给“民生”注入了新的内涵,并将之上升到“主义”、国家大政方针以及历史观这样一个前所未有的高度。

游百川民生思想形成的背景应该说涉及很多方面,今仅从思想背景、历史背景和家世背景三个主要方面进行梳理。

1. 思想背景

游百川的民生思想是对中国古代传统文化尤其是儒家文化中民本思想的扬弃。先秦时期,诸子百家以各派学说为基础,提出了一系列对后世有重要影响的民生思想。儒家民生思想倡导“以民为本”和“富民惠民”,道家民生思想的根本在于“无为而治”,法家民生思想的根本在于建立法制,墨家民生思想的特征则在于提倡“兼相爱”、“交相利”和“非攻”。游百川自幼接受儒家思想教育,受儒家民生思想的影响最大。他继承儒家“以民为本”的思想,主张仁政爱民,“富民惠民”,重视对老幼等弱势群体的民生关怀。后来游百川成为晚清理学阵营里的一员干将,推崇程朱理学,注重“经世致用”,对国计民生关注更多。

2. 历史背景

第一次鸦片战争中,清政府的惨败、软弱无能和对外投降卖国等行为激起了人民群众的无比愤怒,从而使得“夷知畏民,而官不能用民,强民从夷,而民不服,借夷胁民,而民愈不服,甚至

① 《河南程氏文集》卷五,王孝鱼点校《二程集》(二),中华书局1981年版。

以其抗夷之念转而抗官”①。在这种情况下，人民群众把革命的矛头转向了清王朝。另外，残酷的剥削和压迫使得当时的阶级矛盾日益尖锐，走投无路的人们，不断举行起义，其中以 1851 年 1 月 11 日在广西桂平金田村爆发的太平天国运动最为典型。这场运动对统治阶级造成了严重的冲击和威胁。太平天国失败后，捻军继续战斗，给清朝统治以新的沉重打击。风起云涌的农民起义使得清王朝岌岌可危，大厦将倾。游百川从中看到了人民的力量，深刻认识到邦以民为本的必要性，认识到“君轻民贵”、“君舟民水”的正确性，认识到施仁德于民的重要性，认识到实行仁政、改善民生的迫切性。此外，在同光时期，社会经济虽然有了一定程度的恢复和发展，但是由于经历长年累月的战乱，生产遭到严重破坏，恢复比较困难，社会财富仍然十分匮乏，人民生活也比较困苦，人民普遍希望统治者除苛罚、薄赋役、富民生。在这样的历史背景下，基于当时的农民起义形势以及生产困难、民生凋敝的社会现实，为了维护和巩固晚清王朝的统治地位，游百川形成了为民、保民、养民和恤民等民生思想。

3. 家世背景

游百川的家世背景对他的民生思想的产生也有直接的影响。从《清代山东乡试朱卷咸丰壬子科 · 游百川》来看，游百川系“山东武定府滨州增生民籍”。增生，是古代生员的一种，对缺额的生员可以递补，或以成绩，或以恩准。明代增生有月米，清代又称增广生，没有月米，仅次于廪生。民籍，是指平民户籍。从游氏族谱来看，除始祖游政“以战功封侯”外，游百川祖上其他先人生前没有获得任何功名。曾祖父游文章和祖父游士选在去世后，因游百川为官推恩例赠文林郎。游百川祖上基本上世代耕种，没有读书经历，叔伯祖上倒有一个廪生，三个庠生，一个

① 左宗棠《左文襄公全集 · 书牍（卷一）》，（台北）文海出版社 1979 年版，第 22 页。

太学生，均无仕宦经历。游百川幼年丧父，家贫无隔夜粮，有时候甚至不得不以糠屑充饥，靠母亲纺线织布和恩师杜源的关照读书不辍。他虽然家境清苦，但自幼受到良好家风和传统文化的熏陶，养成了勤俭朴素的生活习惯，奠定了孝敬父母、关心百姓疾苦的思想基础。早年的贫困生活，使得游百川对社会底层百姓的疾苦有着深切的感知，使得他更加关注有关国计民生的诸多时务，促使他经常思考一些能够实现国富民强的问题，这在一定程度上孕育并催生了他的民生思想。

二、基本内容

梳理游百川的奏折，不难发现游百川的民生思想以儒家思想的“民为邦本”为政治基础，主要内容集中体现在为民、保民、养民和恤民四个方面。

1. 为民——为民以民生为先

“为民”是游百川民生思想的出发点。纵观他的奏疏，有很多直接以“济民生”、“解民困”、“救民灾”和“救民生”为题，如《奏为东省迭被水患亟宜筹办河防以济民生》、《奏为官军与贼相持日久请旨饬各路统兵大臣尽除私弊迅筹剿贼以伸天讨而解民困》、《奏为栽种罂粟大妨民食请旨重申严禁以济民生而培国本》、《奏为应诏特荐疆臣呼悬简调冀救民灾并胪举所知以资采纳》、《任贤以恤民为本恤民以救灾为先》和《奏为河患未弭亟宜妥筹长策变通办理以纾国计而救民生》等。有些奏折虽然没有在题目上直接表明“为民”之意，字里行间却处处流露出“为民”之心，如《奏为吏胥滋弊为患最深请饬内外臣工随时惩治以儆贪残》、《奏为除弊务求实际续陈愚见》和《奏为棍徒假充官役设局刑吓搜取财物请旨交部严行惩办》，等等。

游百川的“为民”之心、“为民”之举，首先表现在惩治贪残吏胥、棍徒和逃徒贼犯以防其害民方面。游百川目睹因吏治腐败、官场黑暗而导致的社会动荡，认识到政治的运行要依靠官吏,吏治状况如何,直接关系到民众的生计、政权的盛衰和国家的安危。他目睹“庶私衙门之胥吏有害于民”,上书《奏为吏胥滋弊为患最深请饬内外臣工随时惩治以儆贪残》,提出了对吏胥要“随时惩治以儆贪残”的主张。折曰:

州县为亲民之官,所用吏胥本有定额,乃或贴写或挂名大邑,每至二三千人,次者六七百人,至少亦不下三四百人。夫此数千百人者,政之蠹、民之蟊贼也。百姓含冤呈诉,其待长官申理不啻赤子之依父母,而吏胥乃从而陵侮之、剥削之、逼勒之,颠倒拨弄,率以财之有无多寡为事之曲直是非。总之,吏胥视民如鱼肉,民畏吏胥如虎狼。然民且甘受搏噬而不敢告发者,当前因投鼠而生忌,既恐其力有不敌,日后或假虎以逞威,又恐其心有不甘也。臣每恭读朝廷恩诏,必曰勿任吏胥舞弊,不得假手吏胥,诰诫至严切矣。第恐有司奉行不力,以吏之给使令也,而恃为爪牙;以吏之工趋承也,而引为腹心;以失察吏胥有关于己之考成也,而且巧为弥缝,曲为袒护,不曰吏胥狡猾而曰民俗刁顽,何其不仁之甚也!臣愚以为今日者,甫离兵燹之祸,民幸有其身家,若再遭胥吏之伤,何以完其生聚?

他认为,从严治吏,“庶妨政之弊渐去而民困可稍纾矣”,否则广大老百姓将会遭受严重迫害和摧残,难以聊生。同年,又上《奏为除弊务求实际续陈愚见》折,主张慎选“实心爱民,勤求吏治”的贤员,以求得“弊端胥除,官清而民自安”。游百川不仅主张从严治吏,而且主张从严惩办害民扰民的棍徒、贼犯。在任福建道监察御史时,游百川与巡视东城御史国秀联名上书《奏为棍徒假充官役设局刑吓搜取财物请旨交部严行惩办》,“赃证属实,蔡升等照例分别拟杖拟徒,文大在逃,应移咨步军统领等衙门一体严拏,务获究办”。光绪元年十一月,游百川与景隆巡视西城,缉拿到两次逃军周三锁儿(周三元儿)、两次逃徒贼犯祝二(祝三)、刘二(肉刘)及贼妇张李氏等人,所获赃物均被收缴认领,并捕获“包庇贼匪,肆扰民间”的宗室宽和、宽亮,将他两人交刑部会同宗人府查办。

游百川的“为民”之心、“为民”之举,还表现在吁请“筹办河防”和“察看黄河酌议办法”方面。同治六年,“山东省黄水为患,济南武定府两郡被灾甚重”,他心系灾民,上《奏为东省迭被水患亟宜筹办河防以济民生》折,提议“简派廉干大员率同该道,周勘遍历,相度河形,宜疏导者务疏之以分水势,宜堤防者务防之以遏水冲,并将历年被水流沙积压之地确切验明详情,免其钱粮以苏民困”,以使“山东群黎庶免其鱼之叹,而河流顺轨可致安澜之庆”。光绪九年(1883),上《察看黄河酌议办法疏》提出治河三法,他考虑到创修遥堤“济武两郡,地狭民稠,多占田亩,小民失业……民情未免震骇”的实际情况,提出“亟筑缕堤”法。之后,游百川非常关注治理黄河问题,先上《河患非开河减水别无良图疏》吁恳把黄水“引入徒骇、马颊两河”,以“出民于昏垫之中而登衽席”,后上《东省河工仍宜兼用抚臣初议分流入南河故道之策以期确有实效》,赞成山东巡抚张曜“分黄流十分之三入南河故道”的提议;几年后再上《奏为河患未弭亟宜妥筹长策变通办理以纾国计而救民生》,“务期黄水得复淮徐故道以为经久之计,则出亿万生灵于昏垫,而河流顺轨安澜有庆矣”。

游百川的“为民”之心,“为民”之举,在恳劝“增修圣德”和反对“开修铁路”方面也有体现。他见“雪泽愆期月食递见”,众臣议论纷纷,民心不稳,上《奏为雪泽愆期月食递见恳增修圣德感召天和》,劝同治帝对“国计所关,民生所系”问题“推求至当,不厌审详”,“并严饬内外大臣激发天良勤思治术”,以求“雨旸时若,年谷顺成,民困得苏,天下蒙福”。游百川上奏反对“由天津至京开修铁路”,此举虽然昧于世界大势,但就其出发点来看,显见其一片拳拳为民爱民之心。其奏折曰:

无论坏人田庐,毁人坟墓,其显拂舆情者必不可行;即如车脚、店行,人数甚夥,全赖商贾懋迁,百货流通以资养赡,若

> 铁路一开，悉归铁轮车转运，则靠商旅往来以谋生者，势将全行歇业，众口嗷嗷，其能坐以待毙乎？说者谓铁道之行亦须雇用民夫，兼用外国股分票之法，凡人皆可入股，是利仍可散诸民间。但行走便捷，需人谅必无多。即股分一节，亦只便富商，于贫民无与。若谓借此转运漕粮，则变更成法，窒碍尤多，不但官造拨船废弃可惜，其船户、水手及牵挽人夫数万失业之民，无所借资糊口，更为可虑。然此犹害之显者也。

游百川当官以民生为先，其"为民"思想出自他的"爱民"之心，忧民情怀。编于同治丁卯年(1867)的《武定诗续抄·卷十九》载有游百川诗两首，其《过都门见挽粟车》诗曰："中有挽粟车，车重挽不前。气嘘喘吴牛，颜如火始然。汗雨涔涔滴，骄阳正午悬。运输艰若此，矧乃农力田。"该诗写作者由过东门见挽粟车想到了农人的劳作之苦，表达了游百川对劳动人民的深切同情。光绪五年(1879)，游百川任湖南衡永郴桂道时，张贴告示恳切劝止吸食鸦片者，并亲自制戒烟丸、解毒膏，施舍救治，此举尤其能够体现其对民生的终极关怀。究其思想根源，应该说来自儒家"仁者爱人"的民生思想，这里面既有孔子核心思想"仁"的博爱众生的爱，也有孟子"老吾老以及人之老，幼吾幼以及人之幼"的推己及人的爱。当然，作为封建统治阶级的一员，游百川不可能超越自己的阶级局限，他是从维护统治阶级利益的基础上去关注百姓生活的，但其民生思想和实践客观上却对百姓的生存与生活有益。

2. 保民——保民以靖乱为先

"保民"此处指安民、保护人民，是确保民生之必需，是对统治阶层提出的如何对待国民之要求。"保民"思想源于周公的"敬德保民"，其实际就是保社稷、保国家。游百川继承了这一传统民生思想。他的"保民"思想主要体现在"迅筹剿贼"和"力主安抚"两个方面。

其一，迅筹剿贼。游百川见官军、捻军军纪废弛，虐待普通百姓，烧杀抢掠之事时常发生，一定程度上加剧了当时社会秩序混乱的局面，使得治安形势趋于恶化，老百姓的生活环境趋于恶劣，人民群众的生命财产安全和正常的生产劳动受到很大的威胁。这种社会形势和民生疾苦现状使游百川意识到只有对官军及时进行整顿，对捻军及时进行镇压，才能更加有效地维护封建地主阶级的统治，使处于社会底层的广大普通群众尽快地投入到生产劳动中去，从而达到创造更多物质财富的目的。游百川见“官军与贼相持日久”，上《奏为官军与贼相持日久请旨饬各路统兵大臣尽除私弊迅筹剿贼以伸天讨而解民困》。折曰：

> 自来节制之兵，于民间秋毫无犯。臣闻上年山东平贼带兵诸将，惟直隶提督刘铭传所部约束严明，其余或占住民房，或劫掠民物，闾阎苦之。近阅邸抄，陕西邠州有兵勇抢夺民间骡马，杀弊六命之案，是带兵者漫无纪律，所在多有。夫兵以卫民，非以扰民也。失律之兵未能破贼而徒扰民，使民畏兵甚于畏贼。岂朝廷除贼救民之意乎？……况春分节近，东作方殷，贼一日未平，畿辅百姓避难且不暇，安得尽力于畎亩？现时诸物昂贵，全望麦熟有秋，若再歇业废时，何以济民食而苏民困乎？

可见，游百川主张对捻军及时镇压，一方面可免除官军扰民，另一方面可“除贼救民”，以达到尽快结束战争，创造和平环境，稳定社会秩序，使广大民众免受战乱之苦的目的。

其二，力主安抚。同治七年（1868）八月西捻军在山东茌平徒骇河边覆灭后，清朝政府严令搜捕，要求钦差大臣都兴阿、李鸿章等人“督饬各军搜捕余匪，总期尽绝根株，以免后患”①，对于“各处藏匿余匪，必当搜捕净尽，断不可使一名漏网”②。山东

① 朱学勤等《剿平捻匪方略》（以下简称《方略》）第三百一十七卷，第9、11页。

② 同上书，第三百一十七卷，第28页。

巡抚丁宝桢以参加捻军时间长短而定其“去留”，对入军较长者即“暗予诛戮”，以致被收抚者绝大部分依然惨遭屠杀。与此残暴镇压方法不同，游百川关注人民疾苦，“以民事为心”，主张采取安抚手段，力行保甲，以避免引发矛盾，从而安定社会秩序。早在七月初九日，他就在《奏请饬办善后事宜折》中提出“靖乱与制治宜认真讲求”主张，并进一步指出“思患豫防，莫如严饬督抚责成各属牧令，妥行保甲之法”。“盖保甲政行，户口之多寡，习俗之美恶，皆得周知，禁奸除盗，销患无形，政治始基，莫先于此。地方官如果倡率董事，实力举行，一切教匪、会匪蘖芽，无自而起，逆捻余党，纵有窜伏草野者，亦莫能漏网，不致灰烬复燃。”①

3. 养民——养民以民食为先

“养民”，就是满足人民的生活需要，并尽量提高人民的生活水平。只有人民丰衣足食，才能实现国家的安定和进步。“养民”思想是儒家民生思想的基本视角和逻辑起点，是孟子实行仁政的具体纲领之一。明末清初“著名启蒙思想家”唐甄特别强调“虽官有百职，职有百务，要归于养民”②。游百川继承了前人尤其是孟子“制民之产”的具体主张，特别注意保护土地和垦田。他见“栽种罂粟大妨民食”，上《奏为栽种罂粟大妨民食请旨重申严禁以济民生而培国本》。折曰：

> 臣窃维民为邦本，食为民天。而今有妨食病民者，莫甚于栽种罂粟之害。闻此弊始自甘凉，延及陕西，今则晋省各属每县种者多至万余亩。夫沃土三亩，计出谷可养一人，以一省计之，废田谷百余万亩，是坐使数十万人失养也。……盖自发捻倡乱以来，民多失业，户少盖藏。乘此军务渐平，

① 《掌福建道监察御史游百川奏请饬办善后事宜折》（同治七年七月初九日），军机处录副奏折；朱学勤等《方略》第三百一十八卷，第6、7页。

② （清）唐甄著，吴泽民编校《潜书（附诗文录）》，中华书局1963年版。

培养元气，民食为先，万不可听民徇利，使为苟营。

可见，游百川主张严禁栽种罂粟的目的在于保护“制民之产”，“培养元气”，避免百姓失养。

游百川还提倡开垦荒田。他就自己简授四川按察使赴任途中目睹各地良田荒芜、杂草丛生的情形，便上《奏为撮举时政所宜敬陈管见》折，从关心民瘼的角度出发提出了“举办垦田以收地利”、“整饬营武以复旧章”和“严申栽种罂粟之禁”三条建议。在这里，他不仅继续坚持自己旨在保护土地的“严禁栽种罂粟”的主张，而且进一步提出“仿照古昔屯田之法”开垦荒田和裁撤营勇“以免虚靡帑项”的主张。

为了养民，避免劳民伤财，游百川甚至不惜冒着性命之忧，上呈《奏请缓修圆明园》折。折曰：“我皇上本大孝之至性，寓惜物之深仁，凡在臣民理宜共喻。即总管内务府大臣等恪遵谕旨，谅必力求节省，不敢多所糜费，有负圣怀……伏望皇上善体圣慈，暂缓兴修，一俟天时、人事相度咸宜，然后徐图营建……”此后，恭亲王奕䜣与大学士文祥等十位重臣明确表示“宜培养元气，以固根本；不应虚糜帑糈，为此不急之务”，请停止圆明园工程。

4. 恤民——恤民以救灾为先

“恤民”即体恤人民的疾苦，是“天下之大务”，是游百川民生思想的重要组成部分。游百川认为，每遇灾荒之年，更应及时赈济，使人民不致逃亡，以免发生社会动乱。其“恤民”思想体现在以下四个方面。

首先，赈济失业贫民。捻军失败后，游百川认为，在安徽、江苏、山东、河南、湖北等捻军出入较多地区，由于“闾阎耕种失时，田无所出”，失业之民，“糊口无资”，“饥寒切肤，莫能存活”①。游百川提议，“蠲缓与赈济宜并行筹画也”，奏请蠲缓钱

①② 《掌福建道御史游百川奏请饬办善后事宜折》（同治七年七月初九日），军机处录副奏折；朱学勤等《方略》第三百一十八卷，第5页。

粮，并饬督抚"查有失所贫民，令州县据实详报多少名口，先期筹款赈恤，或设立粥厂，或酌给米粮"[2]，为清廷所采用。清廷命官文、崇厚、丁宝桢在直隶、山东地区督饬地方官将难民分别抚恤，力图使贫苦群众能够生活下去，客观上起到了改善民生的作用。

其次，旌恤殉难人员。游百川对在抵抗捻军和在堵筑黄河决口中殉难的绅民妇女比较关注，先后两次请旨表彰死者并抚恤其遗属。同治八年间他将山东省武定府阵亡殉难监生姚培典等绅民妇女七百八十二名口开单奏请恩恤，同治十年间再上《续访本籍殉难绅民妇女请旌恤》，均得到允准，分别旌恤，并且予以建祠。

再次，恤养流寓贫民。光绪七年(1881)，游百川与童华见卢沟桥地方贫民生计维艰，奏请仍旧设厂发米，并循案请赏普济堂、功德林两处粥厂米石。他见京都地面贫民流寓甚多，仿照天津做法于城内新建广仁堂收养幼童妇女，并援案请赏米石。

最后，赈恤河患灾民。光绪九年(1883)，游百川看到黄河患区灾黎遍野、荡析离居的民间困苦情形，迅速宽筹赈项，与陈士杰上奏拟动用四川汇款办理历城等县赈恤事宜，接到清廷命令，从山东应解京饷项下截留银十六万两用于赈济。游百川与陈士杰即刻督饬地方官员，分赴灾区，详细查明，核实散放。由于灾区太广，赈灾银两不够散发，游百川与陈士杰奏请劝捐助赈，所捐银两，按照直隶劝赈章程给予封典虚衔，这项举措在一定程度上缓解了灾民的燃眉之急，有效地保证了灾民的基本生活需求。游百川一身正气、爱民如子的品格得到慈禧太后和光绪皇帝的认可，后来将仓场总督的重任交于他，任职长达九年，突破了清律仓场总督五年一换的规制。

由上分析，可见游百川的民生思想构成了较为完整的逻辑体系。其起点是为民，基础是保民，核心是养民，必要手段是恤民，贯穿于其中的主线是"仁治"。在这个思想体系中，"仁治"

是灵魂,为民是根本,保民、恤民是表现,养民是关键,它们之间紧密相连,层层相接。另外,游百川的民生思想带有浓重的现实色彩,对现实充满了关怀,爬梳整理游百川的民生思想对目前解决民生问题不无裨益。

三、当代价值

游百川的民生思想对晚清王朝政权建设和民生发展起到了重要的推动作用,对后世治理方式产生了一定的影响。游百川对于民生思想的论述使君王意识到,“如果不解决好民生问题,或对资源的掠取超过民众的生存界限,那么它可能导致严重的统治危机”①,促使统治者关注民心向背,改善民生状况。当然,游百川的民生思想具有较强的时代色彩,而且在不同历史时期和环境,民生的具体准则、表现形态会有所不同,其民生思想明显脱节于当今社会主义中国的具体国情,但是古今民生问题具有一定的连贯性,今天我们要推动社会主义中国的民生发展和民生思想建设,不可能摈弃前人民生思想的精华。游百川民生思想中部分基本精神于当今保障和改善民生仍具有重要的借鉴价值。

游百川的民生思想对当今民生建设的启示主要体现在四个方面。一、为民是民生的起点,这一点和我党的“执政为民”的执政理念以及“为人民服务”的宗旨是一致的。只有从“符合最广大人民群众的最大利益”角度出发办实事、办好事,才会赢得广大人民的拥护和支持,才能在建设和发展中取得新的更大的成就。二、保民是民生的保障,保障民生是改善民生的基础。只有广开就业渠道,促使就业规模不断扩大,逐步建立起覆盖城乡所有居民的医疗、养老保险,才会真正实现全民保障,促进社会

① 申恒胜、王玲《民生—国家:现代国家建构的一个重要维度》,《理论与改革》2007 年第 3 期。

和谐稳定。三、养民是民生的关键，孙中山先生早就明确提出“民生主义是以养民为目的的”“政在养民”的民生管理观，邓小平同志开拓性地提出了“不改善人民生活就只能是死路一条”、“要实现共同富裕”和“三个有利于”等一系列养民、富民思想。当今民生发展的首要任务仍在于如何养民、如何富民。只有人民富裕了，国家才能稳定和发展。四、恤民是民生发展的重要一环，强调民生发展要重点扶持弱势群体，宣扬“仁爱”的普世价值，彰显对弱势群体的人文关怀。

应当看到，游百川的民生思想具有一定的阶级局限性。游百川的民生思想是对“民为邦本，本固邦宁”（《尚书·五子之歌》）、“民贵君轻”（《孟子·尽心下》）等传统民本思想的继承与发展。他虽然重视作为政治生活中重要一极的“民”，但最终落脚点是“君”。也就是说，他把保护民众利益、关心民众福祉当作维持君主统治的有效手段，而不是把保护民众利益、关心民众福祉自身当作终极目标。他站在统治阶级的立场上，而不是真正站在广大劳动人民的立场上来阐述他的民生思想，只是把民生思想作为维护封建专制统治的一种“牧民之道”和“安邦之法”。而且，他还极力维护封建等级制度，要求人们不要反抗封建制度，要顺从地主阶级的统治，要安分守己。以阶级剥削和压迫为前提的经济基础和上层建筑，决定了游百川没有也不可能从唯物史观的角度来看待人民，把人民群众看作推动历史前进的真正主人，更不可能跳出其阶级视野，认识到执政者统治社会的最终目的应该是服务人民、为了人民。

游百川的民生思想，虽然具有一定的阶级局限性，但其合理内核和思想智慧在一定程度上，对于我们更好地贯彻落实以人为本的科学发展观，对于我国改善民生、全面建成小康社会、推进科学发展、促进社会和谐仍然具有重要的启示作用。

第二节 吏治思想

吏治,指古代官吏特别是地方官吏管理和统治民众的方式和治绩,“包括官吏的设置、配备、选拔、任用、升黜、奖惩、考核、监察、教育、培养、道德、操行、规章、制度等有关官吏管理的诸多方面的内容”。古代吏治既有消极性的一面,又有合理性的一面。其合理内核主要表现为:奖惩制度、赏罚分明;为政思想、率先垂范,以民为本、视民如伤,恪守公务、勤政务实,等等。游百川吸取了中国古代吏治思想的精华,提出了一套虽然不够严谨却也具有一定特色的育才、用人及治吏方面的系列主张,对晚清的吏治整肃起到了一定的积极作用。

一、形成背景

(一)历史背景

为减少社会震荡和延缓王朝覆灭,一些统治者及其思想代表人物一直试图从理论上寻找实现吏治清明与国家长治久安的政治指南。因此,中国古代的吏治思想基本形成以后,伴随着历史的进程而不断发展。

1. 尧舜禹时期,“无为而治,有德居之”的吏治文化——吏治建设萌芽时期。

周朝以前的吏治建设以礼制约束和道德教化为主,并辅以法治手段,这是这一时期吏治建设的主要特点。

2. 春秋战国时期,“德法并举”的吏治文化——吏治建设成形时期。

中华民族几千年来,一直把道德教化作为吏治的首要环节来对待。春秋战国时期的吏治,在继承周朝“明德慎罚”的基础上得到了进一步的发展,整合出“德法并举”的吏治模式,从而构成封建社会历时两千多年吏治的基本框架。以儒家为代表的孔子提出了一系列吏治思想，其总纲可以归结为“三纲”（明明德、亲民、止于至善）、“八目”（格物、致知、诚意、正心、修身、齐家、治国、平天下）。“三纲”、“八目”的中心就是讲如何提高人们的道德境界。在儒家的道德体系中，“德”包含了“政德”和个人品德两个层面。在“政德”这个层面上，德教为先体现了“为政以德”或“以德治国”的意蕴，如孔子所说“为政以德，譬如北辰，居其所而众星拱之”①，并由此导出以礼治德教为主、德刑并用的政治理念，后来由孟子发展为“民贵君轻”的民本思想和以仁为核心的“仁政、善政”学说。以法家为代表的韩非子，在用刑罚对待吏治中的“不从化者”方面有许多独到的见解。他说：“明主之所道制其臣者，二柄而已矣。二柄者，刑、德也。何谓刑德？曰：杀戮之谓刑，庆赏之谓德。”经过社会变革，诸侯争霸和百家争鸣以及法治思想的普及，法治派终于取得了对礼治派的胜利，制定出了适合新兴地主阶级统治需要的中国封建法典的吏治文化。在选吏上他们主张以实践为用人标准，任人所长而不求全责备；在治吏上均主张明确职掌，以法治吏。荀子第一个提出“礼法并重、刑德兼用”的治国为政原则，为中国后来历代统治者和官僚们所遵行。

3. 秦汉至清朝早中期，“德法并举”前提下的多元吏治文化——吏治建设发展时期。

西汉以来所确立的“德主刑辅”的法律思想，以德礼教化为本，慎用刑罚强制手段。唐朝“以法治吏”的思想是儒家“以民为本”思想和法家“明主治吏不治民”思想的结合。两宋时期，各级官员给皇帝、宰相等大臣的上书中，有大量揭露贪污、弹劾贪官、惩治腐败的内容。这些上书从理论层面回答了整顿吏治

① 杨伯峻《论语译注》，中华书局 1980 年版，第 11 页。

对巩固国家政权的必要性和紧迫性。清顺治皇帝深谙“明君治吏不治民”之道，面对复杂严峻的政治形势，认真吸取明朝灭亡的教训，大力整顿吏治，颁布训诰《御制人臣儆心录》，切中了吏治的要害，起到警示官吏的作用。康熙帝宽仁，以“廉能”为选拔新的优良官吏的原则，大力表彰清官，有清一代负有名望的清官廉吏多出于此时。雍正帝严明，虽然也以“清节素著、才具练达”者为任官准则，却深信“贪官之弊易除，清官之弊难除”，选拔大臣时，“宁用操守平常的能吏，不用因循废事的清官”，开始实行“养廉银”制度，改兴廉为养廉，片面倚重惩防措施，虽收一时之效，却埋下官场风气渐衰的隐患。此后乾隆帝大大强化了雍正帝重能轻贤、重才轻守的倾向。有人认为清代多贪官是因为清代官员实行低俸制，工资过低，其实这只看到了问题的一面，雍正帝养廉并没有“清其源，绝其流”，从根本上杜绝贪污腐化，就像《东华录》一书里所说“康熙年间有清官，雍正年间无清官”。

游百川从清朝中晚期的吏治实践中清楚地看到养廉的弊端，认识到重能轻贤、重才轻守的危害，清醒地认识到“廉”的重要性，于是，深受儒家思想影响的游百川在继承中国古代“德法并举”的吏治思想的基础上，提出了“崇尚经术”、“慎选贤员”以及“惩治贪残”等一系列吏治主张，将道德风气的砥砺、导扬与合理的制度保证相结合，收到了一定的实效。这正应了一句名言：吏不畏我严，畏我廉！民不服我能，而服我公！公生明，廉生威！

（二）社会背景

晚清道光、咸丰年间，极端腐败的吏治及其引发的各种尖锐复杂的社会矛盾，特别是以太平天国为代表的大规模农民起义的爆发，使得朝野地主阶级中的有识之士无不忧心忡忡。就同治、光绪两朝来说，在吏治方面就长期饱受贪腐、疲玩等胥吏之弊。清代制度性的卖官鬻爵、不合理的养廉体制和长期的监督缺失造成“德治教化”形同虚设的局面。为了清澄吏治，挽救清王朝的灭亡，以曾国藩、左宗棠、李鸿章、罗泽南及冯桂芬等为代表的思想家苦苦思索吏治整肃之道，其中罗泽南和冯桂芬等还突破性地认识到体制治吏的作用，曾国藩、左宗棠及李鸿章等大员更是在实践中大力整顿吏治。在这样的社会背景下，身为福建道监察御史的游百川，在忠君、爱国、忧民思想的驱使下，提出了自己整饬吏治的方案，并作了一些积极有益的探索与实践。

二、基本内容

游百川吸取了儒法两派吏治思想的合理内容，在为国育才、选任官员和奖赏惩治方面提出一些切合实际并且行之有效的方法，形成了内容较为丰富的吏治观。

（一）以“慎选贤员”为核心的选人用人思想

游百川认为官员在吏治中的地位非常重要，他在《奏为吏胥滋弊为患最深请饬内外臣工随时惩治以儆贪残折》中指出：“盖害政者吏也，而足以治吏者官也。官诚得人，吏自敛迹。”因此他非常重视选任官员，提出了“慎选贤员”的选人用人准则，并提出具体实施方略：首先是“由各堂官于每司中实力简拔，亲加遴选”，其次是“再详加稽考”以辨明贤愚，最终“破除情面，秉公考察，为缺择人”。游百川认为只有“贤员”和“廉明服官者”才是合适的官员人选。由此可知，游百川在选人用人方面具有明显的“尚德”、“尚贤”思想，这是“唯仁者宜在高位”在选官层面上的要求，也是对儒家选人用人标准的吸收和整合、继承和延续。

（二）以“惩治贪残”与“激扬士气”并重的“奖惩”思想

游百川的选人用人思想较多地体现了儒家的思想，但在“治吏”方面，主张“惩治贪残”与“激扬士气”并重，强调以法治吏,赏罚分明,较多地体现了法家的思想。

吏是连结君与民的重要一环,吏正则国治,吏治则民治,因而“治吏”比“治民”更迫切、更重要。为政的重点是“治吏”,通过治吏达到治民的目的。基于这一认识,韩非子提出了“明主治吏不治民”的命题。游百川受韩非子这一观点的影响很大,非常重视治吏。由于他仅为一名福建道监察御史,职位不够高,所以他把治吏矛头重点指向了胥吏。

胥吏系指封建社会中各级政府机构的低级办事人员。清代,胥吏分为两个部分:一是主管各衙门的文书、册籍、档案、账目的书吏,二是那些供官员驱使奔走、从事拘传缉拿、站堂行刑等业务的外班行动人员。胥吏的“盘踞把持”、“工于取利”的非法行为有时比贪官还有过之而无不及,成了同治朝的一大社会公害。游百川认为只有官吏清廉、秉公执法,才能吏治清明,才能国泰民安,正如顺治帝所言“国之安危全系官吏之清廉”。正是由于官吏廉洁与否直接关系到国家的治乱安危,所以游百川疾恶如仇,极端憎恨贪官污吏,并把治吏重点放在“惩治贪残”上面。正是由于游百川深刻地体察到了封建官吏贪赃行为的双重危害性——既侵害劳动人民的切身利益,又直接危及封建国家的长治久安,因此他才不遗余力地一再上书慈禧太后和同治皇帝“谕令中外大臣,严饬所属,振刷精神,破除弊窦”①,并且要“除弊务求实际”。

游百川深知“贤愚杂糅泾渭不分”为政治大患,在“惩治贪残”的同时,主张用褒奖来“激扬士气”,“惩治贪残”与“激扬士气”并重。“积过多则严行纠参”,要“惩”;“积功多则优加褒奖”,要“赏”。用两条腿走路,“赏罚既明,人才自奋”。在多年的仕途生涯中,游百川竭力将自己的吏治思想付诸实践,从整体

① 陈弢《同治中兴京外奏议约编》,上海书店1985年版。

上来看很难说他侧重于“罚”，还是侧重于“赏”。但比较其前后两期从政情况，前期相对来讲更侧重于“罚”，后期较侧重于“赏”。前期严惩宗室宽和、宽亮，严行惩办棍徒蔡墩子等人，拿获并交部审办贼犯周三锁儿等人，基本上没“赏”；后期除了奏请刑部讯办通仓首领凤山等员互相禀揭事以外，其余基本上为“赏”，每年全漕告竣都要奏请奖励在事出力人员，前后约有一二十次。其原因主要和他的官职有关，前期身为福建道御史，职掌监察，有权“罚”，无权“赏”；后期身为仓场侍郎，可“罚”可“赏”。从执政效果来看，后期“罚”少“赏”多，反而出现了一些仓务纰漏，“激扬士气”的作用并不十分明显。

总起来讲，游百川以“惩治贪残”与“激扬士气”并重的“奖惩”思想和方法，得到了同治帝的认可，同治帝“通饬内外大臣一并严禁”①，虽然其并不能从整体上革除胥吏贪赃枉法的腐败的痼疾，但毕竟在一定时期内约束了胥吏的肆意妄为，一定程度上缓和了阶级矛盾，促进了社会和谐，对于封建政权的“本固邦宁”起到了积极作用，因而是值得肯定的。

（三）以“崇尚经术”为核心的育才思想

游百川认为：“为政之本在于得人，得人之原视乎造士。”②要实现以“慎选贤员”为核心的选人用人理想，“任人唯贤”的选人用人标准固然重要，但仅仅这些远不能从根本上解决问题。要从源头上解决选任官员的素质问题，唯一的措施就是通过学校教育，以培养“贤”才。游百川重视学校培育人才的思想与一代理学宗师倭仁的观点不谋而合。倭仁即主张依理学的最高宗旨为准，以培养人的道德品格为主。但游百川在此观点上比倭

① 游百川《奏为除弊务求实际续陈愚见》，中国第一历史档案馆馆藏资料。

② 陈弢《同治中兴京外奏议约编》卷五《奏为士习为人才所系宜崇尚经术以端趋向》，上海书店 1985 年版。

仁更进一步，游百川在其《奏为士习为人才所系宜崇尚经术以端趋向》中明确指出了整饬学校正本清源的途径——崇尚经术，就是让天下士子通过诵读《四书》《五经》来读书明理，“砥砺行修”。游百川深受儒家思想的影响，他认为只有通过儒家经书的教育，才会培育出忠君、爱国、爱民的士子，才会培育出不仅有才能而且有贤德的人才，为今后选任合格官员打下坚实的基础。客观地讲，游百川“崇尚经术”为国“造士”的育才思想对挽救同治时期颓废的士风甚至官风不无积极的意义。

此外，游百川还比较重视监察的作用，主张“开人告发之端”和“廉正大臣时行巡查”并举，以确保吏治的清明与政治体制的高效运转。

三、形成根源

游百川的吏治思想是根基于他的哲学思想的。游百川的哲学思想以儒家思想为主，兼容法家治国先治吏、以法治吏思想。他从儒家的民本思想出发论述其吏治观，同时受到法家思想的影响，形成了儒法兼容的吏治思想。

游百川出生在滨州市一平民家庭，十四岁时“师从邑之宿儒杜源（字左泉）读书”，熟读了儒家经典著作之后，又到京师馆拜儒学大师许乃普为师，其儒学功底和思想境界得到了进一步升华，为进士及第、顺利走上仕途并有所建树奠定了基础。传统的儒家思想对游百川影响很大，儒家思想中的“忠君”、“爱民”是其吏治思想的内核，法家思想中的治国先治吏、以法治吏是其实践儒家思想的手段。

游百川长期生活在民间，从政之后，也曾经在地方任职，对于人民的疾苦，对于人民在社会中所发挥的作用也有一定的认识。很自然，游百川把现实生活中的感受与儒家理论中的“民本”思想结合起来，对“民本”思想深入思考，并做出解释，形成了自己的一套观点。游百川十分欣赏“民者，国之本也”这句话，在给皇帝的奏折中将人民摆到了很高的位置。同治六年十月二十一日，身为福建道监察御史的游百川心系山东黄河水患，进上《奏为东省迭被水患亟宜筹办河防以济民生》，希望同治帝简派廉干大员赶快筹办河防“以苏民困”，使“山东群黎庶免其鱼之叹”。同治七年二月十四日，游百川进上《奏为官军与贼相持日久请旨饬各路统兵大臣尽除私弊迅筹剿贼以伸天讨而解民困》折，折中云：“山东平贼带兵诸将，惟直隶提督刘铭传所部约束严明，其余或占住民房，或劫掠民物，闾阎苦之。近阅邸抄，陕西邠州有兵勇抢夺民间骡马，杀弊六命之案，是带兵者漫无纪律，所在多有。夫兵以卫民，非以扰民也。失律之兵未能破贼而徒扰民，使民畏兵甚于畏贼。岂朝廷除贼救民之意乎？”又云：“况春分节近，东作方殷，贼一日未平，畿辅百姓避难且不暇，安得尽力于畎亩？现时诸物昂贵，全望麦熟有秋，若再歇业废时，何以济民食而苏民困乎？”由此足见游百川此次上折的出发点在于“爱民”。体现其吏治思想的《奏为吏胥滋弊为患最深请饬内外臣工随时惩治以儆贪残》折和《奏为除弊务求实际续陈愚见》折更是明显地反复提到“妨政之弊渐去而民困可稍纾”、“官清而民自安”的意旨。其上奏严禁栽种罂粟，是因为栽种罂粟妨食病民，也是从“民为邦本，食为民天”的观点出发的。此后，游百川查看山东黄河工程，筹措治河长策，赈济灾民，其“纾国计而救民生”的拳拳爱民之心更是不言而喻。

既然百姓如此重要，对于涉及“牧民”的官吏的治理问题，便应以“民本”思想作先导，或者以“民本”为基本的出发点。在游百川的吏治思想中，“民本”思想贯穿于育才举措、选人用人方法以及对于官吏的惩治等各个方面。

在游百川的育才举措中，并无明显的体现“民本”思想的语句，但他为了“整饬学校正本清源”而提出的劝学杜弊的方略——“崇尚经术”，其目的就是为了为国造士，培养“经明行修之儒”以备为政得人，这与他的“尚贤”“重守”的选人用人观点是完全一致的。通过这种方式培养选拔出来的官员自然远比那些“能重贤轻、才重守轻”的官员更“爱民”。在对官吏的惩治方面,游百川的“民本”思想体现得比较明显,游百川指出:“州县为亲民之官,所用吏胥本有定额……夫此数千百人者,政之蠹、民之蟊贼也。”他极力主张惩治贪残,就是为了去除妨政之弊以纾民困。

游百川从“民本”思想出发还主张加强舆论监督和行政监督,一方面“开人告发之端,毋蹈徇庇之习”,另一方面“简派廉正大臣时行巡查,遇有贪官蠹吏,经民间告发者,列状奏闻”,从监督上寻求澄清吏风的方法。

游百川的吏治思想还受到法家思想的影响。在《奏为吏胥滋弊为患最深请饬内外臣工随时惩治以儆贪残》折中,游百川提出:“吏之情弊既露者,即行痛惩。”显系“法治”,而非“德治”。在《奏为除弊务求实际续陈愚见》折中,游百川云:“欲除吏弊,宜先澄叙官方,欲肃官方,尤贵激扬士气。”具体实施办法需要“明立章程,以专责成”,该处明显地体现了游百川“以法治吏”的法家思想。在《奏为栽种罂粟大妨民食请旨重申严禁以济民生而培国本》折中,游百川明确提出:“故例禁虽有明文,究不免阳奉而阴违也。臣愚以为,与其异日酿无穷之患,何如先时申严禁之条?应请旨谕令各省督抚,严饬所属,剀切晓谕,一体禁止。倘有不法匪徒故意抗违,即治以应得之罪。”其“法治”思想表露无遗。在游百川的其他奏折中,游百川的法家思想也表现得十分明显。从其政治实践来看,严惩宗室宽和、宽亮,严行惩办棍徒蔡墩子等人,拿获并交部审办贼犯周三锁儿等人,凡此等等,充分体现了他的“法治”思想。

总起来看,游百川的吏治思想中掺杂着“民本”以及“以法治人”的因素,两者不可割裂地统一为一体。其中儒家的“民本”是基础,法家的“以法治人”思想是手段。他试图通过二者的结合达到“民固邦宁”的最终目的。

另外，游百川吏治思想的形成与晚清政府大力提倡程朱理学也有一定的关系。清代理学更注重实践，并出现了一大批以此为指导的实践家。唐鉴、倭仁和曾国藩等一大批理学名臣的出现与当时尊儒重孔、勤于政事、清明廉洁、忠于职守、关心民瘼的政治风气有着直接的关系。作为他们中的一员，游百川励精图治，务实勤政，是同光时期良好官场风范的代表。

四、辩证评价

游百川的吏治思想较为丰富，与同时代的其他政治家相比，有着自己的特点。他的吏治思想，既有进步性，又有其局限性。

游百川的吏治思想和他身处的晚清的政治、经济社会状况是分不开的。清朝立国之初，便形成了高度的中央集权的行政体制，与此相适应所建立的机构特点是吏制冗杂，闲官众多，臃肿不堪。在官吏的选拔、任用以及监察方面都存在着一系列问题，至同光时期矛盾更为突出。游百川针砭时弊，适时提出了改革吏治的思想。同治七年(1868)十一月十九日，他的关于吏治的奏议《奏为吏胥滋弊为患最深请饬内外臣工随时惩治以儆贪残》折被同治帝采纳，“通谕京外各衙门知之”①。同月二十四日，游百川再上《奏为除弊务求实际续陈愚见》折，也被同治帝采纳。游百川的这些建议虽然无法扭转晚清行政体制既成的局面，但对整肃吏风、改善国家机器的运转、巩固封建统治，起到了一定的积极作用。

游百川的吏治思想渗透着“民本”的观念。他虽然没有像孟子那样明确提出“民贵君轻”的思想，也没有像北宋名臣包拯那样直接提出“民者，国之本也”的口号，但游百川出身布衣，深

① 中国第一历史档案馆编《同治朝上谕档》，广西师范大学出版社1998年版。

谙民间疾苦,对老百姓有着深厚的感情,其“民本”的观念非常明显地体现在其奏折的字里行间。他看到“庶私衙门之胥吏有害于民”,指出州县定额之外的吏胥乃“政之蠹、民之蟊贼”,及时提出惩治胥吏,以使得百姓“完其生聚”,稍纾民困,最终达到政治清明、百姓安宁的目的。游百川作为封建地主阶级中的一员,封建国家的一名高级官吏,能够“以民为本”,是难能可贵的。他虽然没有明确提出“以民为本”的思想,但能够为民着想,为民谋利,这样的政治家不但在游百川同时期并不多见,在整个中国封建社会的历史上也不多见。

但是,与同时代的其他政治家相比,游百川的吏治思想也存在着局限性。他没看到吏胥贪残的根本原因,所提出的一些整饬吏治的方法,大都是一些治表的方法,没有在“任德治吏”的同时,辅之“以法治吏”,去从“法治”层面进行制度建设,正本清源,从根本上动摇达官显宦的政治地位。而且游百川的吏治思想主要集中在惩治吏胥积弊方面,基本上没有涉及达官显宦。这种状况的出现,不仅与他的政治地位有关,更与他的儒家的“任贤”思想有关。当然,深层次的原因在于清代对吏治的整饬,历来采用的是传统的“人治”的方法,即依靠君主和官吏的重视和督率,通过封建行政行为自身努力克服封建官僚系统产生的弊病,这就像鲁迅所说的那样,用自己的手握住自己的头发而企图离开地球,肯定不会达到预期效果。

考察游百川的吏治思想可以发现,游百川的这些议论主要是针对一事一时而发,缺乏全局观念或系统性,较少有上升到理论高度的论述,人们对他的吏治思想较难得出一个整体印象。回顾历史,可以看到历史上有不少政治家既在实践中有所作为,又在理论上多有建树,如欧阳修、王安石等。欧阳修曾提出建立按察官吏法,对官吏的政绩进行考核;王安石提出一整套完整系统的“教之、养之、取之、任之”的用人方法。与他们相比,游百川的吏治思想显得柔弱,缺乏宏观认识或缺少理论高度的直接结果便是缺乏必要的说服力。尽管游百川一再上奏,同治帝也"通饬内外大臣一并严禁"①,游百川自己也上奏请求"除弊务求实际",其吏治思想所发挥的实际作用仍然难以达到"官清而民自安"的境界。

另外,游百川昧于大势,思想行为滞后于社会变迁,其吏治思想是传统吏治思想的继承与发展,与开眼看世界的早期资产阶级改良主义思想家冯桂芬的吏治思想相比,具有明显的保守性。冯桂芬在传统的吏治思想收效甚微之际,在他的名著《校邠庐抗议》中提出了一种新的吏治思想:以西方的资产阶级民主思想为指针,另辟蹊径,从总体上解决吏治腐败问题。这一思想的出现,是中国当时商品经济有所发展,资本主义生产方式正在孕育的反映,也是冯桂芬长期研究西学,特别是他在咸丰十年(1860)因太平军攻占苏州而避居上海,直接接触西方文明的结果。游百川的吏治思想里面看不到资产阶级民主思想的影子,与他长期潜心研究国学不无关系。

游百川的吏治思想,是当时社会政治、经济、文化条件下的产物,是对社会存在的认识和反映。他看到了吏胥贪残的严重危害,看到了造成吏胥贪残的一个重要原因——官长之包庇纵容,找到了去之或扼之以除冗滥的重要方法。而且,游百川作为封建社会后期的一个开明官员,其吏治思想和方法符合历史发展潮流和人民大众的根本利益,其基本精神揭示了"吏廉则治,吏不廉则政治削"这一历史规律。他的建议得到了同治帝及统治集团的认可,抓吏治,抓得早,抓得严,抓得久,一定程度上促进了"同治中兴"局面的形成。时至今日,游百川的吏治思想仍然具有一定的积极的现实意义。

---

①　游百川《奏为除弊务求实际续陈愚见》折,中国第一历史档案馆馆藏资料。

第三节　治河思想

游百川的家乡滨州地处黄河下游，明清时期为大清河流域，1855 年黄河自铜瓦厢决口改道北行夺大清河河道入海后，帆船点点、平静安澜的大清河流域顿时成为黄灾区。当黄河在此泛滥肆虐的时候，生于斯、长于斯的游百川心系黄河岸边的父老乡亲，寝食难安。他多次向同治、光绪帝上书反映河患之重，陈述赈灾、治河良策，后受光绪帝重托作为钦差大臣亲赴黄患灾区察看黄河工程。游百川注重实地调研，从实际出发提出了较为科学有效的治河方略，给后人留下了一笔宝贵的思想财富。

一、形成背景

（一）黄河迁徙改道的演化

黄河向以"善淤、善决、善徙"而著称，有"三年两决口，百年一改道"之说。河流决口后放弃原来河床而另循新道称为改道。黄河由于多沙善淤，变迁无常，改道十分频繁，中游的宁夏银川平原、内蒙古河套平原一带的黄河河道都曾多次变迁，但影响重大的是黄河下游河道改道。据统计，历史上有记载的黄河决口泛滥达 1593 次，较大的改道就有 26 次。

通常认为，《尚书・禹贡》中所记载的河道是有文字记载的最早黄河河道。这条河道在孟津以上被夹束于山谷之间，几无大的变化。在孟津以下，汇合洛水等支流，改向东北流，经今河南省北部，再向北流入河北省，又汇合漳水，向北流入今邢台、巨鹿以北的古大陆泽中。然后分为几支，顺地势高下向东北方向流入大海。人们称这条黄河河道为"禹河"。据文献记载，历史上有黄河"六大迁徙"之说，指的是黄河初徙于周定王五年（公元前 602），再徙于王莽始建国三年（11），三徙于宋仁宗庆历八年(1048),四徙于宋光宗绍熙五年(1194),五徙于明孝宗弘治七年(1494),六徙于清文宗咸丰五年(1855)。

有清一代,特别是清中期以后,黄河的治理情况是每况愈下,据《明清治河概论》一书的统计,清初至鸦片战争近200年间,黄河在南流徐淮故道决口达361次,平均约每6个半月一次,而明代则是平均每7个月决口一次。这其中主要是泥沙淤积、日积月累的客观原因。清初,康熙帝曾任用水利专家靳辅治理黄河并取得过一定的成效,但由于当时不治海口,"惟务泄涨",导致海口渐渐淤积,河底也日益渐高。第一次鸦片战争爆发后,国难频仍,河患屡作。从道光二十一年(1841)到道光二十三年(1843),黄河连续三年发生大溃决,而在咸丰元年(1851)又发生了一次更大规模的溃决。咸丰五年(1855),黄河又在河南兰阳(今兰考县境)铜瓦厢决口改道,再次摆回到北面,在山东境内夺大清河入渤海。决口之初,清政府曾设想堵口,但要想筑堵成功,估计需用工几万至几十万,用银几百万至上千万。并且,清廷担心十几万民工聚集河岸,一旦失控造反,将酿成弥天大祸。而且咸丰五年(1855)对清政府来说是一个生死攸关的年份,太平天国不仅在南京建立了政权,控制了长江流域的大片地区,而且它的北伐军一度打到北京附近,清政府面临被推翻的危险。在这种严峻的形势下,清政府必然把农民起义当作心头大患,必欲除之而后快,对黄河的泛滥只能"深堪悯恻",在"因势利导"、"设法疏消"的幌子下任凭黄水漫流。光绪年间,河决频繁。从光绪四年(1878)到光绪九年(1883),年年都有水患,其中以光绪九年水患为甚。该年正月,凌水陡涨,山东历城泺口一带泛滥二处。又赵家道口、刘家道口及齐河县之李家岸各漫溢一处,漫水至济阳分为二股:一入徒骇河,一由该县之舒家湾冲开民埝,合流而至该县西南关厢一带。二月初三日,惠民县境内之清河镇,冰壅如山,民埝漫溢,"清河镇冲塌民房八百余间"①。黄河决口,有人奏请开河分泄,内阁学士兼礼部侍郎洪钧主张再筑大堤,并力荐潘骏文治理黄河。

(二)古代治河思想的演变

黄河的不断迁徙,不断给治河带来新的问题、新的争论,由此也推动了古代治河思想的发展。在原始社会,社会生产力极为低下,为避免洪水危害,往往"择丘陵而处之"。此后,随着生产力的发展,人们从高丘移居平地。传说在帝尧时期,鲧采用"障水法"治水失败而受到制裁。大禹改换策略,用"因水之流","疏川导滞",分流入海,利用水向低处流的自然趋势,疏通了九河,平息了水患。

黄河下游堤防始于春秋。随着人口增加,人类活动增多,下游日渐开发,为了发展生产的需要,沿河诸侯各自为利,先后筑堤,不顾水流通畅,甚至以邻为壑,多转折弯曲,致成许多人为险工。至战国时,两岸堤防上下多连贯在一起,且具有一定规模。筑堤后,由于两岸堤距之间容量有限,泥沙淤在河槽内,河床逐渐抬高而成为地上河,防御洪水能力也随河床淤高而降低,故黄河决口改道逐渐增多。

为寻求对策,不断涌现出新的治河思想。不同的治河思想在论争中得以不断发展和完善。翻阅史料,不难发现我国古代治河思想的论争大致经历了三个大的高潮:一是两汉时期,一是北宋时期,再就是明清时期。

1. 两汉时期

在西汉中后期,特别是自成帝至王莽时代的三四十年间,由于河患加重和封建统治者对黄河治理的重视,探索治河方法的人愈来愈多,治河思想空前活跃,从而形成了许多重要的治河思想,并长期影响着后人的治河活动。如以冯逡为代表借鉴禹疏

① 《清实录·光绪朝实录》,中华书局 1986 年版。

九河的方式提出的分流治河方略，孙禁、王横等人针对黄河下游实际情况提出的人工改道方略，并总结古人治水经验提出的滞洪蓄洪方略等。对这些治河思想的进一步探讨和发展，不仅有力地促进了当时的治河活动，而且也使治河技术有了明显的提高，并诞生了束水攻沙和人工改道这两项全新的治河方略。

最早提出束水攻沙方略的是王莽时期的大司马史张戎。对此，《汉书·沟洫志》中曾有明确的记述。张戎指出："水性就下，行疾则自刮除成空而稍深。河水重浊，号为一石水而六斗泥。今西方诸郡以至京师东行，民皆引河、渭、山川水溉田。春、夏，干燥水少时也，故使河流迟，贮淤而稍浅；雨多，水暴至，则溢决。而国家数堤塞之，稍益高于平地，犹筑垣而居水也。可各顺从其性，毋复灌溉，则百川流行，水道自利，无溢决之害矣。"这一论述的中心意思和明代治河名人潘季驯的"筑堤束水，以水攻沙"方略有着相同的道理，即通过修筑并巩固堤防来控制和约束洪水，借水力刷深河道，以避免和减轻河患。另外，更值得一提的是"贾让三策"，即人工改河、分流洪水和巩固堤防的治河"三策"，是保留至今的我国最早的一篇比较全面的治河文献。这一方策不仅提出了防御黄河洪水的对策，还提出了放淤、改土、通漕等多方面的措施。应该说，这是我国治黄史上第一个除害兴利规划。

进入东汉后，由于河、济、汴交败的局面愈演愈烈，治河论争也日趋激烈。主要表现在治河与政治、经济的关系，以及采取什么样的治河措施上。这从《后汉书·明帝记》中记载的一段话中即可看出。汉明帝讲："或以为河流入汴，幽、冀蒙利，故曰左堤强则右堤伤，左右俱强则下方伤，宜任水势所之，使人随高而处，公家息壅塞之费，百姓无陷溺之患。议者不同，南北异论，朕不知所从，久而不决。"即主要由于治理意见不统一（分疏和筑堤），众说纷纭，一时拿不定主意而未能及早动手。直到永平十二年(69)才决定修治，并依照王景陈述的意见，开始了一场大规模的治理活动。施工中，王景“商度地势，凿山阜，破砥碛，直截沟涧，防遏冲要，疏决壅积”①，采取当时各种可行的技术措施，自上而下对黄河、汴渠进行治理。特别是在汴口治理中，创造性地采取了“十里立一水门，令更相洄注”的措施，交替从河中引水入汴，从而改善了汴口水门工程，做到了河、汴分流。数十万人经过整整一年的努力，“修渠筑堤，自荥阳东至千乘海口千余里”，完成了河、汴的全部治理工程。王景这次治河活动，不仅平息了数十年的黄河水患，而且从此以后，河流规顺，在八九百年间史书上少见有关黄河改道的记载，其卓越的治河成效，也广为世人所传颂。

2. 北宋时期

北宋时期，黄河治理再一次受到世人关注，并引发了长达数十年的论争，也同样源于严重的河患。而且这时的河道变迁更加剧烈（发生了黄河史上的第三次大的改道——商胡改道），加之北宋京城开封地处黄河下游，河患与统治阶级的利害关系更为密切，因此从皇帝到朝廷重臣，许多人都参与了治河的争论。

据史料记载，北宋初期的论争首先发生在李垂的分流建议上。淳化至大中祥符年间（900～1016），鉴于黄河决溢多发生在澶、博、齐、郓、棣等州（今河南濮阳，山东聊城、济南、东平、惠民等地），当时的著作郎李垂曾上《导河形胜书》三篇并图，建议采用开河分流的方法治理滑州以下的黄河河道，以减轻下游的决溢灾患。宋王朝对这一方案十分重视，召集百余人进行讨论，但因反对意见占上风而未予采纳此方案。

庆历八年（1048）黄河发生商胡改道（今濮阳境内）后，黄河改道北流，经今河北省在天津附近入海。自此以后因北流多次决口，引发了“北流”和恢复故道“东流”（大致经今河南清丰、南

① 范晔《后汉书》，中华书局1973年版。

乐，山东聊城、惠民、滨州等地入海）长达40余年的治河大争论。三次回河“东流”，均以失败而告终，并因此而导致多名官员被罢免，可见双方当时争论的激烈程度。难怪到了北宋末年任伯雨在总结这一时期的治河时发出了“河为中国患，二千岁矣。自古竭天下之力以事河者，莫如本朝。而徇众人偏见，欲屈大河之势以从人者，莫甚于近世”①的感叹。

3. 明清时期

明代的治河论争，主要发生在分流与合流之争上，且以分流为主。从明初到嘉靖年间，治河者大部分都主张分流“以杀水势”。宋濂、徐有贞、白昂、刘大夏、刘天和等一大批明代治河名人都持这一观点，并进行了相当规模的实践。他们认为，“利不当于水争，智不当于水斗”，只有采取分流的办法，才能分杀水势，消除水患。然而，他们只知“分则势小，合则势大”，但忽视了黄河多沙的特点。由于黄河多沙，水分则势弱，必然导致泥沙淤积，促使河道淤塞。因此，在明代前200年中过度分流的结果，不但没有使河患减轻，反而造成了此冲彼淤、“靡有定向”的局面，加重了黄河的灾害。鉴于分流不仅没有带来黄河的安定，却致使河道来往滚动，愈加不可收拾这一险恶状况，隆庆、万历年间，以万恭、潘季驯为主要代表的合流论应运而生，并从此奠定了“筑堤束水，以水攻沙”治黄思想在治河史上的重要历史地位。同时，也基本解决了治黄历史上长期的分疏与筑堤之争。潘季驯所著的《河防一览》，在一定意义上就是对明以前及当时各种治河思想论争的总结。

此外，在其他朝代也多有争论，如清代的治与防之争等（在铜瓦厢改道前后尤为激烈）。清朝靳辅、陈潢继承潘氏治河思想，坚筑堤防，约束洪水，增强了下游防御洪水的能力。

① 脱脱《宋史 · 河渠志》，中华书局1977年版。

二、基本内容

游百川的治河思想，是中国古代治河思想的继承和延续，是一定历史条件的产物。他的治河思想既取决于当时的黄河形势及人们对黄河的认识，也与当时的社会、政治、经济背景以及当时的水利科学技术发展水平有关。游百川在任福建道监察御史期间即关注山东水患问题，上疏筹办河防，“以苏民困”。光绪八年(1882)十二月后被钦差察看山东黄河工程，先后上有《察看黄河酌议办法》、《河患非开河减水别无良图》、《东省河工仍宜兼用抚臣初议分流入南河故道之策以期确有实效》等奏折，阐明其治河思想。光绪十三年(1887)，又上《奏为河患未弭亟宜妥筹长策变通办理以纾国计而救民生折》。通观游百川关于治河的奏折，可见其治河思想的基本内容主要表现在疏通河道、分减黄流和亟修缕堤三个方面。

(一)疏通河道

黄河是世界上输沙量最多的河流，多年平均输沙量为16.3亿吨，而年径流量仅为468亿立方米，因此多年平均含沙量高达每立方米34.7千克。与长江相比，黄河年输沙量约为它的3.7倍，而年径流量却只有长江的二十分之一。水少沙多是黄河的主要特点。疏通河道是一个古老而又有效的治河方法，传说中的鲧采用“障水法”治水失败，大禹改用“疏川导滞”的策略治水成功。西汉末年大司马史张戎首先提出水力挟沙说。他说黄河是何等的浑浊，一石水中就有六斗泥，“水性就下，行疾则自刮除成空而稍深”。意思是水自高处流向低处，流得快了，泥沙随之而去，河道自然愈冲愈深。这是最先从动力学的角度来解释河道冲淤的特性。由此张戎提出：应减少上游引水，集中河道水量，以水冲沙，则“水道自利，无溢决之害”。与同时代的分流、改河和滞洪等主张单纯从排泄洪水的角度来解决黄河决溢相比，张戎认识到黄河下游的决溢主要源于黄河泥沙的淤积，还认识到河水本身具有冲刷的特性。为此，他建议以水排沙，就是保持河水较高的流速，依靠河水自身的冲刷力排沙刷槽，消除河患。

元代欧阳玄在《至正河防记》中提出的"治河一也，有疏、有浚、有塞"，也提到了疏通河道这一治河方法。明隆庆年间，万恭出任河道总督，一位虞城生员建议他"以人治河，不若以河治河"，依据是"河性急，借其性而役其力，则可浅可深，治在吾掌"。其方法就是"如欲深北，则南其堤，而北自深；如欲深南，则北其堤，而南自深；如欲深中，则南北堤两束之，冲中坚焉，而中自深"。虞城生员所说的堤并不专指一般土堤，还指导流坝、挑水坝等设施，不仅可束水冲深主槽，还可落淤固岸。他对黄河泥沙的认识及相应的治理措施较前人显然前进一步，在此后万恭的治河实践中也取得了显著的成效。万恭之后，潘季驯第三次任治河总督，明确提出"以堤束水，以水攻沙"，"借水攻沙，以水治水"的治河方针，并进行了大力实践。此后一改明前期任由黄河多支分流、改道频繁的局面，积极治河，成就显著。

清初的靳辅、陈潢治河不但继承了潘季驯"束水攻沙"的治河思想，还在许多方面超过了潘氏。潘氏只强调筑堤束水，以水攻沙，而靳、陈除了重视强调束水攻沙外，又十分重视人力的疏导作用。他认为三年以内的新淤比较疏松，河水容易冲刷，而五年以上的旧淤已经板结，非靠人力浚挖不可。他们不仅注意人力浚挖，还总结出一套"川"字形的挖土法。其法，在堵塞决口以前，在旧河床上的水道两侧三丈处，各开一条宽八丈深沟，加上水道，成为"川"字形。堵决口、挽正流后，三条水道很快便可将中间未挖的泥沙冲掉。"川"字形挖土法，可减少挖土的工作量，挖出来的泥沙，又可用来加固堤防。

游百川深谙治水必须治沙的道理。光绪九年（1883）到达历城桃园工地，查看黄河水患情形，认为人们所议论的“南行北行二说”中的“南行说”行不通，原因有二：

一则北堤决后，已冲刷净尽，只余东西坝头，相距计一千六百九十六丈有奇，就其间筑堤，节节进占，工已甚巨。且全河正溜北行，中流堵御以图合龙，必震骇非常，办理殊无把握。一则故道以旁之沙岭，势难挑动。且徐海一带河身，涸出淤地千余里，民已尽行垦种，一旦驱而之他，民岂甘心失业？

黄河挽回故道，已然行不通，又因黄河多处漫决，难以迅速筑堤以解民困，故“束水攻沙”的方法也难以实行。游百川见“海口尤日形淤塞，不能畅消”，审时度势，在其《察看黄河酌议办法》一折中明确提出疏通河道的治水方法。疏曰：

一疏通河道也。黄水性本湍悍，自过龙门，流汇注，遂挟泥沙而趋，全赖清水刷之。济渎本自深通，两岸原高三四丈许，黄初入济，尚能容纳，无如淤垫日高，即当水势消落之时，已几与岸平。况遇伏秋二汛乎？至海口尤日形淤塞，不能畅消，此泛滥之所由致也。然沙淤水底，人力难施，万无可挑浚之理。再四筹度，计惟多用船只，每船尾各带铁篦子、混江龙等具，驾驶往来，上下拖刷，助水之力，使河不能停蓄，日渐刷深，虽见效迟缓，而疏河之方，似无逾于此。至所需船只，查山东仅有舢板十六只，今抚臣陈士杰带来八只，共二十四只，未免过少，一时赶造不及，或暂雇民船试用，容俟详加审量，再行奏请准行。

游百川利用机械“疏通河道”的治河方法是对传统方法的合理继承。从宋代起，我国就开始利用船舶器具搅动泥沙，借助水力浚深河道。宋神宗熙宁六年（1073），王安石主持成立“疏浚黄河司”，先用铁龙爪进行浚泥试验，后又改制浚川耙，“两旁系大绳，两端碇大船，相距八十步，各用滑车绞之，来去挠荡泥沙。已,又移船而浚”①,实验效果很好。自元代贾鲁至明代白昂、刘大夏等治河官员屡在孙家渡、涡河口、赵皮寨等地“仿宋潦清夫、混江龙、铁埽帚撼荡泥沙”,进行河道疏浚,维持分流局面。明嘉靖十四年(1535)正月至四月即“浚河三万四千七百九十丈”②。万历年间,总督吴桂芳在“欲浚河身、先开海口”的思想支配下,建议朝廷“另设水利佥事一员专疏海口”③,荐用混江龙扬泥车法浚河。清靳辅治河时,从康熙二十七年(1688)起,对云梯关以下尾闾河段长80公里做两年疏浚试验,创造了带水作业的刷沙机械,系铁扫帚于船尾,当船来回行驶时,可以翻起河底的泥沙,再利用流水的冲力,将泥沙送到深海中。雍正、乾隆、嘉庆执政期间,仍有人倡议浚船拖淤。光绪九年(1883),游百川、陈士杰等见河口淤积严重,先后用木船、小火轮(机船)拖带铁箅子、混江龙等器具在黄河入海铁门关一带上下刷涤。3年后,李鸿章令山东巡抚张曜从法国订购挖泥机器船2只,在利津太平湾进行海口浚淤试验。总起来看,尽管游百川的拖淤试验因笨重难行,收效并不很大,但不能否认他提出的“疏通河道”的治河方法具有相当合理的思想内核。他的积极举措,也是非常有益的探索与尝试,是后人治河的重要的思想借鉴。

(二)分减黄流

分流治河有着悠久的历史。“禹疏九河”的传说,就是这一方略成功实施的典范。因此,长期以来人们一直把此方略视为符合水流规律的治水良方,如《孟子·告子》中说“禹之治水,水

① 水利部黄河水利委员会《黄河水利史述要》,水利出版社1982年版。

② 刘天和《问水集》,中国水利工程学会《水利珍本丛书》本,1936年。

③ 傅泽洪《行水金鉴》(《国学基本丛书》本),商务印书馆1968年版。

之道也，是故禹以四海为壑”，《孟子·离娄》中又说“禹之行水也，行其所无事也”。汉代的冯逡、韩牧，北宋的李垂、韩贽等不少历史治河名人都主张采用此方略治理河患。到了明代，宋濂、徐有贞、白昂、刘大夏等人不仅积极倡导分流治河，而且进行了大规模的实践活动。他们认为，黄河性暴，水涨急骤，常常漫溢为患，“利不当与水争，智不当与水斗”，只有采取分流的办法，才能分杀水势，消除水患。综观明代分流治河的实践，可划分为单纯分流、“北堤南分”和分黄导淮三个时期。明初的百余年间为单纯分流时期，这时的分流去向有两个：一是北分，一是南分。北分，主张分流后走大清河或注入卫河入海。南分，则大体由颍河、西淝河、涡河、浍河、濉河等过淮入海。宋濂的回复黄河故道，分其半使之北流；徐有贞的分黄济运等都是主张黄河北分的。主张南分的人则更多，也是明中叶经常采用的措施，并逐步形成了“北堤南分”的局面。“北堤南分”，即在徐州以上北岸筑堤防守，以避免黄河北决冲毁运河，而在南岸则采取数支分流，以杀水势。“北堤南分”系弘治二年（1489）白昂开创的先例，弘治七年刘大夏继承并进一步发展了这一治水思想。直到嘉靖后期，南分支河淤积严重，即使疏浚也难以维持多久，分流论才逐步被以万恭、潘季驯为代表的合流论所取代。明末，由于合流论也不能解决严重的决溢灾患，分黄导淮论又占据了主导地位。万历二十三年，杨一魁任总理河道后，提出了“分杀黄流以纵淮，别疏海口以导黄”①的建议，并于次年开始了大规模的治河活动，最终失败。总的看来，明代的分流治河并不成功，究其原因，主要是分流治河解决不了黄河泥沙问题，分流论者只知道“分则势小，合则势大”，但容易造成此冲彼淤、“靡有定向”的被动局面，加重黄河的灾害。正是鉴于分流治河的失败，潘季驯

① 《明史·河渠二》，中华书局1974年版。

“筑堤束水,以水攻沙”的治河方略才应运而生。

尽管“分流说”不能从根本上解决黄河水患,但为了“保全生民免遭水患”,“救急万不得已”,游百川主张利用徒骇、马颊等河分水,并具体建议在惠民县白龙湾修建减水闸。其《察看黄河酌议办法疏》曰:

> 一分减黄流也。臣惟物合则见多,分则见少,多则盈满难容,少则虚空能受,此事理之显然者。济河一渎,受黄河之水,其势岌岌不可终日。查大清河北,徒骇最近,马颊较远,鬲津尤在其北。徒骇由沾化九镇入海,马颊由海丰月河口入海,鬲津经庆云由海丰大沽口入海,皆古九河遗。虽河面宽窄河身深浅不一,两岸亦多有残缺之处。然查形势,平时干涸,惟夏秋间有坡水数尺,犹可循挑挖。计大清河与徒骇最近处,莫如惠民县东南白龙湾地方,相距不过十里许,若由此处开通,筑一减水坝,分入徒骇河,其势较便。再设法疏通其间之沙河、支河、宽河、屯民等河,引入马颊、鬲津,分流入海。地道变盈而流谦,当不复虞其涨满,此古圣播为九河,汉臣王景播而为八之遗意也。然今人多误会同为逆河一语,坚执水可合而不可分之说,谓分则易淤。夫黄水过处,诚难保其不淤,谓既播而为九,又复合而为一,此虽神禹不能,何其不思之甚也!况现今徒骇等河,明系分道入海乎?且黄流入济,原未尝分,何以日淤日甚?臣拟开通引河,作坝分水,实救急万不得已之计。而近河居民,犹或不免惊惧,惟有恳切晓谕,示以保全生民免遭水患之意。统俟奉旨允准,再行斟酌举行。

游百川与山东巡抚陈士杰上疏后,光绪帝下发谕旨曰:“据游百川、陈士杰奏称,拟亟筑缕堤,借资保障,开徒骇、马颊河,以分水势。著户部、工部速议具奏。”游百川的“分减黄流”说招来一些反对声,直隶总督李鸿章上《议覆马颊河不宜开挖分流疏》，以“地势未宜，民情不顺”①为由极力抵制。海丰人吴峋②上疏也极力反对，其《治河疏》曰：“今乃开工引水北行，渐近京师，甚为非计。……马颊河小有溢漫，则庆云、盐山诸县恐为其累，如水势大至，天津为众水所归，形如釜底，大水北趋，近畿受害，而河海两运，亦恐窒碍大局。……北岸之徒骇、马颊河勿开，总宜停辍。”这一观点得到李鸿章等人的支持，时任内阁学士兼礼部侍郎洪钧力言不可，说马颊、徒骇两河泥沙杂糅，引黄河水入有溃堤之忧，黄河宜合不宜分，可宽宽地再筑一道黄河大堤。后来，游百川目击灾区，见“黄流泛涨，竟成巨灾”，不得已与东抚臣再上《河患非开河减水别无良图》疏。疏曰：

况今黄河北行，明有九河故道，纵不能尽复，而就武郡之徒骇、马颊两河，由海丰、沾化分流入海者，宣泄盛涨，究可免泛滥之虞。若令专办堤工，袭后人治南河之陈言，而违昔圣治北河之故，似觉终非长策。且虑其贻误大局者有三：查黄河南岸，自东河十里堡以上至贾庄，前东抚臣丁宝桢筑堤二百八十三里，皆底宽十丈，顶宽三丈，高一丈二尺。北岸则濮范寿阳亦均有长堤。两岸相去，远则六七十里，近则三四十里。水田中行，堤距水面，最近处亦十有余里。当水未拍堤之处，堤固然对峙，俨如长城。及遇大溜趋堤，则危险万状，虽设有营汛，厢扫抢护，仍有岌岌不可保固之势。今所拟堤工之高厚，远逊上游之堤。且长千有余里，节节防汛，既恐难周。新筑之土，未经蛰实，一旦黄流涨发，堤溃水溢，诚难保其必无，此可虑者一也。议筑长堤，以去河三四百丈或五百丈为准，斟酌情形，不得不然。然距河四五百

① 饶玉成《皇朝经世文续编》卷一百零九《工政十五·直隶水利上》，江右双峰书屋光绪八年(1882)刻本。

② 吴峋，海丰(滨州无棣)人吴式芬之孙，时任湖广道监察御史。曾撰写《治河疏》加以反对。

丈，其间城郭村镇人民庐舍不可胜计，举而置之堤外，闾阎愁苦，各抱隐忧。当水涨之时，往往风雨晦冥，不及逃避，一经被水，则身家性命，悉付波臣。纵劝之他徙，而扶老携幼，情势万难。且谓抛家舍业，终将流为乞丐。此次历城各属灾民，虽用船拯救，多苦守不他离者，此可虑者二也。堤外之民，身陷水中，情急则思掘堤泄水，虽有守者坚防，而掘者益力。民情各顾其私，甚至激成械斗。如章邱、齐东、青城、惠民，皆有戕伤重案，又近事之显然可指者，此可虑者三也。

游百川认为，若开马颊一河，离直隶五河，近者百余里，远者数百里，不会危害到畿辅。他"拟下游自历城之杜家沟引入徒骇，上游自长清县之五龙潭引入马颊"，所建滚水二坝，比本来河岸酌低二三尺，不遇盛涨，仍由本河径行，等到水涨满槽，才分减数尺，不会有夺溜之患。他认为，即使水过沙淤，农闲之时，可以借资民力，"加以津贴干河之中，施工较易"，不难挑挖。尽管游百川的"分减黄流"说，与御史黄煦的分水入徒骇之议，翰林院侍讲学士恽彦彬的减水之说，意指略同，但由于朝野阻力较大，清政府一直犹豫不决。六月，游百川所拟由徒骇、马颊二河分水一节，得到"经工部议令测量地势，必确有把握再行举办"①的批示，最终搁浅。

小清河岁久淤塞，"（游百川）又奏请浚小清河，分黄水入海：如议行"②。此次小清河治理，采用调用民力、酌给津贴等办法。下游的水，如孝妇河、乌河、汉溱等，先经过锦秋、麻大、石村三湖，分别流入小清河故道及预备河（在广饶名福民河），再由刘王庄到八面镘，汇淄河入海，这段河面称为南股。上游的水，从历城县华山之南，引泺水、巨野河，经鸭旺口史公闸，向东汇绣江河，再在绣江河的新开口以南，汇獭河、黛溪、猪龙、沙河等水，

① 《清实录·光绪朝实录》，中华书局1986年版。

② 《清史稿》列传二百十，中华书局1977年版。

由陶唐口、樊家林等处，透过高堤（村名）埝，流进支脉沟，再由支脉沟的下游马家楼汇淄河入海，这段称为北股。这样南北两股都是汇淄河入海。这次治理共整修河道480余里。经过治理，积水有路畅消，并少减黄势，从此屡受其患的章邹长齐高博乐等县得以稍安。

（三）亟修缕堤

黄河堤防始于春秋时期。当时诸侯各霸一方，所修堤防线路极不合理。到战国时期黄河下游堤防已经具有相当规模。秦汉时期黄河下游堤防逐渐完备。北宋五代时期则已经有了双重堤防，并按险要与否分为“向著”、“退背”两类，每类又分三等。到明代，堤防工程的施工、管理和防守技术都达到了相当高的水平，把堤防分为遥堤、缕堤、格堤、月堤四种，按照各堤的作用，因地制宜修建。万恭首先提出，想要黄河水流迅急，水由地中行，“舍堤无别策”。到清代，修堤技术又进一步发展。从明代隆庆到清代乾隆前期的二百年间，是黄河下游堤防建设的一个高潮时期。潘季驯治理黄河的总方略是：“以河治河，以水攻沙。”基本办法是“束水攻沙”，主要实践措施就是坚筑堤防，固定河槽。用他的话讲就是“束水之法亦无奇谋密计，惟在坚筑堤防”。实践中，潘季驯同时提出“双重堤防”的思想，即缕堤之外筑遥堤，平时以缕堤约束河水攻沙；洪水时，万一缕堤漫决，以遥堤约拦，以免溃决夺河。遥堤、缕堤之间，沿河道横断面方向筑格堤，阻止决水对遥堤的冲刷。缕堤内筑月堤，以免河水冲刷堤跟。清初治河名臣朱之锡认为，筑堤束水在明代经过长时期大规模的实践，成效明显，所以应坚筑堤防，固定河槽，以免泛滥。

游百川高度重视古代的堤防方法。《清史稿》列传二百十：“（游百川）会奏请筑两岸遥堤，复于其内筑缕堤，使黄水不致泛滥。”他考虑到“济武两郡，地狭民稠，多占田亩，小民失业，甚非所愿”，以及“齐河、济阳、齐东、蒲台、利津等县城，皆近临河干，使之实偪处此,民情未免震骇”等实情,认为筑遥堤“只可作为缓图”,特别强调“亟筑缕堤”。他建议上至长清,下至利津,南北两岸先筑缕堤一道,已有之堤加高培厚,无堤处一律补齐,顶冲险要处再添筑重堤一道,长六百余里,两岸总计千余里。他的《察看黄河酌议办法》疏曰:

> 一亟筑缕堤也。御灾捍水,无过修堤。缕堤近临河干,民间自行修筑,取土太近,多不合法。且大率单薄,又断续相间,即有堤之处,一筑再筑,亦复屡经塌陷,民力困竭,端由如此。今求济急之方,拟上自长清,下抵利津,南北两岸,先筑缕堤一道,本有之堤,加高培厚,无堤之处,一律补齐。其顶冲险要处所,再添筑重堤一面,约长六百余里,两岸牵算计千余里,为民捍患,民自乐从。拟仍藉资民力,加以津贴,尽可计日告成。至谓治水者不与水争,第其法无过普筑遥堤,现今坚持此议者甚多。臣窃计遥堤筑成,未始非平稳之策,长久之谋。然济武两郡,地狭民稠,多占田亩,小民失业,甚非所愿,既难相绳,且展宽五里或三里,其间村镇庐舍坟墓,不可数计。兼之齐河、济阳、齐东、蒲台、利津等县城,皆近临河干,使之实偪处此,民情未免震骇。况遥堤一律创修,价买民田,再以底宽十丈、顶宽三丈、高一丈二尺计之,需款不下四五百万金,工艰费巨,又非旷日持久不办,深恐民间骚动,纵或将来万不容已,在目前量度情势,只可作为缓图。臣所以请筑缕堤以济急,而不敢轻持遥堤之议者此也。以上三条,仅就大概情形筹之。与抚臣筹商,意见均属相同。查浚疏河道,如造船百只,加修制器具,约需银二万余两。水手口粮,照东省旧章,临时酌给。其开挑引河,底宽十丈,面宽十五丈,高二丈,就白龙湾地方,开至徒骇河,其间相距十里,并坚筑减水坝工料,计所费约需十七八万两。将徒骇河一律挑深,亦约需费二十万两。筑缕堤一道,两岸千有余里,按前臣办过成案,每土一方,酌给津贴,约需

银四五十万两。至黄河水势浩瀚,引入徒骇河,不过减去十分之一,将来仍应设法缕分,引入马颊、鬲津等河。计所需又数十万金,此臣拟开挖徒骇、马颊等河以分水势大概情形也。窃以黄水之大,由众流汇聚而成,上游之水少一分会黄,则下游黄水自减一分。

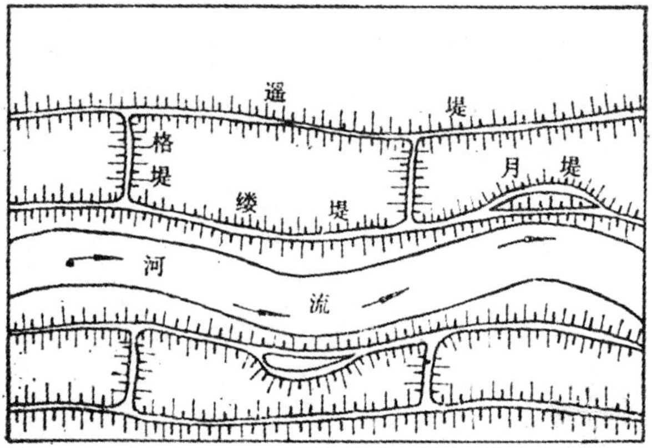

双重堤防示意图

游百川亟筑缕堤的提议得到“议准照办”①的批复,但由于所拨给的河工银两仅四十万两,仅为所估算需用银两的四分之一。游百川又上《请饬筹拨河工需用银两疏》恳请拨足银两,择日兴工。七月,游百川与陈士杰择要修培沿河州县民埝,并查明河工现定堤基远近。八月,游百川受命回任后,十月山东巡抚陈士杰奏准修筑长清至蒲台黄河两岸长堤,第二年六月工竣。同年(1883 年),陈士杰奏请接修缕堤(民埝)。上自东阿、平阴,下至利津铁门关,两岸整修民堰一千三百四十五里,一律筑成底宽四丈,顶宽一丈,高八尺,于汛前完成。两年后,山东巡抚张曜

① 葛士浚《皇朝经世文续编》卷九十《工政三 · 河防中》,上海图书集成书局光绪十四年(1888 年)排印本。

奏请筹办增培两岸遥堤和缕堤(民埝)工程。光绪十四、十六、十七、十九、廿五、廿六年进行过加帮,一般底顶帮宽一丈五尺,加高三尺至六尺,以及缕堤(民埝)改为官守,使得滨州市黄河北岸形成遥堤(官堤)、缕堤(民埝)两道防线。民间传说游百川因家乡在黄河以北,所以要力保黄河北岸。并传言游百川曾这样解释:"黄河以南是三里无村,黄河以北是三里五村,因此要力保。"其实不然,究其原因,皆由地势而定,滨州地势南高北洼凹、西高东低。

由于主客观多方面的原因,游百川疏通河道、分减黄流和亟修缕堤三个方面的治河方法落实情况并不甚理想,疏通河道效果不大,分减黄流限于疏浚小清河少减黄势,只有亟修缕堤落实最好,在治水患、解民困方面起到的作用最大。

三、主要特征

游百川的治河思想是古代治河思想的合理继承与发展,是治理黄河泛滥、救民于水的良策,他的主要治河思想被后人称为"治河三法",是治河思想的宝贵财富,闪耀着智慧的光芒。

(一)顺其水性,不参人意

顺其水性,疏通河道,引水入海,是"大禹治水"取得成功的良策,深为后人所推崇。清初,靳辅、陈潢在治河中提出了"顺其水性,而不参之以人意"的思想。水性就是河道水流运动变化的规律性。"顺其水性,而不参之以人意"就是治河要遵从河流运动的规律,而不是只按人的主观意志行事。陈潢还进一步阐述了"河之形有古今之异,河之性无古今之殊。水无殊性,故治河无殊理"[①]的道理。潘季驯也说:"水有性,拂之不可;河有

① 陈潢《河防述言》附《治河方略》末,影印文渊阁《四库全书》,(台北)商务印书馆1986年版。

防，弛之不可；地有定形，强之不可；治有正理，凿之不可。”①“顺其水性，而不参之以人意”的观点是朴素唯物主义思想的反映。

游百川继承了前人“顺其水性，而不参之以人意”的思想，他亲临黄河，注重调查，认识和尊重自然规律，把因势利导作为治河策略的一大指导思想。他提出的“疏通河道”和“分减黄流”都无不闪烁着“顺其水性，而不参之以人意”的朴素唯物主义思想。

（二）审时度势，因地制宜

游百川师古而不泥古，具体问题具体分析，“宜疏导者务疏之以分水势，宜堤防者务防之以遏水冲”②。其治河思想随着黄河水文情况的变化而不断发展，他也随着朝野大臣议论的深入而不断提出新的认识主张。

据文献记载，黄河下游有多次重大的改道。宋建炎二年（1128），东京（今开封）留守于滑县西南人为决河遂使河道东夺泗入淮，黄河流经商丘727年，到清咸丰五年（1855）从铜瓦厢（今兰考县）东坝头处决口，黄水先流向西北，后折转东北，夺山东大清河入渤海。此后几十年间，清政府内部就黄河回归故道还是改道北流进行了长期的争论。光绪九年（1883），游百川奉命到山东查看黄河水患，对于挽回故道与分流故道问题，游百川因时制宜，其治河主张先后有三次较大的变化：

第一次，认为将黄河挽回故道已无可能。

游百川至河南兰仪县属铜瓦厢之东坝头处决口亲自查看后，认为将黄河挽回故道已无可能。其《察看黄河酌议办法》疏曰：

① 沈云龙《中国水利要籍丛编》第15册《河防一览》，（台北）文海出版社1969年版，第416页。

② 游百川《奏为东省迭被水患亟宜筹办河防以济民生》折，中国第一历史档案馆馆藏资料。

> 其原来水溜，东趋故道，较现在河行水面，仅高三五尺许，而迤南旧河身，则沙积三十余道，俨成层峦叠嶂之形。伏思自来论河者，分持南行北行二说，臣详察形势，河本迁徙无常，将来遇伏秋盛涨，水复折而东趋，自寻故道，亦未可知。若以人力挽之，则势有万难者。一则北堤决后，已冲刷净尽，只余东西坝头，相距计一千六百九十六丈有奇，就其间筑堤，节节进占，工已甚巨。且全河正溜北行，中流堵御以图合龙，必震骇非常，办理殊无把握。一则故道以旁之沙岭，势难挑动。且徐海一带河身，涸出淤地千余里，民已尽行垦种，一旦驱而之他，民岂甘心失业？此南行之说应请毋庸置议者也。

但太仆寺少卿延茂认为人定胜天，"挽复淮徐故道"之法可行，他上《筹挽黄河分流故道》疏，主张"先自上游分杀水势，然后下流之引河可成"，光绪帝命张曜查看具奏。

第二次，主张兼用分流故道。

光绪十一年(1885)十二月二十八日，山东巡抚张曜行抵山东武定府境，先赴下游查勘黄河、徒骇两河入海之路。次年，张曜上《查勘黄河入海情形拟减水分流》疏，认为"统计黄河下游形势，总虑盈满为灾，减水分流，实为当务之急"，"分黄流十分之三，入南河故道"。① 张曜的提议得到游百川的拥护。游百川《东省河工仍宜兼用抚臣初议分流入南河故道之策以期确有实效》曰：

> 惟有仰恳天恩，仍将该抚所奏分黄流十分之三，入南河故道，命各督抚查照原折，细加体察实在情形。既曰分流，并非掣动大溜全入南河，不过就原有之河槽，量加挑浚，于南民田庐，毫无妨碍。且建带闸石坝，分水多寡，自有限制，

---

① 盛康《皇朝经世文续编》卷一百八《工政五·河防四》，(台北)文海出版社1961年版。

御灾捍患之计,莫要于此。

游百川认为:“先虽历陈全复故道,势有三难,而减水分流,妥筹办法,则谓工省费轻,有利无害,深冀其说之得行。”

第三次,主张规复淮徐故道。

光绪十三年(1887)“郑州决口,黄溜南趋”,李鸿藻会同李鹤年、倪文蔚迅速堵合。游百川阅读邸抄后,十二月二十七日,上《奏为河患未弭亟宜妥筹长策变通办理以纾国计而救民生》折。折曰:

> 臣愚窃维堵筑郑工为当务之急,然不变通办理则合龙无期,且但筹郑工而不通筹黄流经由之路,水患仍未有艾也。溯自铜瓦厢开决以来,黄流下灌济河,比因军务方殷,不遑堵筑。济河之宽不过里许,而当其始,两岸壁立,河底深通,水由地中,为患尚浅。自历年冲漫,日淤日高,微独济河全无水漕,即旁泻之,徒骇亦底高于岸,直无宣泄之路矣。夫水势就下,下流不畅,上流斯决。论者谓将来水患必在上游,今年郑工之决,其见端也。现在铜瓦厢断溜,下游沙积更甚,若不趁此时深思远虑,为黄水统筹全局,恐将来河南直隶水患更有不堪设想者。夫筹黄水经由之路,臣愚以为舍规复淮徐故道,别无长策。盖南河宽于济河不啻十倍,宽则可以容纳,所以本朝历由南河施工,形势所关,此彰明较著者也。说者谓规复故道一切培堤挑淤及安插占种河滩之民,工费浩繁,措办不易。然前因筹度分流南河,曾经各该省会计江南需银七百余万、河南需六百余万、山东需千五百余万。现时铜瓦厢干涸,施工甚易,若趁此时一面办理郑工,一面挽复故道,则山东需费不过数十万,较原估之数所省奚止百倍。似此机会,失之可惜。至江苏、河南两省需银千余万,虽云工款仍巨,殊不思黄流无道泛滥成灾,能免朝廷之顾虑乎?前人有曰:能知费之为省,乃真能省费者也。且人第知南河之淤而不知济河之淤尤甚。此次郑州决口为

患已巨，总由济河窄小不足吐纳黄流。臣往年奉命视河，曾有藉徒骇、马颊三分黄流之请，其时河未全淤，分流犹易为力。今则积垫愈高，分流亦无由奏效矣。臣愚以为与其用无限之费而患不可弭，何如规复故道为国家久远之图？

游百川认为郑州决口，仅仅堵筑郑工不行，还得"通筹黄流经由之路"。他以前之所以反对挽复故道，是由于水势就下，洪水通过济河宣泄有路，而且铜瓦厢洪水泛滥，难以施工。现在他主张规复淮徐故道，是由于这几年黄河周边水情已经发生了很大的变化，一是济河日淤日高下流不畅，黄河由郑州决口南趋，正好规复淮徐故道，恰是"顺水性"；二是"现时铜瓦厢干涸，施工甚易"，工费大减。

游百川审时度势，用发展的眼光看待挽回故道与分流故道问题，是辩证的、科学的。

(三)多措并举，综合治理

游百川的治河思想的另一个基本特征为多措并举，综合治理。他紧紧地抓住黄河沙多水少的水文特点，在对黄河规律有了正确认识的基础之上，提出治理黄河的方略与措施。

在水和沙关系上，游百川把治水与治沙结合起来。此前，除了公元1世纪初的王戎、宋朝的茆百禄、赵君锡之外，治理黄河的方针总是以治水为单一目标。潘季驯开始主张利用水和沙关系的自然规律来刷深河槽，利用自然力来治沙，以求达到治理黄河的目的。他的束水攻沙、蓄清刷黄和淤滩固堤的思想都体现了这一点。潘季驯"束水攻沙"理论虽然未能从根本上解决黄河下游河床的淤积问题，却在闪耀着科学的光辉。游百川继承了潘季驯的思想，深知治水先治沙的重要性，由于水患严重，难以筑堤束水，故在分减黄流的同时，用疏沙船疏浚河道，泄洪减灾。

游百川治河时恰逢黄水泛滥，灾民失所，对此游百川有针对性地提出了疏通河道、分减黄流和亟修缕堤三个治河方法，尽管由于朝野争执较大，加上清廷财政困难，分、疏、堵三法难以同时展开，但毕竟都有所落实，虽然有的不甚彻底，但所取得的成绩还是很大的。

由以上游百川治河思想的三个基本特征可知，游百川的治河思想以朴素唯物主义思想为思想基础，用发展的眼光看待黄河水患问题，以治河救灾为最终旨归。游百川在继承传统治河理论的基础上，积极探索，提出了切实可行的治河方法，取得了显著的治河成就。他的治河思想不仅在当时具有一定的指导意义和现实意义，而且对以后的治河和治河思想的发展也都有一定的影响。

四、后世影响

游百川在古代治河史上是一个杰出的人物，他的治河思想对后世治河产生了重要影响，是古代治河思想方面的重要遗产之一。

（一）因势而治

游百川注重调查研究，强调要从河情地势出发去确定治河方针和方法。他在《察看黄河酌议办法》疏中说：

> （光绪九年）正月初二日，冒雪起程，过平原、禹城，循马颊、徒骇河道。初五日至桃园工次……初六日抵济省，因雨雪连绵，河冰未解，下游水陆不通，只得于十七日循黄河南岸，由长清平阴东阿至十里堡，缘大堤而行。二十六日至河南兰仪县属铜瓦厢之东坝头……臣自二十七日由兰阳渡黄，循河北岸，经开濮范寿等州县，至张秋镇察看运道。二月初九日折回济省，旋于十一日历勘下游，直至利津之铁门关以下，会同东抚臣陈士杰看明海口地方，复由南岸驰回省垣。

通过实地考察,游百川提出了著名的治河三法。他的经验集中到一点来谈,就是治理黄河必须要从实际出发,因地因情而定,从客观规律出发,而不能凭空臆度,或者穿凿附会。这种实事求是的治河思想给后人以十分有益的影响。

(二)方法灵活多样

为疏通河道,游百川用木船、小火轮(机船)拖带铁箅子、混江龙等器具在铁门关一带上下刷涤。这种借助机械而非人力的拖淤泄洪方法为后人治河提供了有益借鉴。此后,山东巡抚张曜利用挖泥机器船在利津太平湾进行海口浚淤试验。新中国成立后,我国仍然继续运用这一方法,不断地进行机械拖淤尝试。1977 年,利津修防段、水文站用 3 只机船分别拖带重 87.4 ~ 292 公斤的 5 种铁耙,在刘家夹河险工右岸浅滩试验拖淤,在长 300 米、宽 150 米范围内,往返拖淤 8 天 288 趟。同年,垦利修防段在义和险工河段采用“定点定线,机引耙拖,借水刷槽”的方法进行拖淤试验,实拖 6 天 127.5 趟。1979 年,垦利修防段将 2 台120 马力湿地推土机改装成水下拖拉机,进行河道疏浚试验。1981 年,利津修防段制造专用拖淤船 1 只,因对拖淤价值认识不一致,船体安装完成后即行搁置。1988 年,东营市、胜利油田、黄河修防处(现黄河河口管理局)决定联合在河口进行疏浚治理试验,清障拖淤、疏浚河门的一个主要方法就是船舶疏浚。此后几年,每年都要利用船刺、耙拖、高压水枪、射流冲沙、推进器搅动等方法组织群船拖淤。总起来看,游百川借助机械疏通河道的治河方法对后人影响很大,尽管因资金、来水及船体功能等多种因素制约,该方法收效并不理想,但不失为一种合理积极的探索和尝试。

修筑堤防防御洪水是古代劳动人民的创举,也是游百川治河思想的一个重要方面,经他和陈士杰积极提议,由陈士杰主持修筑的黄河堤防成为黄河下游防御洪水的坚强屏障。

（三）人定胜天

游百川心系家乡，惦记着家乡父老乡亲的生命财产，惦记着自小陪伴他的黄河和黄河的安危。在任职福建道监察御史期间即因“东省黄水为患，济武两郡被灾甚重”而揪心，他在《奏为东省迭被水患亟宜筹办河防以济民生》一折中提议“免其钱粮以苏民困，其实在险要处所督同本处绅耆估计工程绘图贴说，奏请兴修”。在任职仓场侍郎期间，他提议亟筑缕堤，缓图遥堤，为黄河治理做了实实在在的好事。缕堤的培修与守护和遥堤（官堤）的两次培修，形成现在的堤防形势，尤其是“南岸惟力护遥堤，北岸则需增培民埝，南岸弃埝守堤，展拓河身，北岸接修民埝为堤，遥堤遂废弃”等治河措施的实施，极大地维护了滨州百姓的实际利益，顺应了民意，是铜瓦厢决口后三十年来首次大规模的修堤，促进了现在黄河堤防形势的形成。因此说，滨州黄河堤防在清末的两次培修加固和形成，与游百川的鼎力相助是分不开的。后来回京，游百川仍然不忘黄河水患，牵挂家乡父老。光绪十三年（1887），游百川知悉黄河于郑州决口南趋，上呈《奏为河患未弭亟宜妥筹长策变通办理以纾国计而救民生》一疏，建议将黄河规复徐淮故道，想彻底解除家乡人民的覆水之灾。

游百川以造福人民为目的，从实际出发，积极探求治河方略，他所提出的治河思想对后世影响甚大，是一笔宝贵的思想财富。

从现存可查资料来看，游百川关注黄河始于同治六年（1867）十月二十一日上疏《奏为东省迭被水患亟宜筹办河防以济民生》，止于光绪十三年（1887）十二月二十七日上疏《奏为河患未弭亟宜妥筹长策变通办理以纾国计而救民生》，时间长达20年。虽然游百川治河时间并不长，仅8个多月，可贵的是，游百川在治河的同时，心系灾民，不忘赈灾。而且由于河工修防工程的复杂性、准确审核的困难性、漫决发生的随机性等因素，给河臣的贪冒留下了很大的活动空间，游百川在纷纷钻营求进以河工为“金穴”的清朝，不侵吞河工银两，“（赈灾）款项必涓滴归公报销，必丝毫无隐”，一心治河救灾，给后世留下一个勤恳廉洁的潇洒背影。

第四节　理学思想

理学，又称性理之学、心性之学、道学，因其基本上形成于两宋时期，亦有宋学之称，是指宋朝以后的新儒学。广义的理学，泛指以讨论天道性命问题为中心的整个哲学思潮，包括各种不同学派；狭义的理学，专指以程颢、程颐、朱熹为代表的，以理为最高范畴的学说，即程朱理学。程朱理学亦称程朱道学，是宋明理学的主要派别之一，也是理学各派中对后世影响最大的学派之一。其由北宋二程（程颢、程颐）兄弟开始创立，其间经过弟子杨时，再传罗从彦，三传李侗的传承，到南宋朱熹集为大成。理学产生于北宋，盛行于南宋与元、明时代，清中期以后逐渐衰落，晚清时期（同治朝及其以前的这段时间）“复兴”，此后迅速衰落下去。游百川会试出于理学大师倭仁的门下，“先生从艮峰学，艮峰日记中载其论学之言”①，与何桂珍、于荫霖等同为“艮峰学派”主将，交游者有唐鉴、曾国藩、吴廷栋、李棠阶、刘熙载、朱绮、苏源生、何慎修、吴嘉宾、任莲叔、吕贤基、窦垿、徐淮阳等。罢归后，先后主持济南泺源书院、聊城东昌府书院，讲授理学。为清末著名理学家，艮峰学派代表人物之一。研究游百川的理学思想，对于深入研究“艮峰学派”与同治年间的理学复兴具有重要意义。

---

① 徐世昌《清儒学案》卷一百六十五“艮峰学案”游百川条，1938 年天津徐氏刊本，第 6392 页。

一、形成背景

游百川理学思想的形成背景很复杂,今仅从文化背景、政治背景和学术背景三个方面进行分析总结。

(一)文化背景

游百川的家乡滨州地处鲁北平原,具有悠久的经学地域文化传统。鲁北学者对经学的发展做出了杰出贡献。

山东是儒学的发祥地。自孔子创儒学,以六艺教授子弟,鲁北就开始了经籍学术的延传,史称"传经"。战国时齐国处士陈仲子(约前350~前260),长山县(今属邹平)人,本为齐宗族大家,其兄陈戴为盖邑封君。他以其俸禄和房屋为不义之财,遂离家出走,与妻子隐居於陵(今邹平县东南)山中,不食乱世之食,与妻以织屦、替人灌园为生,后饥饿而死。或说他为孟子弟子。传说邹平东南山中有其隐居处。撰有《於陵子》12篇,其学派被称为"於陵学派"。两汉经学勃兴。被后世誉为"尚书再造"的伏生,开启邹平汉代讲经之风。伏生,济北郡齐国(今邹平县韩店镇苏家村)人,相传为孔子弟子宓子贱(古代宓与伏通)的后人,今文《尚书》的创始者。秦始皇焚书坑儒,伏生冒着被杀头的危险,在壁中藏《尚书》。汉初,仅存二十九篇,并广招弟子进行传授,教授于齐鲁之间。后人评伏生传书之功曰:"汉无伏生,则《尚书》不传;传而无伏生,亦不明其义。"伏生教授的弟子,主要有济南张生及千乘(今山东高青县高苑镇北)人欧阳生。欧阳生传千乘人兒宽。兒宽通《尚书》之后,"以文学应郡举,诣博士受业,受业孔安国"①。东汉末年,终于砥砺出一位博通《五经》、继往开来的巨擘宗师,这就是以"通学"著称的郑玄。郑玄以其博通全学的综合学问来遍注群经,"至于经传洽孰,称

① 《史记·儒林列传》,中华书局1959年版。

为纯儒,齐鲁间宗之”,达到了两汉经学的最高境界。三国魏乐安(今博兴县)人孙炎,孙武的第二十代孙,著名的经学家、训诂学家,受业于郑玄,人称东州大儒。经学家王肃不赞成郑玄的学术观点,著《圣证论》讥难郑玄。孙炎奋起反驳,维护郑玄学说。其著作有《周易春秋》,并为《毛诗》、《礼记》、《春秋》三传、《国语》等书作注。所撰《尔雅音义》一书用反切音。反切音即从此盛行。五代时邹平人田敏(880~971),少通《春秋》,笃于经学,后梁贞明年间登科,在梁、唐、晋、汉、周五代历任国子博士、祭酒、太常博士、户部员外郎、司空、工部尚书、太子少保等职。后唐时校勘、雕版印刷《九经》,统一全国经典文字,历时22年。至后周广顺三年(953)终成宏业。晚年开启北宋齐鲁讲学之风,被誉为一代儒学宗师。周世宗褒扬他“详明礼乐,博涉典坟,为儒学之宗师,乃荐绅之仪表”。后周显德五年(958)告老还乡,仍亲授经学。元朝邹平人张临,世称长白先生,终生以传授程朱理学为己任,在城东七里铺设馆授徒,被誉为一代儒师。清初著名经史学家马骕(1621~1673),邹平人,好古力学,勤于著述,尤精于中国先秦上古史研究,先后撰有《左传事纬》12卷附录8卷、《绎史》100卷和多卷本《十三代瑰书》,被人誉称“马三代”,号“专门之学”。清朝考据学家成瓘(1763~1842),邹平人,嘉庆举人,后放弃科举,沉酣古籍,专心著述。所著《篛园日札》,对音韵、训诂、注经、证史颇有见解。所撰《石鼓辨证》,以小学印证古人,又以鼓文勘对史实,广证博考,受到国学大师俞正燮的推崇。

邹平县系今山东省滨州市所辖的一个县,与游百川的家乡相距仅80多公里,如果说邹平悠久的经学文化传统对于游百川理学思想的形成具有一定的间接影响,那么咸丰皇帝的师傅杜受田与游百川的恩师杜源对于游百川理学思想的形成应该具有一定较为直接的影响。杜受田,滨州人,清末宿儒,具有浓厚的理学背景,在其影响下,咸丰皇帝曾一度表现出对理学的敬意,连日召见唐鉴、吴廷栋,并在杜受田的推荐下,选择了信仰理学的汉族诗人兼政治家祁寯藻担任领班军机大臣。作为同时代的乡贤,杜受田对游百川理学思想的形成应该说影响较大。游百川的恩师杜源,滨州杜家第十六代孙,“幼从仲兄汉,读有颖悟,年十九补弟子”①,曾任馆陶县教谕,具有深厚的儒学素养,为游百川理学思想的形成奠定了深厚基础。

(二)政治背景

咸丰年间清朝内忧外患,全国性社会动荡和第二次鸦片战争为程朱理学的复兴提供了重要的契机。咸丰初年,太平天国农民起义在广西爆发,很快席卷了大半个中国,沉重地打击了清王朝的腐朽统治。在意识形态方面,起义者利用自己创立的拜上帝教反对传统的儒、释、道三教,尤其把孔孟儒学称为“妖书邪说”,严加禁止。太平天国当局颁发命令:“凡一切孔孟诸子百家妖书邪说者,尽行焚除,皆不准买卖藏读也,否则问罪也。”②作为清王朝赖以支持的精神支柱——包括程朱理学在内的传统儒学,受到起义者的猛烈鞑伐、亵渎,无疑是对封建统治阶级及其统治秩序的沉重打击,引起整个地主阶级的恐慌。为了镇压人民起义,挽救清王朝的命运,以曾国藩为代表的理学士人纷纷投笔从戎,积极参与镇压太平天国的活动。他们一方面网罗士人,组织湘军等地主武装,进行武力镇压;另一方面打出“卫道”的旗帜,呼吁振兴孔孟程朱之学,以对抗太平天国的“异端邪说”,挽救人心,恢复被人民起义打乱的封建秩序。咸丰四年(1854)初,曾国藩练成湘军率师出征,作《讨粤匪檄》为出师宣言,号召读书人起来“卫道”。这表明,面临灭顶之灾的满汉地主阶级迫切需要一大批读诗书、明义理、效忠于王朝的人才来挽救封建治统和道

① 李熙龄《武定府志》,咸丰十年(1860)刻本。

② 《诏书盖玺颁行论》,《太平天国》第1册,第313页。

统的危机。然而,在当时,八股之士、考据之徒,显然是不堪任用的。理学之士是否靠得住,清朝最高统治者尚存犹疑。咸丰时,鉴于理学以往负有“迂拘”、“空疏”的坏名声,清政府在用人问题上犹豫徘徊,举棋不定,还不时对理学士人进行排斥。以理学相标榜的李棠阶、倭仁、吴廷栋、曾国藩等人,大多仕途坎坷,不是归籍闲置,便是差派边远,不授实权。笃信程朱的倭仁于仕途一再蹭蹬,被“发配”到千里之外的叶尔羌“历练”。一向处事谨慎、屡立战功的曾国藩长期不受朝廷重视,未授权柄,吃尽了官场倾轧排抑的苦头。然而,这种情况到咸丰十年(1860)便发生了变化。是年英法联军兵临京城,咸丰帝仓皇逃往热河行宫。五月,太平军击溃清朝江南大营,清政府所倚重的正规军——八旗、绿营溃不成军,无力与起义军对抗,严峻的形势迫使统治者不得不起用汉族地主阶级地方势力武装——湘军,这就给曾国藩等理学士人以崛起的机会。六月,清政府以曾国藩为署理两江总督,八月改为实授,并命为钦差大臣督办江南军务。曾国藩的登进不仅是清王朝在对太平天国用兵选将上的重大政策调整,而且是其重用理学大臣的标志。十一月《北京条约》签订后,第二次鸦片战争结束。次年咸丰帝病逝,年仅六岁的载淳继位。北京政变后,面对内忧外患的清王朝为了树立“正人立朝”的形象,不遗余力地提拔所谓“理学名臣”。同治元年(1862),倭仁一年三迁,从擢工部尚书、授协办大学士,升至文渊阁大学士,并当上年幼的同治帝的师傅,掌管翰林院,一跃而成为清王朝的内阁揆首和最高理论权威。倭仁当上帝师后,辑古帝王事迹及古今名臣奏议,编成《启心金鉴》,用这部渗透着程朱理学“君明臣良”思想的读本,来教导同治皇帝。到同治初年,理学派的地位已非昔比,炙手可热。在朝中,理学官员已经荣登显要,举足轻重;在地方,湘系及与之关系密切的将领随着曾国藩地位的上升与巩固,一个个飞黄腾达。这些具有理学背景的人物,乘镇压太平天国之机迅速崛起,成为统治阶级内部一批新起的实力派,支撑起清王朝岌岌可危的半壁江山。

游百川于同治元年中进士,同治六年(1867)迁御史,与倭仁一起高扬程朱理学旗帜,拯世救时,以维护清王朝的长治久安。

(三)学术背景

游百川的理学思想核心是程朱理学。在清代,程朱理学经历了一个类似马鞍形曲折发展的过程。清朝初期,以康熙皇帝为代表的封建统治者奉行崇儒重道的文化政策,尊崇程朱理学为儒学正宗,重用一批理学名臣,以维护其统治地位,于是出现了清代程朱理学发展的第一个高峰。正如曾国藩所说:"我朝崇儒一道,正学翕兴。平湖陆子、桐乡张子,辟诐辞而反经,确乎其不可拔。陆桴亭、顾亭林之徒,博大精微,体用兼赅。其他钜公硕学,项领相望。二百年来,大小醇疵,区以别矣。"[①]然而,好景不长,随着汉学(考据学)的兴起并成为一代显学,理学跌入低谷,被冷落了百年之久。由于今文经学家和程朱理学家从多方面批评汉学潮流的冲击,从根本上动摇了汉学的"学阀"地位,嘉道年间,程朱理学开始受到士大夫们的重视。道咸以后,清王朝鉴于政治上和学术上出现的双重危机形势,把挽回危机的希望寄托于程朱理学的重振,各地的理学士人也逐渐活跃起来,纷纷举起振兴程朱理学的旗帜,朝野鼓吹,推波助澜。从时间上讲,道光二十年(1840),唐鉴"再官京师,倡导正学",可视作理学振兴的重要标志。同治元年(1862),曾任顺天府尹的蒋琦龄上《中兴十二策》,力倡崇理学以兴教化。同治年间,倭仁、吴廷栋、李棠阶以"正学"立朝,大大提升了理学的地位。方宗诚称:"(吴廷栋)与倭公艮峰、文园李公同朝。时倭公以大学士为师傅,李公以尚书掌军机,虽各有分位,未能越俎,而道义相契,可以密相赞襄,切磋德业,海内称为三大贤。都中凡有志正

① 曾国藩《书学案小识后》,《曾国藩全集·诗文》,岳麓书社 1986 年版,第 166 页。

学之士,皆以三公为依归焉。"①在地方,以曾国藩为首的湘军集团也纠集了大批理学人士,除湘军首领左宗棠、胡林翼外,罗泽南、刘蓉、李元度、郭嵩焘、刘长佑、丁善庆、王鄜、李续宾、李续宜、蒋益澧、贺兴范、钟近衡、刘典、涂宗瀛、方宗诚等,或为湘军成员,或一度为曾国藩幕僚,均有理学背景。同时,宗理学者为维护程朱道统,传继正学,还撰写了一批学术著作。其中,表彰程朱理学的学术史著作有潘世恩的《正学编》、何桂珍的《续理学正宗》和唐鉴的《国朝学案小识》等,倭仁的《倭文端公日记》、吴廷栋的《拙修集》等著作在当时也富有影响。这些著作的水平虽参差不齐,但从不同方面提高了程朱理学的学术地位,壮大了程朱理学的社会声势。在以上理学人士的积极倡导和有力推动下,理学在同治朝终获"复兴"。这是清代程朱理学发展的第二个高峰。梁启超在论及晚清"理学中兴"时说道:"洪杨乱事前后,思想界引出三条新路,其一,宋学复兴。乾嘉以来,汉学家门户之见极深,'宋学'二字,几为大雅所不道,而汉学家支离破碎,实渐已惹起人心厌倦,罗罗山(泽南)曾涤生(国藩)在道咸之交,独以宋学相砥砺,其后卒以书生犯大难成功名。……自此以后,学人轻蔑宋学的观念一变。换个方面说,对于汉学的评价逐渐低落,'反汉学'的思想,常在酝酿中。"②。这段话基本上道出了"理学中兴"的学术背景。游百川在此学术转型的背景下走进程朱理学的大营,成为程朱理学兴盛大潮中的一员干将。

二、基本内容

游百川系理学一代宗师倭仁的门生。《倭文端公遗书》所收日记载有游百川几条评语,皆论学之言,署名称"受业游百

① 方宗诚《吴竹如年谱》,见吴廷栋《拙修集续编》附录。

② 梁启超《梁启超论清学史二种》,复旦大学出版社 1985 年版,第 120 页。

川”。据翁同龢说,倭仁遗折“稿乃游御史百川所拟”①。可见,游百川当是倭仁晚年颇为亲信的得意门生。游百川的理学思想基本上没有跳出倭仁的理学窠臼。下面对其基本内容总结如下:

(一)崇程朱,主修身

唐鉴是理学复兴的宗主,倭仁、吴廷栋、曾国藩等则是理学复兴的主将,游百川紧随其后,是倭仁“艮峰学派”的中坚,笃守程朱理学。

唐鉴系理学主敬派。他感于世风的卑下,特别强调“居敬穷理”的涵养工夫,希望读书人能够诚意、正心、修身,从而转变从官场到民间道德沦丧的风气。他认为,理是人生追求的终极目标,追求理的方法和实践理论就是所谓的涵养工夫。他认为,敬是修身尽性的关键,是实现诚正修齐治平的保证,修身、治学没有敬的态度,则不能到达最高峰。他指出居敬就是要整齐严肃。日常生活中,时时刻刻提醒自己主一无适,而表现在行动中就是要出言谨慎严肃,办事光明正大。这样的修养功夫不是刻意做出来给别人看的,而是内心深处自觉的认同。其目的在于穷理,在于诚意、正心,在于通过内圣修炼实现外王。

倭仁系理学修身派。倭仁起初崇尊王学,从唐鉴问学以后,弃王学而改宗程朱,终身笃信程朱理学,是以唐鉴为中心的京师理学群体中的重要成员,继承并进一步发展了程朱理学。史革新认为“晚清理学大致可以划分为两个主要派别,即以倭仁、吴廷栋、李棠阶为首的理学主敬派和以曾国藩为首的理学经世派”。个人认为这种说法并不十分恰当,倭仁与唐鉴虽然都笃信程朱理学,但具体内容略有不同。唐鉴重视“敬”的作用,为“理学主敬派”无疑;倭仁重视修身的作用,当为“理学修身派”。倭仁从儒家传统的“内圣外王”标准来衡量,偏于“内圣”修身。

① 翁同龢《翁同龢日记》第二册,中华书局1989年版,第852页。

他不仅自己注重道德心性修养，踏实做圣贤工夫，努力完善自己的道德理想人格，而且在社会上大力提倡，希望将社会上的人个个造就成儒家“君子”，他所编著的《为学大指》主要介绍为学做人的方法，正是为了这个目的。

游百川深受倭仁的影响，系理学修身派重要成员，他以程朱理学为唯一“正学”，以维护程朱理学道统为己任，主张淡泊明志，修身“守道”，使道德生活和理想人格日益完善。在此基础上，去治国平天下。《清代山东乡试朱卷咸丰壬子科·游百川》载《孝慈则忠举善而教不能则劝》一文，其题目来自孔子“临之以庄则敬，孝慈则忠，举善而教不能则劝”。大意是：面对民众要端庄而威严，民众自然就尊敬你。对长辈要孝顺，对民众要慈爱，民众自然忠于你。对于为善之人要大力推举，对于不善之人要进行教育转化，民众自然就能够自勉而为善了。此文讲的既是“治民之道”，也是“自我修身之道”，也是“为人之道”。这与《礼记·大学》篇中的“八条目”（格物、致知、诚意、正心、修身、齐家、治国、平天下）、“治人以修己（修身）为本”、“修己以慎独（诚意）为先”等主张是完全一致的。为了能使民众尊敬自己、忠于自己、自勉而为善，必须从自己做起，从自己的“诚意、正心、修身”开始。只要自己真正做到了“端严、孝慈、举善、教不善”，那么民众自然就会“敬、忠、劝”。

同治五年（1866），游百川于京城任编修时，在倭仁日记中留下了三条评语，内容如下：

> 按，人心之蔽，莫甚于妄念，妄念不除，怨尤斯起。子曰：“不知命，无以为君子也。”先生首从此处提醒，而返观默证递举守分安命之语与诸葛武侯淡泊明志正同，最足发人深省。
>
> 丙寅二月二十七日受业游百川谨识①

① 王有立《倭文端公遗书》卷四（《中华文史丛书》影印六安求我斋刊本），（台北）华文书局股份有限公司印行，光绪元年，第206页。

按，养志莫先于斯，先生尽孝之言，即教孝之旨矣。未得斯意，能无憾乎？

百川谨识①

按，为学不得其方因而放弃者多矣。俞子所患二者交失，经先生指示，博约之功相济适以相成，甚矣。学之不可不亟讲也。

百川谨识②

由以上内容知，游百川认为修身的一个重要途径就是除妄念，要"守分安命"，"淡泊明志"，他所说的"淡泊"，其实就是恬淡寡欲，看淡名利，这和程颐提出的"存天理，去人欲"一脉相承。游百川认为要"养志"，即培养、保持不慕荣利的志向，首先要"尽孝"，把"孝"提到一个新的高度。孔子说："孝，是德的根本，'教'因'孝'而产生。"南宋理学家朱熹八岁的时候就在《孝经》的扉页上庄重地写下了"若不如此，便不成人"的志向。他们固然非常重视"孝"的作用，却没有把"尽孝"和"养志"联系起来，游百川看到了二者"本"与"末"的关系，提出了先"尽孝"、后"养志"的观点，在理论上有创新处。在学习上，游百川注重"博"与"约"的相互联系，在继承孔子"君子博学于文，约之于礼"③观点的基础上，提出了"博约之功相济适以相成"的看法，具有一定的唯物辩证法的眼光。

当然，说游百川为理学修身派重要成员，并不是说他只注重修身，不问经世。游百川继承了唐鉴提倡的"救时"之旨，积极关注现实社会，这从他为官的道德实践行为中可以看出，他不断

① 王有立《倭文端公遗书》卷四（《中华文史丛书》影印六安求我斋刊本），（台北）华文书局股份有限公司印行，光绪元年，第210页。

② 王有立《倭文端公遗书》卷四（《中华文史丛书》影印六安求我斋刊本），（台北）华文书局股份有限公司印行，光绪元年，第296页。

③ 杨伯峻《论语译注》，中华书局1980年版。

上疏，奏请崇尚经术，迅筹剿贼，惩治贪残吏胥，严禁栽种罂粟，等等举措，均是他经世致用思想的体现，是对具体的社会政治问题的较为积极的回应，表现出一种强烈的忧患意识和社会责任感。

（二）正君心，端国本

在理学派士大夫发迹之前，以肃顺为首的八大臣一度把持朝政，弄得朝廷内外关系紧张，怨声载道。在理学派士大夫看来，这种“权奸擅政”、蒙蔽欺饰的朝局，正是朝纲败坏的根本原因。因此，他们上台伊始，便主张“正朝纲”、“端君心”，强调“治本”问题的重要性，包括要求君主按正学的要求修身养性，提倡正学，心存敬惧，近贤臣远小人，对天下实行仁政，等等。当然，这些也是理学派士人的一贯主张，倭仁早在咸丰初年所上的《应诏陈言疏》、《敬陈治本疏》就已经提到过，曾规劝咸丰“穷理修身以至于治平天下”①。但这些进言在当时却被咸丰认为不切时用，被搁置一边。而在同治初元倭仁出任帝师后，立即向朝廷进呈其所辑古帝王事迹及古今臣工奏议，作为“启沃圣心”、端正“治本”的教材。李棠阶被起用后遂上《条陈时政之要疏》，谈到四个问题，即“端出治之本”、“振纪纲之实”、“安民之要”、“平贼之要”等事，这些意见与倭仁所述精神基本一致。吴廷栋也很重视正君心的问题。同治三年（1864）湘军攻陷太平天国的都城天京后，朝野上下人人兴奋不已，只有吴廷栋本着居安思危的态度，上了一道《金陵克复请加敬惧疏》。吴廷栋认为“从古功成志遂，人主喜心一生，而骄心已伏”，其结果必然“受蛊惑，塞聪明，恶忠谠，远老成”，因此帝王应该时刻保持敬惧之

① 王有立《倭文端公遗书》卷二《敬陈治本疏》（《中华文史丛书》影印六安求我斋刊本），（台北）华文书局股份有限公司印行，光绪元年，第4~5页。

心。此疏上达后,不仅受到统治者的嘉奖,在民间也颇为流行,“一时传抄疏稿,几于纸贵”。

游百川同样重视“致治之本”的问题,积极上书人君,陈述“致治之本”的要义。同治八年(1969)十二月十八日,游百川上《请修圣德以召祥和折》曰:“《洪范》九畴以皇极为本,其言休征咎征天人感应之机毫发不爽,是知天时之有未协,皆人事之有未修也。……望皇上恐惧修省,惕厉忧勤,懋圣学益以新圣德,兢兢业业,以同治初元之心为心,以同治初元之治为治。”游百川认为“天心”与“人事”之间存在必然联系,固然包含传统中国哲学“天人感应”的唯心主义因素,但其“修圣德”以实现“年谷顺成,民困得苏,天下蒙福”的出发点是好的,客观上对于“正君心”和巩固封建统治也起到了一定的积极作用。

(三)重教育,育人才

作为科举功令,程朱理学在教育领域本就颇具影响。在同治朝,这些理学大臣又进一步加强了对教育的控制和渗透。同治皇帝冲龄即位,帝师的选择是一个重要问题,它表明了最高统治者对学术的态度,也在很大程度上影响着学术的未来走向。对于此事,这些理学士大夫极为关注,并上下奔走,努力把这一要职抢到手。为此,吴廷栋特致信曾国藩,请他力保倭仁。最后,清廷经过反复权衡,相继任命倭仁、翁心存、祁寯藻、李鸿藻等担任同治帝师,其中倭仁、李鸿藻都是当时知名的理学家。这给理学家参与朝政、推广程朱理学提供了有利的机会。倭仁等理学家担任帝师后,都用程朱理学辅导幼主修身之方、治国之道。同时,担任翰林院掌院学士的倭仁也以此教育翰林院学士。他在《翰林院条规》中,把《四书》、《朱子语类》,《朱子大全》等理学读本定为翰林院学士的必修读物,明确表明尊崇程朱理学的原则。李棠阶也强调对翰林院学士加强理学教育,他说:“窃谓宜令教习庶吉士,课以实学,由身心以达于时务,即《大学》格致诚正修齐治平之正轨也。以此为本，治经、治史、治事及濂洛关闽诸儒等书，次第参求，皆归于反己。”与此同时，地方各类教育机构也纷纷仿效，增加理学教育的内容，京师同文馆、上海广方言馆等新式学堂也不例外。可以说，程朱理学在各类教育中得到了强化。

游百川也非常注重教育的教化育人功能，注重崇尚经术对于培养人才的重要意义，他在景山官学充汉教习和左右翼宗学任汉教习时，就侧重给上三旗子弟讲授《四书》《五经》之要义、崇经修德之根本。同治六年（1867）十一月二十八日，游百川上《奏为士习为人才所系宜崇尚经术以端趋向》折，称士子求名太急，于《四书》《五经》未能成诵，导致学无根底，“今欲改此锢习，莫若杜人侥幸之心，而引之专意读经”，“请旨饬下督学使臣，遍行晓谕，生童中如有能默诵《五经》，通晓经义者，准其赴该学报名注册，即于考古场中按名面试，试以数条，其能否成诵讲解，无难立辨。可取录者，即正场文字未甚优长，亦拔以示鼓励。其未经报考，止就正场文字取录者，亦于发落时，令其认习某经，各注名下，俟下届按册试之，勤奋者立予奖励，玩愒者加之创惩”。对于这一建议，清廷很快予以允准并发布上谕，各省也纷纷予以照办。

游百川还注重书院的建设和对经学古籍的保存整理。同治十三年（1874），游百川因谏修圆明园被革职，家境贫寒，山东按察使陈士杰闻知并以千金相赠，游百川将此款捐给了滨州培风书院。任职顺天府尹期间，游百川还捐款修建金台书院。鉴于古籍图书在战乱中大量损失散佚，游百川给光绪皇帝进呈郝懿行《春秋比说略》《山海经注疏》《山海经图》等著作，以有益世教。不仅如此，游百川还身体力行，亲自到书院执教。

三、历史影响

游百川的理学思想具有比较鲜明的两面性，在学术方面，一定程度上成就了“理学中兴”,并对同光时期的思想学术产生了深刻的影响;在政治方面,在一定程度上促进了“同治中兴”局面的形成,并在一定程度上延缓了中国早期近代化运动的进程。

(一)学术影响:一定程度上成就了“理学中兴”

游百川的理学思想一定程度上提高了程朱理学的社会地位,扩大了其社会影响,对“理学中兴”起到了积极的推动作用,对同光时期的学术思想产生了深刻的影响。由于他们的倡导和清政府的扶持,讲求理学的风气一度得到强化。倭仁制订的《翰林院学规》,加强了翰林院研习程朱理学的内容,官方控制的文教机构竞相效尤,甚至波及洋务学堂。程朱理学在文教领域的正宗地位依然不可动摇。同治六年(1867)十一月二十八日,游百川上呈《奏为士习为人才所系宜崇尚经术以端趋向》折,强调“整饬学校正本清源”,“崇尚经术以端趋向”,清廷颁布执行。曾国藩打出“卫道”的旗帜,把大批“抱道君子”和“有血性”的书生吸引到自己门下,几使其幕府成为当时全国最大的人才库。尤其是曾国藩提出的“孔门四学”、“义理经济合一”的主张,突出了经世之学的重要性,对于经世致用精神的发扬和洋务思想的发展起到重要的推动作用。在他们周围大都形成一个个或大或小的士大夫群体,他们以程朱相标榜,呼应提携,呼朋引类,使所谓“正学”的声势一时大振,对正在兴起的今文经学、处于衰落中的汉学造成一定的冲击。今文经学兴起于乾嘉年间,本来在鸦片战争前后已经呈现向上发展的势头,但程朱理学的兴起几乎淹没了它的声音。在理学颇为盛行的咸同年间,讲求今文经学者固然不乏其人,但他们或者依附于理学显宦,或者做一些考据性的研究,大都保持低调姿态,失去了龚自珍、魏源当年愤世嫉俗的虎虎生气。大致从咸同至光绪中叶,喧嚣一时的今文经学基本无大的作为,直到19世纪80、90年代,经廖平、康有为等人的鼓吹才又重新活跃起来。乾嘉汉学本来在嘉道年间已呈现衰象，后经方东树等理学士人的抨击更呈凋零之势。后来游百川等人的理学思想逐渐失去其统治地位，学术影响也逐渐减弱，一些学者不再热衷于汉宋学论辩，转而主张汉宋学合流，才减弱了宋学（程朱理学）对汉学的攻击。光绪年间，汉宋合流成为晚清儒学发展的主流，汉宋关系出现了新的整合。

（二）政治影响：具有进步与保守的两面性

1. 进步性：一定程度上促进了"同治中兴"局面的形成

作为封建统治阶级支持的官方哲学，程朱理学始终与政治有着密切的关系。在某种意义上，游百川与倭仁等理学人士以传统文化救国，一定程度上促进了"同治中兴"局面的形成。

所谓"同治中兴"，曾经为一些士大夫所津津乐道，清朝统治者于此更是大加颂扬。《清实录（同治朝）序》宣称，清朝在同治年间"用能方夏载德，景运日新，扬无斁之庥，成中兴之瑞"①。这里所说的"中兴"是指清朝统治者在同治年间的所谓"武功"、"文治"。该序在谈到这一时期的"武功"时说："皇考（指咸丰帝）简任曾国藩为两江总督、钦差大臣，督办江浙军务。穆宗继位，首简纶扉，委任益专，戎行愈奋，复用李鸿章、曾国荃、左宗棠等，敷扬庙算，指授机宜。数载之间，东南底定。"②在谈到"文治"时肯定了倭仁、祁寯藻一班文臣的辅政作用："皇考（指咸丰帝）命李鸿藻为上书房师傅，暨正大位，两宫皇太后先后命翁心存、祁寯藻、倭仁、徐桐、翁同龢在弘德殿行走，缉熙懋学，勤若儒生。……以乐育人才，振兴学术。"③上文提到的这两批人多是

① 《清实录·穆宗毅皇帝实录（一）》第45册，中华书局1987年版，第1页。

② 《清实录·穆宗毅皇帝实录（一）》第45册，中华书局1987年版，第4页。

③ 《清实录·穆宗毅皇帝实录（一）》第45册，中华书局1987年版，第3页。

讲理学者或是有理学背景的人。《清实录(同治朝)序》是以光绪帝的名义编纂的官方文献。可见,对于理学之徒在“同治中兴”中所起的重要作用,清朝最高统治者是认可的。

“同治中兴”既有“王朝复兴”的本义,又有“自强新政”的新义,从而具有双重含义。就“王朝复兴”来说,在同治时期的“王朝复兴”过程中,曾国藩等经世派固然具有积极的“武功”作用,倭仁、游百川等理学修身派也起到了积极的“文治”作用。具体表现在以下两个方面:

第一,在政治权力层面,游百川与倭仁等人的理学思想对同光时期的朝局产生了较大的影响。随着理学的抬头,一批讲究理学的士人得到统治者的重用,占据朝内外要津,引起统治阶级内部各派势力的盈缩长消。在朝中位居要津的倭仁、李棠阶等理学重臣感染了一批翰詹御史,逐渐形成名噪一时的清流派,对同光时期的朝局产生了较大的影响。倭仁、李棠阶、吴廷栋被时人誉为提倡“正学”的“海内三大贤”,在士林中享有很高的声望。尤其是倭仁,俨然一代儒宗,又掌翰林院,为一般御史翰詹所倾慕,多以以弟子事之为荣。游百川、翰林院编修于荫霖等均为其门生。李鸿藻、翁同龢都深受倭仁的影响,与他有类似师生般的交谊。而李、翁都是清流派的掌门人物,前者为北清流领袖,后者是南清流魁首。倭仁死后,翁同龢在日记中哀叹:“哲人云亡,此国家之不幸,岂独后学之士失所仰哉!”①

第二,在文化思想与意识形态层面,倭仁、游百川等人的理学思想起到了维系人心风俗的作用。以倭仁、游百川为代表的理学修身派倡明正学,以维系人心风俗,这是一种无形的力量。同治初年,理学修身派的代表人物倭仁、李棠阶、吴廷栋等人立

① 翁同龢《翁同龢日记》第二册,中华书局1989年版,第853页。

朝辅政，时人寄予厚望。倭仁为同治帝师，更是努力以“正学”辅导圣德。他将自己所辑《帝王盛轨》与《辅弼嘉谟》进呈，被钦赐名《启心金鉴》，并陈于弘德殿作为同治帝读书的教材。同时，倭仁又为翰林院掌院学士，他亲立《翰林院条规》，要求翰林们“崇尚正学”。对倭仁在朝的意义，时人以为“但得先生一日在朝，必有一日之益”①。后人评论说：“倭仁晚为两宫所敬礼，际会中兴，辅导冲主，兢兢于君心敬肆之间，当时举朝严惮，风气赖以维持。”②游百川掌福建道监察御史期间，接连上呈《奏为士习为人才所系宜崇尚经术以端趋向》、《奏为雪泽愆期月食递见恳增修圣德感召天和》等折，任职顺天府尹期间又上呈《跪奏代进前户部主事解经之书》折，这些奏折均得到清廷的认可，甚至颁布执行，这对扩大程朱理学的影响和推动“同治中兴”局面的形成起到了积极的作用。

游百川的理学思想不仅一定程度上推动了程朱理学的复兴，而且一定程度上加强了清王朝在政治和文化意识形态方面的统治力量，为平定太平天国起义、实现“同治中兴”创造了条件。无怪有人把清朝“同治中兴”归功于“正学”即程朱理学的昌明：“其在道光时，唐鉴倡学京师，而倭仁、曾国藩、何桂珍之徒相从讲学，历有数年。罗泽南与其弟子王鑫、李续宜亦讲学穹庐，孜孜不倦。其后内之赞机务，外之握兵柄，遂以转移天下，至今称之。则不可谓非正学之效也。”③

2. 保守性：一定程度上延缓了中国早期近代化运动的进程

鸦片战争后，西方文化在中国大量传播，与包括理学在内的

① 吴廷栋《拙修集》卷九《寄倭艮峰中堂书》，六安求我斋同治十年(1871)刊本，第36～37页。

② 《清史稿》卷三九一《论》，中华书局1977年版，第11743页。

③ 曾廉《应诏上封事》，《戊戌变法》(二)，上海人民出版社、上海书店出版社2000年版，第493页。

中国固有文化发生碰撞。游百川等理学修身派强调要“严夷夏之大防”，表现出明显的保守特征。经世派“开眼看世界”，主张将中学与西学相融合，“自强新政”，即通常所说的洋务运动，具体表现为部分地吸收或有限度地接纳西方文化，主要是学习西方近代科学技术。他们之所以有如此较为开放的心态，既和随着西力东侵而来的西学东渐有关，也和在具体的实际工作中逐渐体验到西方科学技术的先进优越之处有关。可以说，“自强新政”就是儒家传统的经世致用思想与西方近代科学的实用理性精神初步结合的产物。游百川等理学修身派虽然也主张“自强”，但是他们所谓“自强”的方法完全没有超出儒家道德论的范畴。倭仁主张改革风俗，他说：“人性皆善，皆可适道，只为无人提倡，汨没了天下多少人才，实为可惜。倘朝廷倡明于上，师儒讲求于下，道德仁义，树之风声，不数年间，人心风俗，必有翕然丕变者。道岂远乎哉？术岂迂乎哉？”①显然，倭仁、游百川等理学修身派仍然坚信儒学的现世价值，以理学正统自居。理学经世派倡导“自强新政”，有限度地吸纳西学，这自然是对理学正统的有力挑战，因而受到以倭仁为首的理学修身派的反对。倭仁反对同文馆增开天文算学馆，反对开矿，甚至反对派留学生出洋。倭仁反对同文馆增开天文算学馆，主要是反对“奉夷为师”，担心“变夏于夷”，而留学生出洋，将在国外生活十几年，这不更是“变夏于夷”吗？倭仁固然保守，出发点并不算错。光绪十四年(1888)朝廷中爆发了一场关于铁路问题的激烈论争，这次论争一直被看作理学阵营“修身派”和“经世派”关于要不要学西方之“用”论战的范例。十二月二十一日，游百川与河南道监察御史余联沅、内阁学士文治三人上奏坚决反对修筑铁路，一

① 王有立《倭文端公遗书》卷六(《中华文史丛书》影印六安求我斋刊本)，(台北)华文书局股份有限公司印行，光绪元年，第13页。

方面认为它“坏人田庐，毁人坟墓”①，将严重地疲国病民、劳力伤财；另一方面认为它可能会助长外人势力的深入。游百川出于对儒家传统价值体系的维护，再加上对外部世界的隔膜，他对西学东渐持有抗拒的保守心态。清政府从反对修铁路到修铁路经过了十七年的时间，其因素固然很复杂，与游百川等理学人士的阻碍不无关系。

正如一个铜钱的两面，游百川与曾国藩、倭仁、李棠阶、吴廷栋等理学人士，一方面为理学的“复兴”和“同治中兴”的出现创造了重要的条件，另一方面也在一定程度上延缓了中国近代化的进程。光绪朝以后，随着民族危机的加剧和社会变革浪潮的迭起，传统社会秩序和意识形态受到严重冲击，伴随着清王朝“同治中兴”的终结，程朱理学也出现了不可逆转的衰败趋势，为方兴未艾的近代新学术、新思潮所压倒，最终退到了学术的边缘。

另外，游百川的理学思想对于个人修身和道德实践也具有两面性，一方面是积极的，对人的人格、气质、品行、立志、责任感等方面具有积极的影响，一方面是消极的，它所规定的“三纲五常”等伦理道德规范，是维护君主专制的工具，摧残、扼杀人性，压抑思想进步，消极影响也很明显。

---

① 《中国近代史丛书》编写组《洋务运动》（六），上海人民出版社1973年版，第214～215页。

第六章　游百川的墨迹及诗文

游百川出生在鲁北农村的贫困家庭，幼年丧父失怙，赖萱兰茹苦，读书成才，平民出身与穷苦经历造就了他吃苦耐劳、求真务实、关心贫苦大众的处事风格，缺少富家子弟常有的琴棋书画、诗情画意、阳春白雪般的烂漫格调。因此，游百川留下的诗文远远少于他给皇太后、皇帝上的奏折。但从仅有的几篇作品中也能看出游百川诗文中包含扎实的经学功底、严密的逻辑思维以及严谨的文风和开阔的视野。

第一节　书　艺

不同时代对人才的要求和标准各不相同，本节内容主要梳理游百川在经学（传统儒学）、诗、书、文写作等方面的才学。

一、科举背景

科举时代选拔人才，都有严格的程序和选拔标准，历代科举士子都围绕科举考试来学习和塑造自己。清代士人在应科举以求功名的路上，要经过考取生员（参加县试）、考取举人（参加乡试）、考取进士（参加会试、复试和殿试）这三个步骤，考试的内容逐渐加深。

县试由州县官主持，日期多在二月。县试一般共考五场，每日一场，黎明前点名入场，即日交卷。第一场为正场，试《四书》

文两篇，五言六韵试帖诗一首，题目、诗、文的写法皆有一定格式和字数限制。府试由知府、直隶州知州、直隶厅同知主持，日期多在四月。院试由学政主持。各省学政在三年任期内两次巡回各地，称按临，主持生员的岁考和科考；与此同时，进行童生的院试。院试报名、结保、考试内容等与县、府试同，惟正场之前加试经古一场，考试解经、史论、诗赋等。

乡试的时间和考试内容。清代乡试三年一科，逢子、卯、午、酉举行，称正科；遇皇帝万寿、登基等庆典，增加一次，称恩科。如过庆典之年适逢正科之年，则改是年正科为恩科，原正科改在此前或此后一年举行。《周礼》有三年大比之制，故乡试之年亦称大比之年。乡试于八月举行，亦曰秋闱。乡试分三场进行。以初九、十二、十五日为正场，考生于每场正场前一日入场，后一日出场。考试内容，顺治初年规定第一场考《四书》《五经》，用八股文，谓之制义，亦称制艺、时艺、时文；第二场考论一篇，判五道，诏、诰、表择作一道；第三场考经、史、时务策五道。乾隆五十二年(1787)后，改第一场考《四书》文三篇，五言八韵诗一首；第二场考经文五篇；第三场考策问五道，题目内容为经史、时务、政治。顺天府乡试的《四书》题和帖试诗题由皇帝钦命，其余考试内容由主考、同考官员命题；各省乡试均由主考命题。游百川参加咸丰壬子科山东乡试中第四十名，得"博士弟子员"。

进士系列的考试，包括会试、复试和殿试。清代会试于春季在京师贡院举行，试期多在三月，所以也称春试(春闱)；因由礼部主持，也称礼闱。会试每三年一科，逢丑、辰、未、戌年举行；遇乡试恩科，翌年之会试即为会试恩科，是年正科或提前或延后一年举行。会试考试、阅卷、场规和考试内容等基本同于乡试，惟第一场《四书》三题由皇帝钦命。会试考官于三月简放，初用内阁六部大员4~7人；咸丰后定制4人，一正总裁，三副总裁，以大学士及翰林进士出身的一二品官员充任；同考官18人，与主考官同时简放，用翰林进士出身的实缺京官。清代会试中额各科多寡不同，一般为百余名或二三百名，最多一科为406名，最少一科为96名。会试四月放榜，中式者称贡士，其第一名称会元。

复试。经会试取中的贡士，接着要参加复试。清初贡士本不进行复试，康熙五十一年（1712）因发生科场案，会试后进行了复试。雍正、乾隆两朝，复试间行之，至嘉庆初始成为定制，地点在皇宫保和殿。复试考《四书》文一篇，五言八韵诗一首，当日交卷。第二天派阅卷大臣评定成绩，分一、二、三等，列等者即准参加殿试。游百川顺利通过会试后，参加复试，得“一等第二名”。

殿试。殿试于会试放榜一月后举行，乾隆二十六年（1761）定四月廿一日举行，廿五日传胪（公布名次），著为定制。殿试最初在天安门外，顺治十四年（1657）改在皇宫太和殿东西阁阶下，遇风雨时，在太和殿东西两庑。乾隆五十四年（1789），又从太和殿移至保和殿。殿试的内容为时务策一道，由读卷大臣（由于殿试在名义上是皇帝作主考，所以称读卷而不称阅卷）拟出若干题，送皇帝钦定圈出，作为试题。殿试试卷的评阅，由皇帝任命读卷大臣进行。读卷大臣共8名，首先由礼部开列大学士及进士出身的尚书、侍郎、左都御史、左副都御史、内阁学士的名单，奏请皇帝从中简派。殿试翌日，读卷大臣集于文华殿阅卷。阅卷进行过程中，将全部试卷平均分给八名读卷大臣，各自先阅自己所分之卷，然后互相轮看，称转桌。最终成绩的核定一般推首席读卷大臣进行，其他人参加意见。成绩评定后，于廿四日向皇帝进呈前十本，钦定名次并公布引见，称小传胪。廿五日在太和殿公布全部名次，称传胪。殿试名次的排列分为三甲，一甲共三名，第一名称状元，第二名称榜眼，第三名称探花，赐进士及第；二甲若干名，赐进士出身；三甲若干名，赐同进士出身。殿试传胪后颁发上谕，一甲第一名授翰林院修撰，第二名、第三名授翰林院编修。状元服殿试传胪典礼十分隆重。清晨，由銮仪卫在太和殿前设卤簿法驾，在檐下设中和韶乐，在太和门内设丹陛大乐；由礼部和鸿胪寺在太和殿内东楹和丹陛之上正中设黄案，丹陛之下设云盘，在午门外设彩亭御仗鼓乐。王公大臣文武百官各着朝服在丹陛之下左右序立，新科进士身着朝服，头戴三枝九叶顶冠，按名次奇偶序立东西丹墀之末。典礼时到，礼部堂官诣乾清门奏请皇帝礼服乘舆，引入太和殿升座。此时，中和韶乐奏隆平乐章；阶下鸣鞭三响。鞭用皮制，长一丈余，司礼者执鞭柄由下飞舞，回旋而上，鞭声清脆悦耳，响彻云霄。鸣鞭毕，丹陛大乐奏庆平乐章，读卷大臣等官员向皇帝行三跪九叩礼。大学士进殿从东楹的黄案上取出黄榜，授给礼部尚书，陈于丹陛正中的黄案之上。这时，丹陛大乐又起奏，鸿胪寺官员引新进士就位，宣读制诰："某年某月某日策试天下贡士，第一甲赐进士及第，第二甲赐进士出身，第三甲赐同进士出身。"传胪官唱第一甲第一名某人，引出班跪于御道左侧；唱第一甲第二名某人，引出班跪于御道右侧稍后；唱第一甲第三名某人，引出班跪于御道左侧再稍后处。然后唱第二甲某人等若干名，第三甲某人等若干名，不引出班。唱名毕，鼓乐大作，大学士至三品以上各官及新进士均行三跪九叩礼，中和韶乐奏显平乐章。典礼完毕，皇帝乘舆还宫。礼部尚书用云盘奉黄榜，置于彩亭之中，在礼乐仪仗下出太和中门至东长安门外，在长安街张挂三日。新进士左出昭德门，右出贞度门，一甲三人随榜亭由午门正中出。由于丹陛中石只有皇帝才可以踩践，所以午门的中路除非皇帝出行从不开启，殿试传胪后准许文武一甲进士由此门出，这是连亲王宰相也不能享有的隆遇。游百川参加同治元年殿试，考中（进士）"二甲十一名"。

朝考。殿试传胪后五日，在保和殿举行进士朝考，以选拔翰林院庶吉士，称馆选。朝考内容为诏、论、疏、诗、赋等形式，前后不一；成绩分为一、二、三等。庶吉士的录取要综合复试、殿试和朝考三次考试的成绩等第，而以朝考成绩为主。一般说来，考四数者(即殿试二甲、复试、朝考一等)肯定可以录取;朝考成绩同时也是进士授官的依据。复试、殿试、朝考均重视楷法,书法不好者难取优等。同治元年,游百川参加朝考,中一等第六名,“选为庶吉士”。

从以上清代科举考试程序及考试内容看,应考者要想考出好的成绩,必须具备四种能力。

一、深研、精通《四书》《五经》及训诂知识,并具备能对其中的文章进行评述驾驭的能力。

二、必须具备精通韵律,并能熟练运用八股文形式写出五言六韵或五言八韵诗文的能力。

三、必须掌握诏、论、疏、诗、赋等体裁写作形式,能熟练运用上述体裁撰写文字优美、言简意赅奏文的能力。

四、重视书法写作,能快速撰写字迹俊秀、遒劲有力楷书文字的能力。

二、经学功底

从现存的《山东乡试朱卷咸丰壬子科 · 游百川》及中国第一历史档案馆收藏的游百川奏折折片看,游百川具有扎实的经学功底,具备精通韵律驾驭五言八韵诗的能力,具有精通诏、论、疏、诗、赋体裁和运用这些体裁撰写文章的能力。另外,游百川的毛笔字字迹隽永,令人称道。这些能力为游百川顺利通过各科考试奠定了基础。

游百川熟读《四书》,精于训诂。清代科举考试就像一个指挥棒,一般情况下官府考什么,学校老师就会着重教什么,学生为了应对考试更会避重就轻有选择地学习。但真正的读书人则不然,他们追求的是获得通古喻今之道,以遂其“修身、齐家、治国、平天下”之志。

读古书、知古人,必须懂古语即训诂学。历史上每种语言都在不断地变化,古书中有许多词语已经发生词义变化或语法变化。历史语言学家考证出古书中词的当代意义,编著出注疏书籍,是为训诂学。训诂学最主要的研究对象是汉魏以前的古书中的文字。训诂学书籍有两种:一种专为注疏某一本重要的书,逐字解释全书的意义,如《论语注疏》、《毛诗注疏》、《韩非子集解》等;另一种是单纯解释古代的词汇,搜集古代词汇,分类注释,如《尔雅》、《说文解字》、《方言》等。此外,还有对训诂学的书籍进行补充、考证、阐释的书籍,如《方言疏证》等。训诂是古代儿童入学后必学的课程之一,主要目的是让学生学会"识文断字"。杜源凭着自己深厚的古汉语训诂知识,精心、系统地为学生讲授古汉语知识,分析古代书籍中的语法、修辞现象,从语言的角度研究古代文献,帮助学生阅读古典文献,进而学习《四书》内容。

清代学生们学的《四书》是指《四书》朱熹集注,书中内容包括《大学》、《中庸》、《论语》、《孟子》及《大学章句序》、《中庸章句序》、《论语序说》、《孟子序说》及朱熹之注解文字,详细学习孔子、子思、孟子、程子和朱熹等人的文章及其思想。

游百川对《四书》内容熟读强记,理解颇深,从《山东乡试朱卷咸丰壬子科·游百川》所撰文章可窥一斑。该卷共有三文一诗。三篇文章的题目分别为《孝慈则忠举善而教不能则劝》、《由汤至于文王五百有余岁若伊尹莱朱则见而知之》、《诗曰"奏假无言"》,五言八韵诗的题目为《赋得月桂余香尚满襟》。

考卷"本房总批"曰:"理扶质以立干,文垂条而结繁。议论风生,藻思泉涌。经术则淹贯乎东京西京,理解则折衷于南宋北宋。律语得长城之坚固,后场擅中垒之淹通。揭晓来谒知生性,质温纯天资超迈。幼失趋庭之训,长怀抱砚之思。赖萱兰茹苦含辛,和丸画字。故能英年励志,壮岁成名。持三代之门楣,全一家之节孝,此曰鹏程奋迹,信堪快慰。夫北堂他年雁塔题名,尤足树声于东国,勖尔前修副予厚望。"对游百川的文章和人品给予了极高的评价,并寄予厚望。

《孝慈则忠举善而教不能则劝》有这样几条批语：

(1)聚奎堂原批："衔华佩实，舒卷自如。中二偶意，亦犹入妙。以矜炼出之，故自特擅胜场。"

(2)本房原批："理实气空，意到笔随，诗雅。"

(3)乾一张老夫子榜前批："风骨峻立，高出恒流，即有公共之意，亦能化臭腐为神奇缓□。"

本题出自《论语·为政》篇，取自季康子与孔子的对话。季康子问："使民敬忠以劝，如之何？"子曰："临之以庄则敬，孝慈则忠，举善而教不能则劝。"鲁哀公时的鲁国宰相季康子问："要使人民尊敬我，效忠于我，又能相互勉励而乐于为善，我该怎么办？"孔子说："你用庄重严肃的态度对待民众，人民就会尊敬你。你孝敬父母，又提倡民众孝敬父母，并且你慈爱儿子，又爱民如子，他们就会效忠于你。你选拔任用善良优秀的人，又教育能力差的人，则人民就会相互勉励而乐于向善了。"

季康子，姓季孙，名肥。"康"是谥号。"子"是尊称。鲁哀公时，任正卿(宰相)，政治上最有势力。游百川借助圣人之间的对话，来阐述君臣"教民"治国安邦之策，功底深厚，立意深远。

第二篇文章为《由汤至于文王五百有余岁若伊尹莱朱①则见而知之》。文章取题于《孟子·尽心下》。书中有这样一段话：

> 由尧舜至于汤，五百余岁；若禹、皋陶，则见而知之；若汤，则闻而知之。由汤至于文王，五百有余岁，若伊尹、莱朱，则见而知之；若文王，则闻而知之。由文王至于孔子，五百有余岁，若太公望、散宜生，则见而知之；若孔子，则闻而知之。

---

① 莱朱，传说是商汤的贤臣，一说就是仲虺，商汤的相。

文章大意是:“从尧、舜到商汤,有五百多年,像禹和皋陶是亲眼见到过而知道尧、舜的;至于商汤,则是听了传说才知道的。从商汤到文王,有五百多年,像伊尹和莱朱是亲眼见过而知道商汤的;至于文王,则是听了传说才知道的。从文王到孔子,又有五百多年,像太公望和散宜生是亲眼见过而知道文王的;至于孔子,则是听了传说才知道的。”这是《孟子》最后一章中的一段文字,孟子在此仅对儒学的历史源头作了追溯,对儒学的未来作了自己的预测。游百川借助此文,着重阐发的是朝代交替的王者之道,阐发了君王与辅臣治国安邦的君臣之道,立意高远新颖,抓人眼球。阅卷大臣的批语有如下几条:

(1)“调论出以经链,故自豪气动人”,点明其选题好、立意高。

(2)“意翻空而易奇,词微实而愈巧”,说明游百川遣词造句、驾驭文字的能力较强。

(3)“天骨开张,文思焕发”,文思活跃,思维敏捷,一气呵成。

(4)“以工翻出新奇,都能说得确凿,非描头画角者比”,文章借题发挥,以古喻今,而且相互借鉴立出新意,论据确凿,论点突出,谋篇布局合理大气,有真知灼见,“非描头画角者比”,给出了极高的评价。充分说明游百川具有扎实的经学功底。

第三篇《诗曰“奏假无言”》,语出《中庸》,引自《诗经·商颂·烈祖》。奏,进奉,假,通“格”,即感通,指诚心能与鬼神或外物互相感应。原文为:

> 诗曰:“奏假无言,时靡有争。”是故君子不赏而民劝,不怒而民威于鈇钺。诗曰:“不显惟德!百辟其刑之。”是故君子笃恭而天下平。诗云:“予怀明德,不大声以色。”子曰:“声色之于以化民,末也。”诗曰“德輶如毛”,毛犹有伦。“上天之载,无声无臭”,至矣!

大意是:《诗经》说:“进言格神明,肃穆无争执。”所以君子不奖赏而百姓劝勉,不发怒而百姓畏惧刀斧之刑。《诗经》说:“伟大啊德行,诸侯效法他。”所以君子笃实恭敬而天下太平。《诗经》说:“我怀有明德行,不大声显威色。”孔子说:“用厉声色来教化百姓,最落后的啊。”《诗经》说:“德行如鸿毛。”鸿毛还有物比。“上天的承载,无声无气味”,极致啊!

游百川借此阐述当政者(君臣)要以德教民、化民的道理,进而阐发了治国安邦之策略。

阅卷大臣的批语是:“典丽□皇,珠缨玉佩”;“骨重神寒天庙器”“高华典重,藻不忘抒”。

五言八韵诗的题目为《赋得月桂余香尚满襟》。阅卷大臣

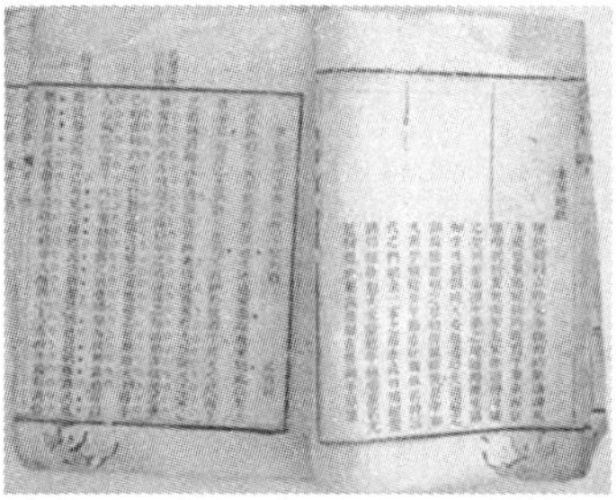

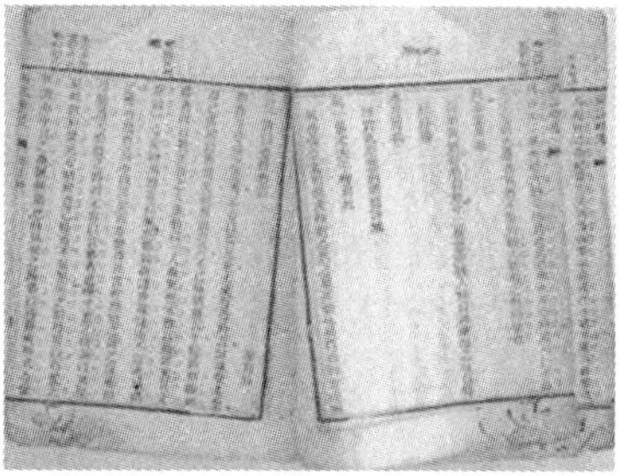

的评价是“御炉添瑞霭,联袂上瀛洲”。本房加批曰“清新俊逸,庾鲍风流”。

三、精工书艺

清代官学非常重视学生的书法，把书法优秀作为科举考试录取加分的条件之一。清代很多中进士者不但才学过人，而且书法隽永，如林则徐、曾国藩、翁同龢等人的才学和书法都堪称典范，一定程度上影响了清代书法的变革。清代书法在近300年的发展历史上，经历了一场艰难的蜕变，它突破了宋、元、明以来帖学的樊笼，开创了碑学，特别是在隶书和北魏碑体书法方面的成就，可以与唐代宋代行书、明代草书相媲美，形成了雄浑渊懿的书风。在杜源先生的教导下，游百川不但刻苦读书，还精心研习篆书、隶书、魏碑、楷书、行书与草书。其蝇头小楷字如珠玑，清秀隽永；其魏碑、隶书形神兼备，刚柔相济；其草书如行云流水，潇洒飘逸。游百川深厚的书法功底，为其中举、中进士奠定了基础。有人说"字如其人"，这句话用在游百川身上再恰当不过。游百川的相貌既有山东大汉之气概，又有江南才俊之灵秀，素有"山东银娃娃"的美称。

游百川一生得益于三位老师：杜源、许乃普、翁同龢。在人生的不同阶段，三位老师给予了游百川不同的支持。游百川俊秀刚毅的书法，除得杜源先生教益，还得益于许乃普和翁同龢。许乃普"工书，法二王①"，是清末著名的书法家，与祁寯藻、陈孚恩、赵光被称为"四书家"。翁同龢在书法艺术方面也有很深的造诣，沙孟海先生在《近三百年的书学》一文中指出："他出世最晚，所以能够兼收众长——特别是钱沣的方法——有时还掺入些北碑的体势。把颜字和北碑打通了。这是翁同龢的特色。"游百川的书法作品除传世的奏折外，还有以下三幅。

山东省文物店旧藏游百川行书八言立轴纸本对联一副，录

① 中国书法史上的"二王"指东晋王羲之、王献之。

文为："大河高岳蓄泄云雨，浑金璞玉辉映山川。"（尺寸150.5cm ×39cm）款识：润泉七兄属，游百川。钤印：游百川印（白文）、汇东（朱文）。

一副藏于滨州市滨城区文化馆的对联，内容为："为咏崇兰欣静契，每临修竹坐清风。"落款为"汇东游百川"。

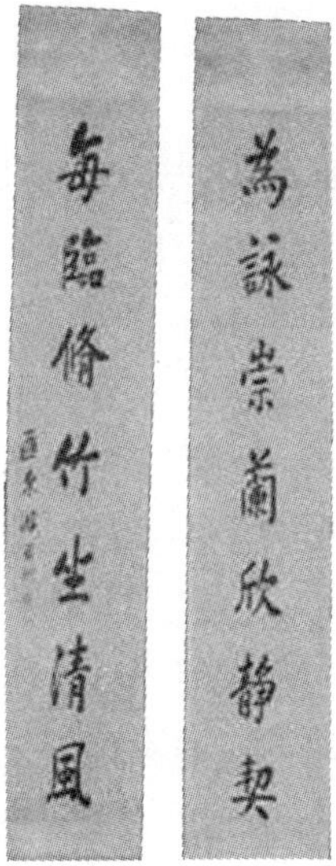

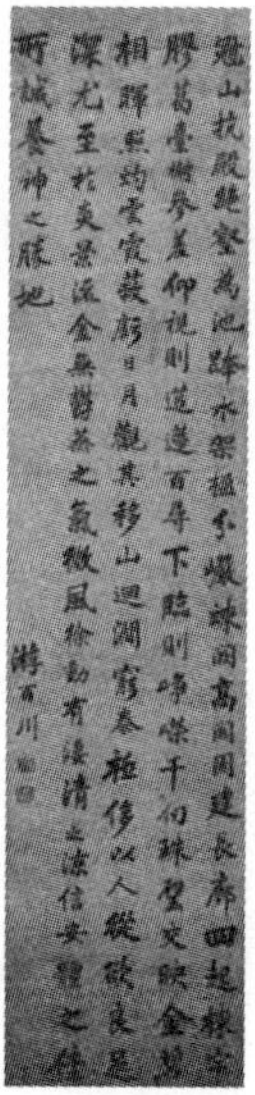

另一幅书法作品藏于滨州市滨城区东方文化步行一条街的"昭文画庭"，书写内容为："冠山抗殿，绝壑为池。跨水架楹，分岩耸阙。高阁周建，长廊四起。栋宇胶葛，台榭参差。仰视则迢递百寻，下临则峥嵘千仞。珠璧交映，金碧相晖。照灼云霞，蔽亏日月。观其移山回涧，穷泰极奢。以人从欲，良足深尤。至于炎景流金，无郁蒸之气；微风徐动，有凄清之凉。信安体之佳所，诚养神之胜地。"尺寸：210cm ×44cm，落款：游百川。这幅书法作品的内容节选自唐代《九成宫醴泉铭》。

九成宫碑是中国唐代著名碑刻，全名为"九成宫醴泉铭"。"九成宫醴泉铭"碑刻是楷书中最具有代表性的作品，成为后世学习楷书的必学之碑，影响之大，鲜有匹敌。中国书法的四大典范是欧、柳、颜、赵，而欧字真迹便出自《九成宫醴泉铭》碑。2007 年 11 月 5 日，国家邮政局曾发行 2007－30《中国古代书法》系列特种邮票的第 3 套“楷书”，一套 6 枚，其中（6－3）为《九成宫醴泉铭》。

第二节　文　稿

一、乡试朱卷

孝慈则忠举善而教不能则劝①

决忠与劝之机，亦无待于使也。夫孝慈交尽，举教兼施，此自在上者事耳，而民之忠与劝立应焉，不有神于使者乎？且天生民而立之君师，其输诚于君取法于师者，情也。而国有大臣欲民之爱己如爱君，则必本亲亲之道以示之，而论谊之相结始深；欲民之重己如重师，则必本贤贤之意以喻之，而激扬之所励始大。上得乎人心风俗之原，下自有奋发鼓舞之致，觉权驱术驭无当也。庄以临民则民敬，固已而民志虽恭，民情犹虞其贰也。民气虽苏，民风犹虑其靡也。我鲁今日，执冰释甲，人无固心，入市饮羊，国有浇俗，乌睹所谓崇祀阁宫望冈陵而献颂，从游泮水②瞻芹藻③而兴怀哉！虽然此究非民之不忠且劝也。急公好义，草野岂无性情？而伦纪有亏，究不能强愚贱之氓，无端而生其爱戴。盖激发无由，虽日讨国人而训之，而民不应也。乐正、司徒，朝廷非

① 见《清代山东乡试朱卷咸丰壬子科·游百川》。

② 泮水：水名。戴震《毛郑诗考证》：“泮水出曲阜县治，西流至兖州府城，东入泗。《通典》云：‘兖州泗水县有泮水。’是也。”

③ 芹藻：比喻贡士或才学之士。

无化导，而裁成①未至，究不能齐弗类之俗，相偕而进于秀良。盖感格无自，虽欲极刑罚以驱之，而民有辞也。无他，忠与劝不当求之民也。今夫室家之中，荐新酌斗，以养高年；含哺食饴，以怀稚子。初不过情谊之故，常而至行敦于门内。虽道路之人且有闻而倾心者，况乎其为民上也？又见塾庠之际，鼓箧②进业，不废揄扬，夏楚收威，兼示挞记③。亦第尽董率④之至意，乃盛德薰于乡邻。而椎鲁⑤之辈且有耻居不肖者，况乎施之民也？然则无论民之忠焉否也，但使天性不闲于势分，而能亲其亲，能子其子，民情已大可见也。夫名教借以沽名，噢咻⑥因以市惠⑦，岂无要结斯民者！而施以术则伪，凉德传诸逖听；劝以天则真，至性播为声教。贤父兄在上，斯子弟无违心，岂有异民也？此意得而公室私家可以永赖矣。且无论民之劝焉否也，但用威不先于爱，而上哲同升中材，思勉民俗于以丕变也。夫收英俊而不屑造庸愚，引先达而不思诱后进，岂无遗弃斯民者？而旌别无方，未能洗心革面；陶成有术，固已草偃风行。古辟雍⑧化兴，而天下无失德，夫犹是斯民也。此意明而庠序郊遂可以不分矣。孝慈则忠，举善而教不能则劝。亦犹敬之无待使也。

---

① 裁成：筹谋而成就之。

② 鼓箧：谓击鼓开箧，古时入学的一种仪式。

③ 挞记：古代刑法名，用竹条或木棍打人。

④ 董率：统率，领导。

⑤ 椎鲁：愚钝，鲁钝。

⑥ 噢咻：指关心百姓疾苦。

⑦ 市惠：以私惠取悦他人；买好。

⑧ 辟雍：本为西周天子为教育贵族子弟设立的大学。取四周有水，形如璧环为名。

诗曰"奏假无言"①

有存乎奏假之先者,不必以言见也。夫使有待于言,则诚敬未至,而已非所以奏假矣。观列祖之诗,不已极诸无言乎?常思如纶如綍②者,所以赞王言之大也。顾以一人临众庶,不难以纶綍著其文章;以一心交神明,转欲以缄默昭其敬谨。非故秘而不宣也,感格③之际,有精意焉。不以言见,而亦无待于言,若列祖之诗之咏奏假可验焉。夫奏假之时,固不容以言参者也。殚寸衷之精诚,以与圣祖相晤对,使此心稍纵,意已纷而不凝,无形之昭格④,答以有象之寅清⑤,而平日之涣号⑥无庸也。极夙夜之严恪,以为灵爽所式凭,使一息稍弛,意已嚣而不静,在躬之清明⑦,守以如神之志气,而此际之单心⑧愈密也。甚矣,奏假之时,固不容以言参者也。独是视之而弗见,听之而弗闻者,鬼神之为德也。鬼神不以言宣,而以人通于鬼神,何必不以言著?又况宗庙之中,执遵执豆⑨,仪节甚繁,告濯告充,度数宜备,则修意修辞有必详者。乃退考当日,赞币迎牲,咸跻于爵弁丝衣之列,奉璋执瑁共分乎?黄彝玉豆之光,而穆穆之天子,但觉洞洞乎其敬也,属属乎其忠也,忽忽乎其欲飨之也。至欲以言求之,则初无是也,此其诚有裕乎?奏格之始者焉,

① 见《清代山东乡试朱卷咸丰壬子科·游百川》

② 如纶如綍(fú):喻言出弥大,后称帝王诏书为纶綍。

③ 感格:谓感于此而达于彼。

④ 昭格:祭祀。

⑤ 寅清:谓言行敬谨,持心清正。

⑥ 涣号:帝王的旨令,恩旨。

⑦ 清明:指人的神志很清醒。

⑧ 单心:孤忠之心。

⑨ 执豆:执持祭器。借谓掌握礼法。

法官高拱之余，威仪素著，而祀事有恪，则有甚于威仪者。而威仪乃浑于无名，无他，诚先裕也。虽鞉鼓有渊渊之奏，管声有嘒嘒之音，而对越①在天，依然深宫之宥密陟降者，皇祖之灵肃穆者，汤孙之度其宛乎？若接者临上质旁之明神耳。至发号施令，亦朝廷之政，教则然，而岂所施于清庙哉？且其敬有存乎言之先者焉，群僚拜献之日，诰诫频颁，而祀事告虔，则有深于诰诫者，而诰诫转可以不事，无他，敬早著也。虽万舞有千羽之容，八鸾有锵鸣之韵，而祖考来格，依然有抑畏之精神。百工纵切，观瞻一人，自昭汾穆，其恍乎若遇者，忾闻僾见②之真诚耳。至赫声濯灵，亦国家之气象则然，而岂有待于宣著哉？继之曰“时靡有争”，非诚敬裕乎？言之先何能妣是乎？吾(以下残缺)

咸丰二年(1852)

由汤至于文王五百有余岁若伊尹莱朱则见而知之③

溯道统于商周之间，亦赖见知者衍其传也。夫汤固承尧舜之统，以开文王之先者也，然五百余岁之间，非借伊尹④、莱朱之见知，何以衍其传乎？尝思以帝禅帝，道统传于同朝；以王绍王，道统更衍于异世。传于同朝，故帝有帝佐，其并时而生者，谱系出于一家；衍于异世，故王有王臣，其应运而起者，君臣共昭一德。勿谓王朝以降无传人，即莫

① 对越：对扬，颂扬。

② 僾见忾闻：僾：隐约，仿佛；忾：叹息。仿佛看见身影，听到叹息。多形容对已过世尊长的怀念。

③ 见《清代山东乡试朱卷咸丰壬子科·游百川》

④ 伊尹：商汤大臣，名伊，一名挚，尹是官名。相传生于伊水，故名。是汤妻陪嫁的奴隶，后助汤伐夏桀，被尊为阿衡。

谓帝佐之余无良相也。尧舜既往，知之者惟汤。夫汤固继二帝之后，而即开我周之先者也。迹其易揖让为征诛，虑不免有惭德①焉。然即其书考之，其君若臣之交勉于一时者，信非偶然也。盖尧舜以还，所恃继往开来者，非汤奚由哉？汤不欲誓师伐夏，而得阿衡以为佐，则固可以伐夏。使谓汤之事桀，不如文之事纣，则未知铭盘洗心与弹琴明志，其心源依依相接也。汤不欲及身而王，而得左相以为辅，则固可以遂王。使谓汤之除暴，不如文之临藩，则未知风愆致警与画卦系辞，其精神隐隐相属也。盖由汤至于文王，不犹然五百有余岁乎？而独是元鸟②之祥已开景亳③，鸣凤之瑞未集岐山，其间世易风移，坠绪④茫茫，人文落落，使非有名臣贤相，亲奉圣训，以昭示来兹，而商先王奉若天道之心传，不茫茫然忧其莫辨乎？而幸也见而知之者，有伊尹、莱朱在也。《伊训》⑤陈词，详纪改元之后，而前此未有其书，似尹之告汤，不如朱之告汤为最显。然昧爽丕显，时溯忧勤，嘉言圣谟⑥，不忘匡正，则知一堂授受，其中初无参差也，而况作善有专功，克一有当于精一哉？嗣王践祚，特传摄政之文，而仲虺⑦未与其事，似汤之重朱不如汤之重尹为尤深。乃不迩不殖，克明顾諟⑧之忱；制事制心，能道检身之意。则知

① 惭德：因言行有缺失而内愧于心。

② 元鸟：即玄鸟。燕的别名。

③ 景亳：商的第一代先王成汤所都之邑。

④ 坠绪：仅存的遗迹。指事已衰，将绝而未绝。

⑤ 《伊训》：商朝一部重要刑事法律。成汤去位后，其孙太甲继位，辅佐他的是前朝元老伊尹。太甲年幼无知，耽于酒色，伊尹将商汤在位时已制订的《官刑》重新修订，即为《伊训》。

⑥ 圣谟：本谓圣人治天下的宏图大略。后亦为称颂帝王谋略之词。

⑦ 仲虺：又叫莱朱，是商汤时期的著名大臣。

⑧ 顾諟：敬奉、禀顺天命。

一廷赞襄，其学同此渊源也。而况言仁自此始，建中无殊于执中哉？不然见知者非此两人，何以王绍王，无异于以帝绍帝也。

咸丰二年(1852)

游百川的文章有“理扶质以立干，文垂条而结繁，议论风生，藻思泉涌”之文脉，有“天骨开张，文思焕发”之文风，有“风骨峻立，高出恒流”之笔法，有“律语得长城之坚固”八股韵律之诗韵。虽然他留下的诗词歌赋数量并不多，却都很经典。

赋得月桂余香尚满襟(得秋字五言八韵)①

蟾窟探奇早，天台桂子秋。
香从襟上满，人在月中游。
翠袖浓于染，冰轮朗欲流。
前身参妙悟，仙吏许同俦。
时记飘金粟，芳疑拂玉楼。
已随花影度，还并酒痕浮。
好作霓裳咏，凭将雾縠收。

二、文峰张公传

文峰张公传②

公姓张氏，讳凤崎，字文峰，蒲邑望族也。其先人以勤俭成家，公幼承庭训，力矫豪华奢靡之习。朝夕食，盘无兼

① 见《清代山东乡试朱卷咸丰壬子科·游百川》。
② 游百川《文峰张公传》。选自孙淑梓《重修蒲台县志·艺文志》(光绪版)。

味。冬一裘,夏一葛,澣濯补缀,十年不易。顾闻有义举,则跃然起,于其弟凤荣振罔公商而行之,唯恐后时,其赈孤苦,周济贫寒,乐善不倦,与古风为近。蒲濒东海,土瘠民贫。同治壬戌科乡试,寒士多临期咨嗟,无力自前,为出三百余金,赠诸生,以促其行士林,至今颂之。咸丰辛酉八月,南捻鼠入蒲境,四乡居民仓猝避兵,赤手来奔者男妇数千口,其柴米釜甑之属,悉仰给于公,无一号腹露处者。公长君保森以己未副贡出宰中州,为人尚义,有父风。任封邱时,岁屡饥,民为饥驱叩门,四出见食,国课书额委难扫数全完,两年之间,为民代输五千金。公闻喜曰:"但使能为好官耳,多金不足惜也。"立即遣人辇金如豫以弥,其关公之德慧远布如是,而其波及于一乡一邑,犹其细为焉者矣。然吾观富豪之家肥马轻裘,出入里巷,意气扬扬自得,一旦贫交至门,则缩颈埋头不敢出矣。而升斗之粟,又忍弗能予且反加诟啐者,闻公之风亦可以少愧矣。若振罔公者,材智过人,尤长于应变,家事无巨细,悉以委之,从无贻误。捻匪之来也,过平破小店,逾长山破爱贤村,至蒲一国攻书镇两夜,公侦知各寨率皆偃旗息鼓,不开一炮,不发一矢,意将使贼无从测虚实也。而贼适得以直抵其寨,环攻而破之,振罔公以为此皆计之失者,不可从。今吾令寨中男丁悉数登陴固守,多张旗帜以疑之,多设大炮以熠之,贼见我于他处动静不同,未有不心悸欲还者。部伍甫定,而贼已攻破蔡家寨,马首北向矣。前骑后步,蜂拥而进,振罔公着短衣,燃大炮,众勇继之,炮生历落,不绝子着,林门大木俱折,贼知此中有人,乃蜿蜒东去。是役也,以长公之无众,次公之善料敌,转危为安,于刻之间,保全数千人,是不可以不传也。

谕曰:宋时范文正公留客无肉食,可谓俭矣。然舟赠友,义田恤宗,又何其厚与?迹公所为难所处不同,其用意岂复有异耶?况振罔公沉毅有胆识,观于顷刻之间转危为安,非心识兵机能如是乎?乃人犹曰“是有矢幸,非关人力也”,岂其然哉?

三、陈君墓志铭

皇清诰授荣禄大夫直隶津海关道陈君(钦)墓志铭

赐进士出身、翰林院编修、诰授资政大夫、总督仓场户部侍郎,加二级、纪录十次,年愚弟游百川顿首拜撰。

赐进士及第、诰授奉政大夫、记名御史、翰林院检讨、武英殿总纂、国史馆协修,附带加二级,愚弟黄自元顿首拜书。

赐进士出身、赏戴花翎、道员用,记名繇缺知府、京畿道监察御史、稽查顺天府五城事务,随带加十级,年愚弟孙纪云篆额

国家自咸丰中叶以后,华夷之分疆不计也。于是赫德又有免粤海关进口税之说,而君驳之。澳门为海隅要区,法夷假之久矣。赫德、玛斯妥议请中国以银易之,谓将大有利于中国也。君一一预破其将来侵欺挟制之术,而夷人之语塞。庚申和约之定,事出仓卒。已而英夷复有酌减税重货物之说,君乃议减时辰表胡椒等税,而议增洋药、湖丝等税。及岁计所收,赢于减之数者,且三之二矣。而夷人之谋绌。同治纪元后,由主事迁擢郎中。五年,丁母忧,终其丧,不预外事。八年,截取知府,以御史用。九年,以海关道用。是年七月,随某尚书赴天津襄办教案,议且粗定矣,而夷人必欲戮天津守令以快其意。君请以独骑,从二仆,往谕之。夷酋闻君至,被戎服,左右陈机器,盛气出迎。君徐步入让之,曰:“我大皇帝加惠汝等亦至矣,今复有此无厌之请者何也?汝必欲戮此二人者,不过以惩一儆百者,为异日计耳。

我百姓蓄怨怒久矣,将致死于汝,汝能当之乎?如必欲快其志者,何不即击我?”声色俱厉。于是夷酋投机器,皆免冠谢,而议遂定。使相曾公国藩谓君正而不迂,介而有为,理势并审,体用兼全,乃请授君天津府。辞,未就。又请授君天津道。会朝议,新设津海关道,而以天津道并之。使相李公鸿章谓“值裁并,更张之始,非得人如陈君者未易治也”。乃请以君署津海关道。越一年,实授,加按察使衔。十一年,加二品衔,赏戴花翎。津关附近神京,为中外交涉最要之区,英、法、美、布、秘鲁诸夷酋颂斌而至者日不暇给。君乃益厉其气,而力持正议以折之,悉就约束。而议论往复,惟日本为最久。初,日本遣其臣伊达宗城、柳原前光等来议约,有必欲自同于泰西者。君诘责再三,乃不复争。十一年,日本复欲易约,君责以“甫立约,旋易约,无以信将来也”。乃不果易。十二年,值换约之期矣,而其约本所载国主之言,辄钤用太政官印。太政官者,殿名也。君从容谓其副使郑永宁曰:“尔国书副本声明钤用国玺,尔领事等敕书亦用国玺,何轻重颠倒乃尔乎?”于是郑永宁等皆大惭非,惟不敢复有所争,且兢兢焉,惟恐约本内不得以玺易印而趋承之不遑焉。先是,柳原前光来津,衣冠皆古处,后附西人,易洋服,而谬为大言曰:“我国易洋服亦犹行古之道也,中国先之矣。”以赵武灵王为辞。君直诘之曰:“赵武灵胡服,其意欲并胡耳,君亦计及此耶?”柳原大惊,曰:“不敢!不敢!”自是诸酋之气益沮。故自同治九年至十二年,议约换约更历四载,无一毫牵率苟且于其间。而相国长白文公谓“君有挽千钧之力”者,非虚语也。君既专且久于夷务,每当纷纭轇轕之会,往复辨论,长官至形诮让。而同列或诘之曰:“国事独君当之乎?”乃谢曰:“吾愳辱国也。”平居发愤,则曰:“吾生平所深恨者有二:同治二年,俄使来换约,称其主大皇帝。吾力与之争,俄使将屈矣,会疾作在告,而俄人竟称大皇帝。又尝与俄人辨西北地界,吾力持之,乃以他变,故不果行。此二者,吾之所深恨也。”意气慷慨,至侘傺不能自已,此亦可知素所蓄积矣。而世不察,或且以志虽大,而不切于用少之。嗟乎!士之所以奋发乎事业,而参立乎两间者,亦惟其志之所立焉而已。志定而识生,识定而气生,气定而才生。人有分于处,处有分于地,惟深识乎中国之分,则中国之外,皆非所识矣;增规则不圆,易矩则不方,惟深识乎孔孟之道,则孔孟之外,皆非所识矣。同而后可以见天,异而后可以见人,惟深识乎吾君吾父之尊无与并,则吾君吾父之外,皆非所识矣。于是发而为仁,其仁可以齐万类;蕴而为智,其智可以营八表;激而为勇,其勇可以震詟乎绝域。而鞭挞乎鬼方众人域,又乌足与语宇宙之方圆、天人之同异哉?抑又思之,君既专且久于夷务矣,而于世所谓一切洋学未尝一语及之,夫岂无意乎?盖道者,万物者也。农精于田,而不过为田师;工精于器,而不过为器师。有精于道者焉。

四、哭杜左泉师

哭杜左泉师①

不坠青云志,高风独慕真。
缘悭游宦日,愁无著书身。
政论崇崔实,□怀托杞人。
稿遗长恨在,展卷泪盈巾。

① 《山东文献集成·第一辑》第41册,济南:山东大学出版社,2010年。

五、游氏先茔碑记

游氏先茔碑记①

始祖，讳政，元季以战功封侯，卒蒙谕赐葬祭，详载邑志。迄今墓记石迹岿然犹存，而世远年湮，其文率漫漶而不可读，茔间有续立石碣，颜曰："游氏宗支图谱。"旁书细字亦不可复识。咸丰壬子岁，百川举于乡，族人以修谱属，而时未果。岁壬戌，得通籍合族重议修谱，而欲先于茔间立石以志其缘起，念自元季以来，数百年于兹矣，居民递经变更，不无转徙，而吾游氏世居此土，得继继绳绳，以奉先祀于不替，可知前世之贻泽长也。继自今岁，时祭埽，凡我族人，义重本源，序明昭穆，敦亲睦之意，起孝第之心。所由承先者在是，所由裕后者当亦在是也。谨为记。

同治元年壬戌十月

十五世孙百川谨撰

六、《游氏世谱》序

《游氏世谱》序②

《记》曰："尊祖，故敬宗。敬宗，故收族。"族之有谱，笃本源，明世系，祥昭穆，别亲疏，义之重也。顾谱续修易创修难，创修而起自近世，分支别派皆有可稽，则修之难者犹易。创修而推及远代，徙流溯源多无可考，则修之难者愈难。我游氏居滨之始祖起于元季至正年间，以战功历升侯爵，卒蒙谕赐葬祭，迄今墓志石迹岿然犹存，惟文字漫漶不可复读。

① 见《游氏世谱》（光绪丙戌年镌）第5页。

② 见《游氏世谱》（光绪丙戌年镌）第1页。

茔间有续立石碣，莫详勒自何世，而大书曰“游氏宗支图谱”，是我先世本有谱也。无如自元季至今历数百年，代隔有明，而谱牒逸失无复可征。同治初元岁壬戌，百川始通籍合族敦亲亲之谊，以修谱属。伏念旧谱无存，自始祖以迄八世，虽世次尚可推，而名讳莫得详，况属在别支，且有八世以下尚余数世莫悉其讳者，则及今修谱未免难甚。然又思古史示后犹有阙文，姑就所及知者信以传信，亦复何嫌。且失今不修，窃恐数世而后支派名字失传犹多，族姓无谱，其于尊祖敬宗收族之义何有矣？是大可惧也。爰合同族征名考字，无稽者阙之，能知者详之，各支之中或叙自八世，或只就名讳可知者叙起，盖不敢因其难而置之，而又期据序次，不致或有所误也。自壬戌冬月起逾癸亥春正钞始竣。窃思列此谱者皆一本之所分也，由一本分为各支，复由各支推及一本，亲睦之意不且油然而生乎？不第此也。诗曰：“无念尔祖，聿修厥德。”又曰：“夙兴夜寐，无忝尔所生，念尔祖则重其身矣，念所生则愈重其身矣。敦孝第(悌)，型仁让，士主端士，农为良民，不辱其身，不羞其亲。”愿与吾族共勉之，方不负此修谱之义也。今日者，同族以谱系至重，既皆不辞其难而成之，则自兹以往随时续修，慎无忽其易焉，是尤吾族之厚幸也夫。

同治二年癸亥清和月

十五世孙百川谨序

七、续修《游氏世谱》序

续修《游氏世谱》序[①]

族谱自同治壬戌重修，二十五年于兹矣。生齿日繁，支

① 见《游氏世谱》(光绪丙戌年镌)，第7页。

派渐分，迄今不修，将历年久远，名字散轶，征考为难，适族人名启田者，素习雕镌，愿备料工，力任其事，其敬宗收族之意，出于至诚。于是重辑名讳，钞录成册，踵前谱而续修之，于丙戌荷月开雕，阅冬月竣事，族人乐观其成，而问序于余。余壬午年奉命视河，便道旋里，而祠堂落成，同祖岁时致祭，有敦睦风。兹复续修世谱，承前启后，咸守宗祠于无替焉。是吾祖之厚幸之夫。

光绪十二年五月

十五世孙百川敬序

第三节　诗　稿

一、五言八韵诗

试帖诗是中国封建时代的一种诗体，常用于科举考试，也叫“赋得体”，因题前常冠以“赋得”二字而得名。试帖诗起源于唐代，多为五言六韵或八韵排律。该诗作为科考项目始于唐代。唐宋时期的试帖诗称为唐律，一般用四韵、六韵，很少用八韵（每两句为一联，称为上、下联，下联押韵，称为一韵），是唐代至宋代前期考试进士的项目之一。宋神宗时期，由于王安石变法，试帖诗一项被取消，元明两代迄未恢复。清代自乾隆朝开始，恢复试帖诗这一考试项目。但在形式上有了一定的限制，其中最重要的是将它八股化。乾隆二十二年（1757），于乡试、会试加试五言八韵诗。格式限制比前代更严，出题用经、史、子、集语，或用前人诗句或成语；韵脚在平声各韵中出一字，故应试者须能背诵平声各韵之字；诗内不许重字；语气必须庄重；题目之字，须在首次两联点出，又多用歌颂皇帝功德之语。清代生员考的试帖诗一般为五言六韵，进士考的试帖诗为五言八韵。

试帖诗每韵上、下两句为一联，首联“破题”，次联“承题”，三联“起股”，四、五联“中股”，六、七联“后股”，结联“束股”。每联一股，合成八股，正如文章的起、承、转、合。如嘉庆己未翰林王廷绍的五言八韵诗《惊雉逐鹰飞》：

百中虚文囿，苍鹰掠地归；（破题）
如何惊雉影，翻逐鸷禽飞；（承题）
色木罹罗避，心偏窜野违；（起股）
多因魂未定，不识计全非；
路问金眸疾，风卷铁距威；（中股）
几番愁侧翅，一瞬失残翚；
抱木猿犹转，藏林鸟亦稀；（后股）
山梁无猎羽，好自惜毛衣。（束股）

二、赋月桂余香

游百川悟性极高，谙熟《四书》，精于古训，对古汉语理解快、深、透。在乡试考试中，游百川写的五言八韵诗为《赋得月桂余香尚满襟（得秋字五言八韵）》：

蟾窟探奇早，天台桂子秋。（破题）
香从襟上满，人在月中游。（承题）
翠袖浓于染，冰轮朗欲流。（起股）
前身参妙悟，仙吏许同俦。
时记飘金粟，芳疑拂玉楼。（中股）
已随花影度，还并酒痕浮。（后股）
好作霓裳咏，凭将雾縠收。（束股）

每股环环相扣，正是“御炉添瑞霭，联袂上瀛洲”，诗韵“清新俊逸，庾鲍风流”。

宋人周密《清平乐·横玉亭秋倚》云：“诗情画意，只在阑杆外，雨露天低生爽气，一片吴山越水。”阑杆之外，咫尺之内，何以有人诗情，有人画意，有人什么也没有，何以有时诗情，有时画

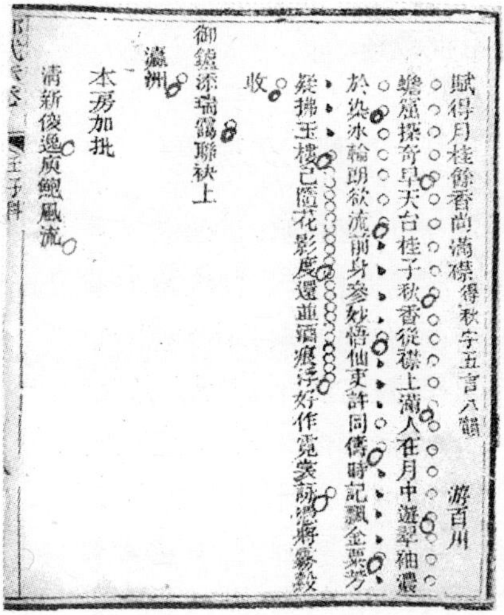
賦得月桂餘香尚滿襟得秋字五言八韻　游百川
蟾窟探奇早天台桂子秋香從襟上滿人在月中遊翠袖濃
於染冰輪朗欲流前身參妙悟仙吏許同儔時記飄金粟芳
凝拂玉樓已隨花影度還並酒痕浮好作霓裳詠遙將霧縠
收
御鑑添瑞靄聯袂上
瀛洲
本房加批
清新俊逸庾鮑風流
壬子科

意,有时什么也没有,实在于心境。游百川巧借月宫桂树、蟾蜍民间传说,赋予月宫中的天台、仙女、桂花、美酒、明月以新意,清新俊逸。

诗有诗境,诗有生命,全凭人的感悟。明人汤传楹《闲余笔话》云:“极意作诗,不必得诗。穷形作画,不必入画。深于诗画者,正于不著笔处遇之。予尝登楼远眺,见树顶藏鸦,山岚滴翠,便如身在画图中。又尝扃户静思,见竹影摇窗,茶烟袅日,辄觉诗情落纸上。乃悟:坐即有诗,行即有画。简文所云:‘会心处不在远。’东坡所云:‘时于此间得少佳处也。’但不堪向莽汉饶舌,恐减吾辈清福耳。”游百川对此深有感触,他在与“炳翁”交流诗韵与作诗时基本上原文不动地抄录了这段话,落款为“乙卯清和上浣应炳翁法家雅嘱即希正腕,汇东游百川”。

游百川主要生活于同治、光绪年间,同治没有“乙卯”年,光绪有“乙卯”年,由此可推测,该文写于光绪五年(1879)。“炳翁”事迹不详。

三、过都门见挽粟车

过都门见挽粟车①

清路争驱驰，舆马何喧阗。
熙熙攘攘客，往来磨其肩。
中有挽粟车，车重挽不前。
气嘘喘吴牛，颜如火始然。
汗雨涔涔滴，骄阳正午悬。
运输艰若此，矧乃农力田。
君子享万钟，得勿凛素餐。
如何光明烛，但照绮罗筵？

作者由过东门见挽粟车想到了农人的劳作之苦，表达了作者对劳动人民的深切同情。

① 《山东文献集成·第一辑》第41册，山东大学出版社2010年版。

附录一

游百川年谱简编

道光三年癸未(1823)　一岁

游百川《清代山东乡试朱卷咸丰壬子科》载:“游百川,字汇东,号梅溪,行一,道光癸未年二月十四日吉时生。东武定府滨州增生民籍。”道光癸未年,即道光三年(1823)。《游氏世谱》亦载“百川生于道光三年二月十四日”。

是年,游百川生于武定府滨州城西南中游庄(现滨州经济开发区杜店街道办事处中游村)。

道光年间是清王朝由盛转衰的关键时期。国外,西欧大陆的波澜渐已平复,列国养精蓄锐,西力东渐,势在难遏。道光三年(1823)十二月二日,美国总统詹姆士·门罗发表了反对欧洲对外扩张的《门罗宣言》,即门罗主义。国内,二月十五日,洋务运动倡导者李鸿章诞生。清政府定失察鸦片烟条例,内容包括禁种罂粟、禁开烟馆等项。

是年,我国发生了一次特大洪水。据《清史稿·食货志·赋役》载:“国初以来承平日久,海内殷富为旷古所罕有。……至道光癸未(1823)大水,元气顿耗,然犹勉强枝梧者十年。逮癸巳(1833)大水而后无岁不荒……”这次大水强度大,面积广,南北同涝。尤以河北、长江中下游与海河流域最为严重。是年,山东武定府滨州旧城里(今滨城镇南街杜家)人杜受田会试第一,殿试“第二甲赐进士出身第一名”，选庶吉士，授编修。其父杜堮为嘉庆时翰林院编修，礼部左侍郎。

游氏起源于春秋时代的郑国，出自姬姓。周厉王姬胡的儿子姬友，被其兄周宣王姬静封于郑（今河南省新郑市一带），建立郑国。郑穆公生子姬偃，字子游，约公元前七世纪末，姬偃之孙皈依祖父之字命姓（氏），其后代均以游为姓。滨州游氏世系开宗始祖游政（？～1378），元末随农民起义军北伐，在推翻元王朝统治中战功卓著，历升侯爵。明朝建立后，封侯，占籍滨州，后谕赐国公。游氏家族遂在滨州大地繁衍生息。

道光四年甲申（1824）　二岁

滨州等地食盐走私的行为屡禁不绝。《清宣宗实录》卷七十一记载：“（道光四年闰七月二十一日）山东武定、沂州二府滨海盐碱，未能归坨，时有枭匪纠众抢滩售卖，为害地方。……至滨州、高苑等县商人，均因误运革退，日久未佥新商，以致私枭阑入，殊于鹾政有碍。”

是年八月，两江总督孙玉庭保奏江苏按察使林则徐综办江浙水利事务。林则徐日夜督修南河高家堰十三堡决口，终于功成。

道光五年乙酉（1825）　三岁

是年从英国开始爆发世界第一次经济危机。

是年清政府查禁粮船水手。二月初五日，清廷命江浙试办海运。六月十一日，江苏巡抚陶澍奏请河海并运漕粮。

道光六年丙戌（1826）　四岁

《清宣宗实录》卷九十五记载：“（道光六年二月一日）盐务积弊已久，近年屡经严缉私枭，官引仍未畅销。如该御史所奏山东盐引，每引浮春多至三五十斤至百余斤不等。”二月二十九日，清廷第一批海运米船九百余艘，运米一百一十二万二千余石驶进天津海口，卸米后，复往奉天买豆南运。

是年，自称新疆“伊斯兰教白山派和卓”的张格尔率兵大举进犯回疆，清廷命长龄为扬威将军，与原提督杨芳、甘肃提督齐慎、宁夏将军格布舍、乌鲁木齐提督达凌阿和领队大臣祥云等领兵二万余人，进疆平叛。

是年，杜受田翰林院授职编修。

道光七年丁亥(1827)　五岁

是年二月，扬威将军长龄、参赞大臣杨遇春和武隆阿等率军三万，沿浑巴什河进袭喀什噶尔。清军三战三捷，张格尔率数十骑逃走。三月初，清军进占喀什噶尔。张格尔在年底被俘。

是年十月，滨州杜堮转吏部左侍郎，十二月，著写《述训》四十八条，自序一条。

是年，杜受田任国史馆协修。

道光八年戊子(1828)　六岁

是年四月，清政府首定新疆南路(回疆)贸易茶叶、大黄，由官商承运行销，不准私运。七月，清政府又定新疆北路茶叶、大黄，亦行官引，禁止出卡。

是年，杜受田任顺天乡试同考官，杜受田第二子杜翻以滨州第一名中秀才。

道光九年己丑(1829)　七岁

是年，清政府限制白银外流，防范英船。

是年，游百川入家塾。家贫无隔夜粮，靠母亲纺线织布供其读书。

是年,杜受田任国史馆纂修,再升总纂。

道光十年庚寅(1830)　八岁

是年,两淮盐务日坏,私贩日众。新疆玉素甫叛乱。美国公理会传教士裨治文到达广州。

是年,杜受田任国史馆提调。

道光十一年辛卯(1831)　九岁

是年十二月,清廷着手改革两淮盐政。同月,湖南永州瑶族农民因不堪官绅胥役的盘剥欺虐,在赵金龙率领下举行起义。

是年,杜受田任乡试磨勘官,参与恭缮宣宗《御制诗初集》。

道光十二年壬辰(1832)　十岁

是年,赵金龙等被杀。美国传教士裨治文创办《澳门月报》。基督教(新教)最早的中文布道书《劝世良言》问世。

是年,杜受田任云南省乡试副考官。任途遥远万里,柳往雪来。得诗若干首,又著《滇使纪程》。杜受田第二子杜翮中举人。

道光十三年癸巳(1833)　十一岁

是年六月,中国境内第一家中文杂志《东西洋考每月统记传》创刊。林则徐奏请改革币制。

是年,杜受田九月出京赴任山西学政。

道光十四年甲午(1834)　十二岁

是年八月初五日,英船强行闯入虎门。

是年,曾国藩参加湖南乡试,中举人。

是年,杜受田补右春坊右中允,接着转为左中允。

道光十五年乙未(1835)　十三岁

是年三月,两广总督卢坤等奏请增定防范贸易洋人章程。

是年,杜受田升洗马。

道光十六年丙申(1836)　十四岁

是年四月,太常寺少卿许乃济向道光帝上疏,系统提出禁止鸦片主张。

是年正月,杜受田充四阿哥师傅,入直上书房。游百川父亲游赠玉去世。游百川师从邑之宿儒杜源(字左泉)读书。

道光十七年丁酉(1837)　十五岁

是年六月,御史朱成烈奏论白银外流问题。

是年,杜受田升右庶子。十二月升侍讲学士。

道光十八年戊戌(1838)　十六岁

是年,道光帝下决心禁烟,广州人民包围洋馆示威。

是年,曾国藩进京会试,中进士。

是年十二月,杜受田升工部左侍郎。

道光十九年己亥(1839)　十七岁

是年,林则徐查禁鸦片,虎门销烟。

是年八月,杜受田兼署工部钱法堂事务。

道光二十年庚子(1840)　十八岁

是年五月,第一次鸦片战争爆发,十二月,琦善擅自与义律订定《穿鼻草约》。

是年,李鸿章实授七品翰林院检讨。

是年,杜受田充朝考阅卷官。

道光二十一年辛丑(1841)　十九岁

是年五月,签订《广州和约》,广州三元里人民奋起抗英。

是年,杜受田调户部左侍郎,兼管三库事务。

是年,游百川补博士弟子员。

道光二十二年壬寅(1842)　二十岁

是年七月,签订《南京条约》。

是年十二月,杜受田充经筵讲官。游百川娶妻周氏。

道光二十三年癸卯(1843)　二十一岁

是年八月,耆英与璞鼎查在虎门签订《五口通商章程》。

是年,杜受田充大考翰詹阅卷大臣,参加国史馆在馆纂办各员考评。

道光二十四年甲辰(1844)　二十二岁

是年五月,耆英与美国代表顾盛签订不平等的《中美望厦条约》。九月,耆英与法国代表签订不平等的《中法黄埔条约》。

是年十二月,杜受田升工部尚书。

是年，杜受田长子杜翰中进士，选庶吉士。游百川长子游序贤出生。

道光二十五年乙巳(1845)　二十三岁

是年六月，准许比利时按五口通商章程办法通商。十二月，广州人民反对英人入城。

是年，曾国藩升授从四品翰林院侍讲学士。

是年，杜受田承派修东陵工程。

道光二十六年丙午(1846)　二十四岁

是年十一月，容闳等随马礼逊学堂校长赴美留学，开启近代留学先河。

是年年底京察，曾国藩破格升授正三品太常寺卿。

是年，杜受田派阅顺天乡试复试卷。

是年，游百川次子游礼贤出生。

道光二十七年丁未(1847)　二十五岁

是年二月，耆英与瑞典、挪威签订五口通商章程。十月，命京师及各省编查保甲。

是年，曾国藩升署广东巡抚，旋免，改授二品内阁学士署礼部侍郎。

是年，杜受田充会试副总裁，充朝考阅卷官。

道光二十八年戊申(1848)　二十六岁

是年正月，重申不准法人擅入内地传教。五月，拒绝俄罗斯在新疆通商贸易。

是年，曾国藩升授礼部右侍郎。

道光二十九年己酉(1849)　二十七岁

是年二月,葡萄牙澳门总管亚马勒非法宣布澳门为自由港,停征关税,并下令封闭粤海关衙门。是年,杜受田升上书房总师傅,其父杜堮重宴鹿鸣,赏头品顶戴,加太子太保衔。

道光三十年庚戌(1850)　二十八岁

是年正月,道光帝逝。皇太子奕詝即皇帝位,以明年为咸丰元年。十二月,洪秀全于广西金田起义。是年,曾国藩署工部侍郎。是年,杜受田授协办大学士。

咸丰元年辛亥(1851)　二十九岁

是年,二月,太平军定都天京。河南捻党聚集人众,发动起义。是年,六十多州县卫遭水、旱、雹、风、虫等灾,秋粮歉收。

是年,曾国藩任顺天府乡试大主考。

是年,杜受田充顺天乡试正考官。

咸丰二年壬子(1852)　三十岁

是年四月,以皇六弟奕䜣封恭亲王。是年,杜受田在实施赈务途中勤勉治事,病逝于淮安清江浦。杜受田长子杜翰正在湖北学政任上,奉命由湖北赴江苏护送杜受田灵柩回京。

是年,"东武定府滨州增生民籍"游百川参加山东乡试,"中式第四十名"①,"住城西南中游庄"。增生,又称增

① 《清代山东乡试朱卷咸丰壬子科·游百川》。

广生,明代增生有月米,清代没有月米,仅次于廪生。民籍,是指平民户籍。说明游百川中举前为增生身份,平民户籍。“是后,游京师馆于钱塘许文悫公乃普家,慕其学行政治,因师事之,大为契重,凡奏疏书牍,悉委公,无甯易。”①

同年,游百川三子游汝贤出生。

咸丰三年癸丑(1853)　三十一岁

考取景山官学汉教习

是年一月,在籍侍郎曾国藩帮办湖南团练,此为湘军之始。八月,上海小刀会起义。是年,太平天国颁布《天朝田亩制度》。是年,咸丰帝念其父劬劳,擢杜受田长子杜翰为工部侍郎。是年甲寅,游百川考取景山官学汉教习。景山官学,清代旗学的一种。康熙二十四年(1685),令于宫内北上门两旁官房设官学,是为景山官学。选内府三旗佐领、管领以下幼童三百六十名就学。有清书三房,各设教习三人;汉书三房,各设教习四人。学生肄业三年,考列一等为笔帖式,二等为库使、库守。

咸丰四年甲寅(1854)　三十二岁

任景山官学汉教习

是年正月,拨内库银30万两解赴胜保军营,以对抗太平军。二月,曾国藩所办团练湘军练成,会集湘潭,发布《讨粤匪檄》。

咸丰五年乙卯(1855)　三十三岁

任景山官学汉教习

---

① 《游氏世谱》,民国丁丑本。

是年正月，命恭亲王奕䜣总理行营事务。九月，各路捻军齐集雉河集（今安徽涡阳），推张乐行为首领，称“大汉盟主”。

咸丰六年丙辰（1856）　三十四岁

任景山官学汉教习

是年八月，太平军发生内讧，韦昌辉杀杨秀清等。九月，英国制造“亚罗号”事件，进攻广州，挑起第二次鸦片战争。

咸丰七年丁巳（1857）　三十五岁

任景山官学汉教习

是年六月，签订《天津条约》。十一月，英、法军攻入广州。

咸丰八年戊午（1858）　三十六岁

充补右翼宗学汉教习

是年四月，英法联军攻占天津大沽炮台。

是年，游百川充任右翼宗学汉教习，期满，奉命待上报吏部，作知县选用。宗学开始于宋代，明清延用。清顺治十年设立宗学，收皇族宗室子弟入学。雍正二年（1724），设左右二翼宗学，镶黄、正白、镶白、正蓝四旗子弟入左翼宗学；正黄、正红、镶红、镶蓝四旗子弟入右翼宗学。左翼宗学在北京东城区金鱼胡同（后移史家胡同），右翼宗学在西城西单牌楼以北的小石虎胡同，大约在乾隆二十一年或略前，右翼宗学迁往绒线胡同。右翼宗学为京城权贵子弟上学处。

咸丰九年己未(1859)　三十七岁

任右翼宗学汉教习

是年,在英国蓄意挑起的大沽口冲突中,英法侵略军被击败。太平天国刊行《资政新篇》。

咸丰十年庚申(1860)　三十八岁

是年八月,杜受田长子杜翰随咸丰帝逃热河。英法联军入京,火烧圆明园。九月,签订不平等的中英、中法、中俄《北京条约》。十二月,设立总理外国事务衙门。

咸丰十一年辛酉(1861)　三十九岁

任右翼宗学汉教习

是年七月,咸丰帝病危,遗命杜翰等八人为赞襄政务大臣。九月,慈禧太后联合奕䜣发动宫廷政变(又称北京政变、辛酉政变、祺祥政变),杜翰遭革职,流放新疆,后被赦免,从此闭门不出。载淳御太和殿即皇帝位,以明年为同治元年。十一月,两宫皇太后垂帘听政。

同治元年壬戌(1862)　四十岁

中进士,选庶吉士

同治元年壬戌(1862)二月十二日,游百川与周之函、武震、常如楷及刘信中等人由同治帝特赐著以内阁中书用。继而参加会试,中试第九十四名贡士。殿试二甲十一名,赐进士出身。清制,进士经殿试后,除一甲三名授修撰、编修外,其余一部分选为庶吉士,由特派的翰林官教习,三年后经考试优等,原二甲进士授编修,原三甲进士授检讨;次者改任各部主事或知县。因翰林官相当于唐、宋的馆职,庶吉士学习之地称庶常馆,故学习期满称散馆,留充编修、检讨者称留馆。游百川为同治元年进士,二甲第十一名,覆试一等二名,朝考一等六名。据《清实录·同治朝实录》载:"六月(甲戌),引见新科进士,得旨。徐郙、何金寿、温忠翰业经授职外,陈彝、柳熙春、陈学棻、刘瑞祺、吴鸿恩、龚聘英、平步青、薛斯来、游百川、张家骧、寻銮晋、董兆奎、张鸿远、龙湛霖、周德润、黄槐森、吴文钊、唐国翰、宗室昆冈、王福保、仇炳台、范德馨、曹秉浚、王昕、王琛、鹿传霖、张良璋、黄彬、姜敏修、尹绍甫、童毓英、王允谦、谢维藩、徐肇嵋、赵子端、宜绶、王道源、廖坤培、周浚、谭钧培、杨先棻、崔志道、马相如、段福昌、潘家钰、李祖光、孙凤翔、宗室桂昂、汪正元俱著改为翰林院庶吉士。"《同治朝上谕档》亦载六月二十三日内阁奉上谕著游百川等人为翰林院庶吉士,知是年六月二十三日游百川选得庶吉士资格,入京城庶常馆学习。同年冬,主持创修《游氏世谱》,撰写《〈游氏世谱〉序》,次年春成谱。

又,《同治朝上谕档》载游百川考中进士时为"年三十六岁"。《清代山东乡试朱卷咸丰壬子科·游百川》载:"游百川,字汇东,号梅溪,行一,道光癸未年二月十四日吉时生。东武定府滨州增生民籍。"道光癸未年,即道光三年(1823),至同治元年(1862),游百川应为四十岁。《游氏世谱》亦载游百川生于"道光三年二月十四日"。由此知游百川同治元年中进士时实为虚岁四十。以《同治朝上谕档》所载"年三十六岁"为误。

同治二年癸亥(1863)　四十一岁

于京城任编修

《同治朝上谕档》载:"同治二年四月二十五日,内阁奉上谕,此次散馆之……二甲庶吉士……游百川俱著授为编修。"《清史稿》列传二百十《游百川传》载:"同治元年进士，选庶吉士，授编修。”按，清制，三年散馆后经考试优等，授编修。清编修属翰林院，职掌编修国史，职位次于修撰，清翰林院编修以一甲二三名进士及庶吉士留馆者担任，无实职。游百川等未到三年即于京城“散馆授编修”，属于破例。

是年五月上旬，捻军一部由莱芜赴淄川，支援刘德培义军。八月，淄川刘德培率众突围，遭清军追杀，起义失败。

是年，美国教会势力开始向济南渗透。

同治三年甲子(1864)　四十二岁

于京城任编修

是年六月，太平天国最终失败。

同治四年乙丑(1865)　四十三岁

于京城任编修

是年四月，赖文光等指挥捻军在山东歼灭僧格林沁统率的清军主力，僧格林沁突围时被杀。五月，李鸿章在上海设立江南制造总局，成为洋务派创办新式军事工业的开始。

同治五年丙寅(1866)　四十四岁

于京城任编修，罚俸一年

《清实录·同治朝实录》载：“同治五年五月(乙丑)，谕内阁，此次考试翰詹各员经阅卷大臣等校阅进呈，拟定等第，一等五员，二等三十七员，三等五十二员，四等三员，不列等一员。……编修王昕、龙湛霖、温忠翰、游百川、检讨吴镇、编修马相如均著罚俸一年。”翰詹，清代对翰林和詹事的合称。《同治朝上谕档》亦载有同治五年五月初七日游百川等被罚俸一年事。

是年二月，清政府派前知县斌椿及同文馆学生出国考察。

是年,闽浙总督左宗棠在福州创办福州船政学堂和马尾船政局。

是年,杜翰卒。

同治六年丁卯(1867)　四十五岁

迁御史

《清史稿》列传二百十《游百川传》载:“(同治)六年,迁御史,巡西城。”

十月二十一日,东省被水奏请筹办河堤

《同治中兴京外奏议约编》卷五载有游百川《奏为东省迭被水患亟宜筹办河防以济民生》折。同时附片奏请复赐起用廉隅素著、熟悉河务的前山东抚臣阎敬铭,以之专办河防。

十一月丁丑(二十八日),奏请崇尚经术

“同治六年十一月丁丑,谕内阁,御史游百川奏请崇尚经术以端趋向各折片,国家吁俊求才,原期士子通经致用,若学无根柢,徒恃怀挟倩代,以图徼幸,所谓淹通经史者安在?何以振文风而端士习?”同治帝览奏,“通谕知之”。

十二月乙酉,奏请合力兜剿捻军

是年正月,捻军在湖北大败淮军刘铭传部。十一月,东路捻军在山东寿光覆没,赖文光被俘,死。《清实录·同治朝实录》载:“本日御史游百川奏,此次捻逆回窜青莱,未得肆掠,饥疲已甚,其中被胁难民,皆思自拔,请饬乘此合力兜剿,李鸿章现在但防运河东北,黄防兵甚寥寥,河冰坚冻,贼如北窜,恐东省军务,贻患非轻等语。著李鸿章迅筹剿办,不可稍失戎机。黄河防务,并著妥为布置,以期有备无患。”

同治七年戊辰(1868)　四十六岁

掌福建道监察御史

二月壬辰(十四日),奏请各路统兵大臣剿办捻匪

《清史稿》列传二百十《游百川传》载:"(同治)七年,捻匪自山东窜直隶,百川奏请饬统兵大臣迅速剿办。""同治七年二月壬辰,又据御史游百川奏,请饬各路统兵大臣迅筹灭贼,并请诘其有无方略,何时破贼,切实自陈,毋得饰报胜仗等语。贼扰直境已逾一月,各路官军不下数万,若不迅图剿洗,縻饷劳师,伊于胡底。左宗棠等务各屏除意见,戮力同心,迅将此股贼匪就地殄灭,共奏肤公。"

秋七月甲申(初九日),奏请饬办善后事宜

"(同治)七年秋七月甲申,谕内阁,前因捻逆荡平,直隶、山东、河南被扰地方,饬令该督抚等查明轻重情形,分别蠲缓,并寄谕官文、丁宝桢等妥筹抚恤。兹据御史游百川奏陈善后事宜各条,除赈恤贫民俟官文、丁宝桢等查明后再降谕旨外,其团练出力绅董及殉难绅民妇女,著官文、丁宝桢转饬该地方官确切查明,分别奖恤,毋得冒滥遗漏。"

十一月壬辰(十九日),请除吏胥积弊

"(同治)七年十一月(壬辰),谕内阁,御史游百川奏请除吏胥积弊一折,京外各衙门额设吏胥,不过用以执簿书供奔走,乃近来各衙门胥吏,或舞弊营私,甚至盘踞把持,缘引为奸,坏法乱纪,殊堪痛恨。嗣后内外大臣,务当严饬所属,振刷精神,破除积弊,将一切文案立限清理,吏数过多者,核实裁汰。其有舞文弄法之吏,随时察防痛惩,不准稍涉徇庇。至家丁串通书役,绅衿包揽词讼,亦著一并严禁,以儆贪蠹而杜弊端。"是月二十四日,游百川再次上奏,奏为除弊务求实际。

十二月庚申（十七日），请饬严禁栽种罂粟

“（同治）七年十二月（庚申），谕内阁，御史游百川奏请饬严禁栽种罂粟以济民生一折，栽种罂粟之害，有妨民食，始于甘肃，延及陕西、山西，近复江苏、河南、山东等省亦有渐行栽种者，小民贪利忘害，仅顾目前，势必至膏腴之产尽种无用之物，于百姓生计大有关碍，前曾严行申禁，著各该督抚迅饬各地方官，再行剀切晓谕，一体禁止。傥有不法匪徒故意抗违，即治以应得之罪。各州县官如不能认真办理，任令吏胥饰词蒙蔽，并著各该管上司从严参办，毋稍徇隐。”同治帝览奏采纳，颁行上谕。

同治八年己巳（1869）　四十七岁

十二月乙卯（十八日），请修德以召祥和

“（同治）八年十二月（乙卯），谕内阁，御史游百川奏请修德以召祥和一折，今岁雪泽愆期，月食再见，直隶、山东、湖广等省水旱歉收，凡此沴祲之兴，皆系上苍示儆寅畏殊深，允宜兢业为怀，倍加修省。内外大小臣工，亦当各矢公忠，恪尽厥职，力除瞻徇奔竞之习。其有言责诸臣，尤宜遇事指陈，毋泛毋隐。庶几君臣交儆，以承天眷而迓天庥。”

同治九年庚午（1870）　四十八岁

是年，天津发生一场震惊中外的教案。

同治十年辛未（1871）　四十九岁

七月二十九日，上《奏请整饬仓储》折

十一月十六日，上《续访本籍殉难绅民妇女请旌恤》折

同治十一年壬申（1872）　五十岁

首批30名“幼童”奔赴美国留学，史称“幼童出洋”。

同治十二年癸酉(1873)　五十一岁

二月庚戌朔,奏河运并治

"(同治)十二年二月庚戌朔,谕军机大臣等,前因乔松年奏筹办黄运两河情形,文彬、丁宝桢奏请仍挽复淮徐故道,并御史游百川奏河运并治,宜详筹妥办等情,当经降旨交军机大臣会同六部九卿妥议具奏。兹据遵议会奏,请派大员前往山东查勘各等语。黄河自铜瓦厢决口改道北行后,汎滥山东境内,久为漕运民生之害,现在淮徐故道既难规复,岂可听其自然,不为修治。乔松年前奏,堵合霍桥决口,筑堤束水,使由张秋八里庙一口下注入海,旁流分注,藉以济运。所拟办法,究竟是否可行,有无窒碍,必须筹画万全,方可兴办。此事关系重大,固不可日久因循,亦未便轻率从事。李鸿章曾在山东剿办捻匪,于黄运两河情形,阅历既久,自必熟悉。著该督将乔松年等所奏,悉心体察,从长计议,应如何妥筹办法,期于漕运民生两有裨益,及办理有无把握之处,据实详细具奏。"

闰六月甲申,奏筹办黄运两河

"(同治)十二年闰六月(甲申),谕内阁,前据军机大臣六部九卿会议乔松年、文彬、丁宝桢并御史游百川所奏筹办黄运两河情形,当经谕令李鸿章妥筹办法,据实详细具奏。兹据奏称,铜瓦厢决口后,旧河身淤垫过高,岁久干堤,无从修治,势难挽复淮徐故道,且于漕运无甚裨益。至借黄济运筑堤束水工程,均无把握,与导卫济运之法同一难行各等语,所奏颇为详尽。河流既难挽之使南,而利运又别无长策,李鸿章请仍由海道转运,令各督抚酌提本色若干运沪,由海船解津,其余仍照章折解,以省运费,并随时指拨漕折银两,采买接济,著户部通盘筹画,妥议具奏。河流趋重山东,自应增立堤防,著丁宝桢酌度形势,将张秋、利津一带旧有民埝加培坚固，以资捍卫。其侯家林决口，现虽堵筑合龙，仍恐民埝不能久恃，并著该抚于秋汛后详悉勘估，酌筹款项，将侯家林上下民埝仿照官堤办法，一律加高培厚，设法守护。沿河各州县民人田地，久被淹没，情殊可悯，即著查明，分别奏请蠲缓钱粮。并将海口盐场商运各事宜，酌量变通办理，以示体恤。至铜瓦厢决口以下兰仪东明一带，地势平衍，不可无遥堤以防泛滥，著乔松年就近察看，应如何量筑堤埝以资保护，即行悉心筹办。淮徐故道涸出旧河身，民间多有占种，该督所请酌议升科之处，著江苏、河南、山东各督抚体察情形，妥筹具奏。另片奏，请停止河运采买粮石，推广海运等语，著户部议奏。”

九月庚申（十五日），奏试卷编号错误开单呈览

“（同治）十二年九月（庚申），谕内阁，监试御史福宽、游百川奏试卷编号错误开单呈览一折，本科顺天乡试头二三场红号不符试卷，至有三十一本之多，并有满卷与合卷互编错乱，实非寻常疏忽可比。著监临提调查取职名，交部照例议处。此次场内试卷编号错误，该监临等何以并未奏闻？著将因何错误及有无弊窦之处查明，据实具奏。”

上疏同治帝缓修圆明园

《清史稿》列传二百十：“（同治）十二年，上亲政，命葺治圆明园，奉皇太后驻跸。御史沈淮疏请暂缓修理。上特谕宣示孝养两宫之意，专修安佑宫供奉列圣御容，暨皇太后驻跸之所，治事之地，量从节俭，不事华靡，此外均不必兴修。百川继疏申谏。上召入诘责，百川侃侃正言无所挠，上为动容，一时敢谏之名动朝野。”

十月，被同治帝即行革职回家

同治十三年甲戌（1874） 五十二岁

千金捐书院

游百川的好友陈士杰此时正担任山东按察使,得知游百川被革职,家境贫寒,便以千金相赠。夫人周氏对游说:"接受,就会伤害自身廉洁;不接受,又有猎取耿直名声的嫌疑。"游笑着说:"还是接受好,可把它捐给滨州的书院,作助学金用。"于是就将这千金捐送给了滨州书院。

任沂郡书院主讲

沂郡太守一向了解游的学识、品德,听说游百川被革职在家,就聘请他任沂郡书院主讲。游百川讲解书义,开口一读,即抑扬顿挫,使听讲的人无不心解神悟;并且他吐字清晰,声音宏亮,连围在堂阶下的人也都听得十分清楚。

去敬业书院担任主讲

武郡太守又请游百川去敬业书院担任主讲。游百川重视父母之邦,于是应聘。到任之日,许多人慕名背书箱而来,书院的几十间屋子容纳不下,东邻的双忠寺也被占满,使本城的学生竟无放置凳子的地方。

光绪元年乙亥(1875)　五十三岁

春正月壬寅(初四日),奏丁忧人员留省差委宜防流弊

《清实录·光绪朝实录》载:"光绪元年春正月壬寅,又谕,御史游百川奏丁忧人员留省差委宜防流弊一折,前任直隶天津道丁寿昌,前该员洁己爱民,舆情感戴,是以允其所请,留于直隶差遣委用,嗣后丁忧人员,仍宜恪遵定制。"

同年,游百川与巡视西城给事中景隆多方檄劝,严令司坊官率役带勇,并会同营汛协力访缉,于十月十一日缉拿到两次逃军周三锁儿(周三元儿),十七日缉拿到两次逃徒贼犯祝二(祝三)、刘二(肉刘)及贼妇张李氏等六人。讯录供词,交代了多次窃得三条胡同事主童氏等十余家,所获赃物均被收缴认领。他们指出窝主系大黄(即宽和)和二黄(宽亮)。二十五日,全营掩捕宽和、宽亮。被捕获后,二人称

系宗室。宽和居西长营,宽亮居炮厂,俱属外城,召集包庇贼匪,肆扰民间。十一月初七日,游百川请旨将周三锁儿、祝二及刘二等人解交刑部,大黄、二黄由刑部会同宗人府查办。《清史稿》列传二百十《游百川传》载:"宗室宽和等所行多不法,奏劾惩治,一时贵近敛迹。"

光绪二年丙子(1876)　五十四岁

母亲孙夫人去世,丁母忧

光绪三年丁丑(1877)　五十五岁

为母守丧

光绪四年戊寅(1878)　五十六岁

起复,授工科给事中,旋授刑科给事中

光绪五年己卯(1879)　五十七岁

五月初三日,任湖南衡永郴桂道

《清史稿》列传二百十载:"光绪五年,出为湖南衡永郴桂道。"五月初二日,游百川受命补授湖南衡永郴桂道,初三日,上奏恭谢天恩。

禁烟戒毒

当时鸦片盛行,衡州人染此者不计其数,游百川便出告示恳切劝止,见到的人很多都为之叹息、落泪。他又为染毒者制戒烟丸、解毒膏,施舍救治。百姓去官府求药的每天达一百几十人。王良弼是衡州的杰出人物,看到这种情景后,给以极高的评价,从而使禁烟戒毒成为一种强大的舆论力量。

光绪六年庚辰(1880)　五十八岁

六月庚戌(十四日),为四川按察使

《清实录·光绪朝实录》载:"光绪六年六月庚戌,以四川按察使黎培敬为漕运总督,湖南衡永道游百川为四川按察使。"九月初一日,游百川上疏谢恩,恳请陛见。十月十九日到京,受光绪帝两次召见,准假一个月。十一月初四日离京,二十二日回滨州修墓。

光绪七年辛巳(1881)　五十九岁

三月,接任四川按察使

三月初八日,游百川行抵四川,三月二十日接任。上任时间不到一个月。

夏四月己亥(十二日),为顺天府府尹

《清实录·光绪朝实录》载:"光绪七年夏四月己亥,以四川按察使游百川为顺天府府尹。未到任前,以内阁侍读学士张凯嵩署理。"此次升迁乃经左宗棠推荐。五月初二日,游百川从四川督臣丁宝桢处得到通知,即日交印,上奏谢恩,并离川进京。

闰七月癸卯,会商办理永定河工程

《清实录·光绪朝实录》载:"光绪七年闰七月(癸卯),大学士左宗棠奏,修理永定河情形,钦奉慈禧端佑康颐昭豫庄诚皇太后懿旨,著左宗棠将所拟办理工程,会商恭亲王奕䜣、醇亲王奕譞,暨李鸿章、童华、游百川归入前议,一并妥筹具奏。"

闰七月乙卯(二十日),请仿古屯田之法

《清实录·光绪朝实录》载:"光绪七年闰七月乙卯,顺天府府尹游百川奏,敬陈管见一折,据称晋豫两省大祲之后,荒田甚多,河南之卫辉等处、山西之平蒲等处,现闻一县

之中不耕之田犹有数千顷万余顷不等，请仿古屯田之法，令各省应行裁撤之勇丁，移扎该处，举办开垦等语，该两省荒田，究有若干，拨营屯垦，是否可行，必须斟酌尽善，方期有利无弊。著涂宗瀛、卫荣光饬属查勘，体察情形，据实具奏，如果实可施行，即著妥议章程，奏明办理。”

八月甲子，奉命迎提朝鲜香贡解京

《清实录·光绪朝实录》载：“光绪七年八月甲子，谕军机大臣等，礼部奏，请饬催朝鲜香贡赶紧解京一折，据称朝鲜国恭进香贡已于七月间该国使臣照例将贡物交盛京将军派员解送，迄今尚未报到，请饬赶解等语，现距九月初九日孝贞显皇后梓宫奉移日期甚近，典礼攸关，岂容耽延迟误，著恩福、松林饬令解送香贡委员赶紧解送，毋稍迟延，并著李鸿章、童华、游百川、谦德即行派员迎提，妥速解京，以昭敬慎而免贻误。将此谕知童华、游百川，并谕令李鸿章、恩福、松林、谦德知之。”

八月己卯，奉命严饬地方官不准借端格外苛派

《清实录·光绪朝实录》载：“光绪七年八月己卯，本年九月初九日孝贞显皇后梓宫奉移普祥峪定东陵永远奉安，灵舆经由道路，一切应办事宜，该地方官自应循例敬谨豫备，遇有借资民力之处，小民仰荷孝贞显皇后深仁厚泽，亦必急公踊跃，借以抒其报效之忱。惟念民力拮据，必应量为体恤，著李鸿章、童华、游百川严饬地方官，不准借端格外苛派，致滋扰累，用副朝廷轸念民艰至意。”

八月二十四日，循案请赏普济堂、功德林两处粥厂米石

卢沟桥地方本年贫民生计维艰，奏请仍设厂发米。同日，游百川循案请赏普济堂、功德林两处粥厂米石。

九月庚寅朔，奉命确切查明杨万基被抢一案

《清实录·光绪朝实录》载：“谕军机大臣等，御史萧韶奏，顺天州县讳盗成风，请饬查办一折，据称顺天府属各州县遇有盗案,不准事主呈报,迫令改盗为窃。文安县民人杨万基被劫一案,该署知县陈绍谌并不究办,经前署府尹张凯嵩饬新任文安县知县张云霈详查,又复设法消弭,仍以被窃申覆等语,州县讳盗,例禁綦严,所奏如果属实,亟应严行惩办。著童华、游百川确切查明杨万基被抢一案,如实有讳盗等情,即著严行□□□尔□奏。此外各州县,并著随时访查,倘有似此改盗为窃情事,立即□□□尔□处,以儆效尤。"

九月二十九日,援案请赏米石

城内新建广仁堂收养幼童妇女,游百川援案请赏米石。

冬十月甲戌,严密查拏近京地方私铸匪徒

《清实录·光绪朝实录》载:"谕军机大臣等,御史嵩林奏,请饬严缉私铸匪徒一折,据称顺天通州之燕郊及直隶三河县地方向有回民流窜逃犯匪徒,于僻静处所设炉私铸,潜运京城,以致私钱愈多,民间挑剔不用,贻害非浅等语。私铸私销,向干例禁,该匪徒胆敢安设私炉,大肆销铸,殊属不法。著李鸿章、童华、游百川将近京地方私铸匪徒,严密查拏,务获究办,毋任闻风远扬,以重圜法而安闾阎。"

十一月庚子,受命秉公查明文安县知县陈绍谌案

《清实录·光绪朝实录》载:"谕军机大臣等,有人奏,直隶卸署文安县知县陈绍谌在署任时,妄议加增税银,藉端勒捐,因案纳贿,并讳盗为窃各等语,如果属实,于地方民生,大有关系。著李鸿章、童华、游百川按照所指各款,秉公查明,据实严办,毋稍徇隐。"

十二月壬午,呈进郝懿行所著书四种

《清实录·光绪朝实录》载:"谕内阁,前据顺天府府尹游百川呈进已故户部主事郝懿行所著书四种,当交南书房翰林阅看。据称郝懿行学问渊博,经术湛深,嘉庆年间,海内推重,所著《春秋比》、《春秋说略》、《尔雅义疏》、《山海

经笺疏》各书,精博邃密,足资考证。所进之书,即著留览。”

是年,游百川勤政、廉洁,为人称道。

光绪八年壬午(1882)　六十岁

春正月辛亥,任总督仓场户部侍郎

《清实录·光绪朝实录》载:“以仓场侍郎毕道远为都察院左都御史,兼管顺天府府尹,西宁办事大臣福锟为兵部右侍郎,内阁学士岳林为理藩院右侍郎,顺天府府尹游百川为仓场侍郎,署都察院左副都御史周家楣为顺天府府尹。”

十一月壬寅,全漕告竣

《清实录·光绪朝实录》载:“以全漕告竣,予仓场侍郎游百川、前署侍郎锡珍议叙,余升叙有差。”议叙,清制于考核官吏之后,对成绩优良者给以议叙,以示奖励。议叙之法有二,一加级,二记录。据《皇清诰授荣禄大夫直隶津海关道陈君墓志铭》落款“赐进士出身、翰林院编修、诰授资政大夫、总督仓场户部侍郎,加二级、纪录十次,年愚弟游百川顿首拜撰”,知游百川共获得加二级、纪录十次。

十二月初八日,应诏荐疆臣吁恳简调冀救民灾,并胪举所知

因山东黄水之患尤甚,游百川举荐陈士杰移任山东,修治黄河,除患弥灾。同时遵旨保荐人才,附折进呈声名素好、材堪任用人员,文职有知州福昌、曹大任、邹振岳以及知县张鸿顺、孙儒卿、张春熙、张会一七人,武臣有贺播绅、廖德茂、刘树元、樊国泰四人。

十二月辛酉,赴山东勘河工

《清史稿》本纪二十三《德宗本纪一》载:“(光绪八年)十二月辛酉,命游百川赴山东勘河工。”

《清实录·光绪朝实录》载:“(十二月)辛酉,谕内阁,山东黄河工程关系至为紧要,亟应通筹全局,设法疏浚,以

弭后患。著派游百川驰驿前赴山东察看情形,妥筹具奏。山东候补知府全士锜、直隶候补知府朱采著交游百川差遣委用。”

十二月己巳(十七日),拟酌带随员获批

《清实录·光绪朝实录》载:“谕内阁,游百川奏谨拟酌带随员一折,顺天顺义县知县张春熙、直隶候补同知谢伟勋、候补知县赵钦舜、山东前观城县教谕孙翰卿、候选教谕王庆祥均著交游百川差遣委用,一并驰驿前往。”

光绪九年癸未(1883)　六十一岁

山东河决,赈抚灾民

《清史稿》本纪二十三《德宗本纪一》载:“(光绪九年)二月甲寅,直鲁流民纷集京师,谕有司抚恤。戊午,山东河决历城,齐河诸县民埝坏,命游百川等赈抚灾民。”于正月初五到达历城桃园工地。初六日抵省城,十七日循黄河南岸由长清、平阴、东阿至十里堡沿大堤而行,二十六日至河南兰仪县铜瓦厢东坝头。查勘后,游认为挽河回故甚难,“毋庸置议”。经与山东巡抚陈士杰共商,提出三条意见:一、疏通河道。具体办法为船尾带铁篦子拖刷河道。二、分减黄流。主张利用徒骇、马颊等河分水,并具体建议在惠民县白龙湾修建减水闸。三、亟筑缕堤。主张上至长清,下至利津,南北两岸先筑缕堤一道,已有之堤加高培厚,无堤处一律补齐,顶冲险要处再添筑重堤一道,长六百余里,两岸总计千余里。六月三日仓场侍郎游百川奏:前任山东巡抚任道镕治水塞责,“官有三月之赈,百姓实未见一日之粮,秸稞每斤发价五文悉归中饱,如长清、章邱就折价勒索,饱入私囊。”

《清史稿》列传二百十:“(光绪)九年,山东河决,被灾者数十州县,命百川往会巡抚陈士杰治工赈。百川轻骑周

历河南北岸、上下游，先散急赈。会奏请筑两岸遥堤，复于其内筑缕堤，使黄水不致泛滥；又奏请浚小清河，分黄水入海：如议行。”

二月戊午，受命查明决口情形

《清实录·光绪朝实录》载：“谕军机大臣等，任道镕奏本年正月间黄河凌水陡长丈余，历城、齐河、长清、济阳、齐东等县境内民埝决口各庄亦均被淹，并冲塌济阳县城垣二十余丈，现经分投抢办，已将北泺口一带堤岸堵筑，其余各工设法筹办等语。本年黄河凌汛异常盛涨，致将各属民堤冲决，览奏殊深廑系，亟应赶筹堵筑，以卫民生，著游百川查明决口情形，及应如何堵筑保护之处，会商陈士杰、任道镕，妥筹办理。”

二月辛未，受命迅筹堵筑

《清实录·光绪朝实录》载：“谕军机大臣等，游百川、陈士杰奏，本年山东黄河凌汛涨发，漫溢民埝，惠民县属之清河镇冲塌民房八百余间，牛家庄等处民房亦多被冲。现经派员前往抢办，并提银赈恤等语。览奏殊甚悯恻，亟应迅筹堵筑，以恤灾黎，著游百川等查明漫决情形，赶紧设法堵御。”

三月初二日，灾区普放春赈

游百川与陈士杰妥为筹办灾区赈抚事宜，普放春赈，并奏报朝廷。

三月己丑，查明黄河下游情形

《清实录·光绪朝实录》载：“谕军机大臣等，游百川奏察看黄河酌拟办法，游百川、陈士杰奏查明黄河下游情形各一折，山东黄河近年以来屡次冲决，亟应妥筹办法，惟其间利害轻重，必须熟计兼权，以期实有裨益。该侍郎所陈疏通河道，分减黄河，亟筑缕堤各条。详加披阅，尚须切实筹议，未可遽见施行。徒骇、马颊、鬲津各河地连畿辅，旧迹渐就湮废,疏通已甚为难,如竟勉力兴办,引入各河,正恐东省未必得其利,而畿疆重地,已先受其害,殊非善策。至拟筑缕堤两岸,千有余里,工费既属繁钜,而原有缕堤之处,一筑再筑,屡经塌陷,于捍患御灾,亦恐不足深恃,不可不加以慎重。黄流泛滥,必须水有去路,庶水患可以稍纾,自以疏通河道为要务。据奏利津之南北岭,屡筑屡决,场灶已漫淹大半,幸村庄无多,如能由此直开入海,较为便捷等语。该处工钜地险,堵筑难保无虞,如竟令其由此入海,于大局是否有益,著游百川等悉心揆度,权其轻重,据实奏闻。小清河能否开通,以分水势,着一并详细确查。河流迁徙靡常,惟在顺水之性,因地制宜,设法疏治,以纾灾患。著游百川、陈士杰再行通盘筹画,会同熟商,妥议详细具奏。齐河上下冲决各处,即著督饬官绅实力抢办,被水灾区,业经拨款赈济。”

六月庚戌,宽筹赈项,认真抚恤

《清实录·光绪朝实录》载:“谕内阁,游百川、陈士杰奏黄汛盛涨,漫溢历城等处堤工,现筹抚恤一折,据称五月十八至二十三等日,黄水骤涨,湍激异常,齐东、利津、历城等处民埝漫溢,决口二三百丈至数十丈不等,齐河、济阳、惠民等县堤工亦均岌岌可危,现在赶紧查勘,设法赈抚等语。山东历城等处,上年水灾甚重,民间困苦情形,朝廷时深轸念,兹复猝遭黄水,灾黎遍野,荡析离居,览奏时深悯恻。著游百川陈士杰迅速宽筹赈项,查明各属被灾轻重,分别认真抚恤,毋任一夫失所。各处决口,并著相机赶筹堵筑,毋稍迟延。”

又载:“谕军机大臣等,游百川等奏黄汛盛涨,漫溢历城等处堤工,并筹议分减黄水各折片。此次黄水盛涨,齐东等县堤工相继漫决,被灾甚重,览奏殊深轸恻,本日已明降谕旨,令该侍郎等妥筹抚恤矣。据奏各处决口冲刷尚不甚深,著俟水势稍落,即将各口一律堵筑,以防伏秋盛涨。山东河工经费,除本省筹拨外,业经户部先后指拨银一百万两,现值需用紧急,著游百川等即行催提应用。至所称大清河积年淤浅,河身日高,盛涨之时,水不能容,修堤减水二事,仍宜相辅而行等语,前人河防成议,原以筑堤束水为正办,间或择地筑坝,遇盛涨时,减水以保险工,亦是救急之法。游百川等前拟由徒骇、马颊二河分水一节,经工部议令测量地势,必确有把握,再行举办,自为慎重经始起见。该侍郎等以历年黄水决于北岸,均由徒骇河入海,由此利导,若引河高于正河,不致吸动大溜,所奏不为无见。仍著酌度情形,详细筹议,奏明办理。惟堵分疏三事,同时并举,财力民力,均有不及,应如何次第兴办之处,并著酌议具奏。”

又载:“察看山东黄河仓场侍郎游百川等奏办理历城等县赈恤事宜,拟动用四川汇款。”

六月辛酉,受命核实散放截留银

《清实录·光绪朝实录》载:“谕内阁,此次山东历城等处黄河漫溢,被灾甚重,前经谕令游百川、陈士杰筹款抚恤,灾黎情形困苦,宵旰廑怀,著于山东应解京饷项下截留银十六万两,以资赈济。游百川、陈士杰即督饬该地方官及委员等分赴灾区,详细查明,核实散放,务使实惠均沾,毋任吏胥稍有侵蚀,用副体恤民艰至意。”

六月丁卯(十九日),奏请筹拨银两开浚小清河

《清实录·光绪朝实录》载:“谕军机大臣等,游百川、陈士杰奏请筹拨银两开浚小清河绘图呈览一折,据称小清河淤塞日久,每遇山水暴发,漫淹田庐数百村,为害甚大。现拟分两路办理,下游河身尚在,分路疏导,汇淄入海,为南股;上游淤垫更甚,设法开浚,亦汇淄入海,为北股。统计上自历城,下至乐安,出海约四百八十余里,工段既长,需费甚钜。请饬川省筹拨银十二万两,并将前欠贾庄工程银四万两,一并拨解,俾得择日兴工等语。山东叠遭水灾,亟宜分

别疏浚，游百川等所拟开通小清河，宣泄巨浸，藉纾民患，工程极关紧要，著丁宝桢筹拨银十六万两，迅速解交山东，以应要需。游百川、陈士杰即查照所拟上下游段落，克日兴工，务期一律深通，不准办工各员稍有偷减，庶几工归实用，款不虚糜。图留览。再据翰林院侍读学士何如璋奏，东省普筑重堤，劳费无益，拟请展筑遥堤一折，据称重堤必不可筑，约有五端，应将现行河道细加测量，方可定议等语，是否可行，著游百川、陈士杰酌度办理。”

六月庚午，劝捐助赈

《清实录·光绪朝实录》载：“谕内阁，游百川、陈士杰奏筹办赈抚拟请劝捐接济援案给奖一折。此次山东历城等处水灾甚重，前经截留京饷赈济，本日又降旨截留漕粮，以资散放。惟灾区太广，需款尚钜，现经游百川等劝捐助赈，所捐银两，准照直隶劝赈章程，给予封典虚衔，以昭激劝。”

六月辛未，受命核实散放截留漕粮

《清实录·光绪朝实录》载：“谕内阁，前因山东历城等处黄河漫溢，被灾甚重，已谕令游百川、陈士杰宽筹赈项，并截留京饷银十六万两，以资赈济。朝廷廑念灾区，无时或释，诚恐穷黎困苦，抚恤难周。此次江北漕船尚在山东境内，著即截留漕粮五万石，俾资接济。游百川、陈士杰务当督饬该地方官及委员等核实散放，毋任吏胥稍有侵蚀，用副宵旰焦劳勤恤民隐至意。”

秋七月戊子，奏请择要修培沿河州县民埝

《清实录·光绪朝实录》载：“察看山东黄河仓场侍郎游百川等奏，沿河州县民埝，择要修培。又奏，遵查河工现定堤基远近与何如璋所陈情形大略相同。”

七月初十日，奏外委抢险捐躯恳请优恤获准

《光绪朝上谕档》载：“光绪九年七月初十日，内阁奉上谕,游百川、陈士杰奏外委抢险捐躯恳请优恤等语,千总衔候补把总山东齐东汛经制外委金玉玺于本年六月间因齐东县东关外堤坝被黄水冲激,异常险要,该外委冒险抢工,被溺殒命,深堪悯恻,著交部照军营阵亡例从优议恤。”①

七月戊戌,受命酌度情形妥筹疏浚

《清实录·光绪朝实录》载:“谕军机大臣等,都察院奏,代递教习王开运奏东省叠被水灾,敬陈管见,并图呈览一折。山东河务紧要,叠经谕令游百川等妥筹疏浚,该教习所陈调集营勇,兴工挑挖河内泥沙,仍就民埝加堤建闸,开沟蓄泄,险要用砖堵砌,沿河植柳护堤各条,是否可行,著游百川、陈士杰酌度情形,奏明办理。”

八月戊申,妥为办理应办各工

《清实录·光绪朝实录》载:“谕军机大臣等,游百川、陈士杰奏,遵旨酌议分减黄流及各工次第兴办一折。据称杜家沟新决口门,至济阳境灌徒骇河,业已刷成河槽,因势利导,自可事半功倍,现筹办法,其马颊河亦经派员逐段细查,并函商李鸿章会同筹度等语。马颊一河,距黄流尚远,且经过直隶地方,于民生利害关系甚重,著李鸿章、游百川、陈士杰会同悉心酌度,妥议具奏。至请将分河地段钱漕豁免,著照所请行,现在山东应办各工,仍著游百川等妥为办理。”

八月戊午,受命回任

《清实录·光绪朝实录》载:“谕内阁,仓场侍郎游百川著即回任。所有山东黄河工程,即著陈士杰督饬各员认真办理,以专责成。”

八月丁卯,奏请河工采购木植免税

《清实录·光绪朝实录》载:“察看山东黄河仓场侍郎

① 中国第一历史档案馆《光绪朝上谕档》,广西师范大学出版社1996年版。

游百川等奏,河工采购木植,请予免税。旨:著即咨照左宗棠等,俟此项木植经过关卡,饬属查验放行,免其抽收厘税。"

十月己巳,奏请交部讯办互相禀揭职官

《清实录·光绪朝实录》载:"谕内阁,锡珍、游百川奏,职官互相禀揭,请交部讯办一折。据称,通州、西中二仓带班章京岳兴等禀称,本月十六日,由户部领得兵饷津贴银两,眼同首领凤山平兑,分两银色,查验相符,迟至十八日,首领始行分放,有克扣情弊,随据该首领投递禀单,语涉支离等语。事关克扣兵饷,必须彻底根究,通仓首领凤山,著暂行解任交刑部讯办,章京岳兴等,著一并听候传质。"

十一月己丑,奏请改筑缕堤

《清实录·光绪朝实录》载:"又谕,游百川奏山东河工亟应妥筹长策暨请改筑缕堤各折片,著户部工部速议具奏。"

十二月庚戌,奏请提前赶办江浙二省来年冬漕

《清实录·光绪朝实录》载:"谕军机大臣等,锡珍、游百川奏,江浙二省来年冬漕,请饬提前赶办一折。据称向例验收漕粮,统限五月内扫数全完,苏省奏定章程每届头批漕船于二月望前即可陆续进口,近来南漕到通较迟,甚至七月下旬起运卸坝,以致遭雨损坏,所有光绪九年分江浙二省应运漕粮,请饬提前赶办等语。漕粮为天庾正供,关系紧要,必应及早抵通交纳,以重仓储,著左宗棠、杨昌浚、卫荣光、刘秉璋督饬藩司粮道,将来年应运新漕查照奏限迅速催办,需用沙宁等船及添用轮船分运务须从早豫备,该二省粮道,即于开春赶赴天津设局办理,不得稍涉迟延。"

光绪十年甲申(1884)　六十二岁

五月癸未,受命查究江浙漕粮潮湿情形

《清实录·光绪朝实录》载:“谕军机大臣等,抽查漕粮御史春长等奏本届江浙漕粮未能一律干洁,近日米复潮涨,讯据经纪等供称,想系由津抵坝拨船所致,请旨饬查等语。漕粮为天庾正供,岂容稍滋弊窦,本届运到之米,究竟因何潮湿,供词殊属游移,亟应查明究办,以重仓储,著锡珍、游百川将该御史等所陈情弊,确切查究,照例惩办。原折均著钞给阅看,将此各谕令知之。寻奏,遵查江浙漕粮潮湿情形,密饬江浙粮道查拏舞弊船户,并应如何设法除弊,确切详覆。旨:著俟该粮道等详覆后,由兴廉、游百川悉心查核,妥议章程,奏明办理。”

七月壬戌,上奏提前赶办漕运事宜

《清实录·光绪朝实录》载:“谕军机大臣等,兴廉、游百川奏,来岁新漕,请饬提前赶办一折。据称旧例验收漕粮,统限五月内全完,苏省奏定径运章程,头批漕船于二月望前进口,江浙两省粮道,准于二月中旬抵津开兑等语。漕粮为天庾正供,关系紧要,沙船远涉重洋,动逾数月,历年以来俱用招商局轮船分运,现在办理防务,时局不同,若非豫为绸缪,深虑临时迟误,著曾国荃、卫荣光、刘秉璋督同藩司粮道,将漕运事宜提前赶办,应如何相度机宜,雇船应用,务须先事熟筹,期臻妥速。”

八月甲戌,受命查明整顿仓场积弊

《清实录·光绪朝实录》载:“谕军机大臣等,给事中洪良品奏,查明禄米仓仓门倒坏,漫无关锁,恐有偷漏之弊。又每次放米,该仓书花户并不先期请放,仅于事后报闻,显有亏短情弊,请饬整顿等语。仓储关系紧要,岂容稍滋弊端。著兴廉、游百川确切查明,如有前项情事,即行照例惩办,并随时认真整顿,力除积弊。”

九月丙午,受命整顿漕粮潮湿、拨船积弊

《清实录·光绪朝实录》载:“御史章耀廷奏漕粮潮湿,

请饬认真厘剔,并条陈拨船积弊各折片。著兴廉、游百川查照所奏,切实整顿,毋稍因循。”

九月庚午,全漕告竣,予以议叙

《清实录·光绪朝实录》载:“以全漕告竣,予仓场侍郎兴廉、游百川议叙。”

十二月丁亥,上疏请饬拿究金六等

《清实录·光绪朝实录》载:“谕军机大臣等,兴廉、游百川奏,访闻已革花户金六等与包揽车脚之唐荫亭等向有影射太平仓,争在身后办事等情。两姓寻仇报复,以致搅扰仓储,请饬拿究等语。著步军统领衙门将金二即金光亨、金四即金光兴及金六,并前次饬拿之唐荫亭、唐顺成等严密缉拿务获,一并解交刑部质审明确,按律惩办,毋任远扬。”

光绪十一年乙酉(1885)　六十三岁

正月十八日,遵旨查明兴平仓花户勾串私盗仓米等事,并查明太平仓尚无别项情弊

五月二十二日,酌议给事中洪良品奏整顿仓务折各条

十一月壬寅,全漕告竣,予以议叙

《清实录·光绪朝实录》载:“谕内阁,兴廉、游百川奏,全漕告竣,请将出力员弁奖励,并查明上年保案内各员加衔案据,及改奖人员各折片。本年江苏浙江等省,海运河运,漕白粮米豆石,先后抵通,经兴廉等督率坐粮厅等验收完竣,办理均无贻误,兴廉、游百川均著交部议叙,所保出力及改奖各员弁,著该部议奏。”

十二月十七日,奏请挑浚大通桥上下河道

是年,游百川上《酌议整顿仓务章程疏》。同年,游百川四子游炳贤出生。

光绪十二年丙戌(1886)　六十四岁

五月,撰《续修游氏世谱序》

游氏祠堂落成,游百川归家致祭,撰《续修游氏世谱序》。

九月戊戌,受命查明惩办乱设局卡货税事宜

《清实录·光绪朝实录》载:"谕军机大臣等,有人奏,通州坐粮厅信任委员吏胥,增卡增征,北自杨富店村数十里至顺义县界,南自崔家楼郭新庄百余里至香河县界,几于无处不卡,无货不税,甚至肩挑负贩之粗粮,一并加重征收,请饬查禁等语。征收货税,自有定则,岂容格外苛敛,有害民生!若如所奏,纵容吏胥,增添卡局等情,亟应赶紧查禁,著兴廉、游百川按照所参各节,确切查明,如有前项情弊,即将添设局卡一律裁撤,不得税及粗粮,并将扰害乡民之吏胥从严惩办,以昭警戒而恤闾阎。"同月二十九日,游百川与兴廉查明厅员经管税课并无增卡重征等事,并上奏。

冬十月己卯(二十日),奏请黄河分流入故道

《清实录·光绪朝实录》载:"谕军机大臣等,游百川奏东省河工仍宜兼用张曜初议分流入故道之策一折。据称该抚前奏分黄流十分之三入南河故道,工省费轻,有利无害,此次折内所称分流,仅指导入徒骇,终虞泛滥,请仍饬各该督抚会商坚意举行等语。前经谕令张曜会商曾国荃等,将减水分入故道一节,妥议具奏,又于七月闲寄谕催问,迄今尚未奏到。黄河北徙三十余年,由大清河夺溜入海,现在河身逐渐淤高,以致频年漫溢,几于不可收拾。东省数十州县,民不聊生,宵旰焦劳,殷忧倍切。该督抚等皆国家倚任大臣,当为朝廷分忧,为斯民捍患,不分畛域,力任其难,断不准因目前受害,仅在山东,遂任听属员等卸责之词,置之度外。况故道河身深广,如果挑筑得宜,不致掣溜为患,其

分流之利,较之徒骇等河,不啻倍蓰。仍著曾国荃等迅速会商,限于一月内覆奏,毋得畏难推诿,致误大局。”

十一月癸丑,全漕告竣,予以议叙

《清实录·光绪朝实录》载:“以全漕告竣,予仓场侍郎兴廉、游百川议叙,所保出力及改奖各员交部议奏。”

光绪十三年丁亥(1887)　六十五岁

冬十月壬寅(十九日),全漕告竣,予以议叙

《清实录·光绪朝实录》载:“谕内阁,兴廉、游百川奏全漕告竣,请将出力员弁奖励,及改奖人员各折片。本年江苏、浙江等省,海运河运,漕白粮米豆石,先后抵通,经兴廉等督率坐粮厅等验收完竣,办理均无贻误,兴廉、游百川均著交部议叙,所保出力及改奖各员,著交部议奏。”

十二月二十七日,奏请同力合作,务期黄水得复淮徐故道

游百川上《河患未弭亟宜妥筹长策变通办理以纾国计而救民生》折,奏请同力合作,务期黄水得复淮徐故道。

光绪十四年戊子(1888)　六十六岁

六月己亥,查明惩办偷售夹带仓花户

《清实录·光绪朝实录》载:“谕军机大臣等,稽查北新仓给事中洪良品奏,北新仓现放正白旗甲米,本月十七日该仓内数十人似是市侩,门外停车数十辆,据花户称系兵丁领米,并未持票,请饬查办等语。著兴廉、游百川确切查明,如该仓花户有偷售夹带情弊,即著送交刑部严讯惩办,并著谕令各仓监督、常川驻仓以符定例。另片奏,查验该仓廒座不无亏短情弊,著该侍郎等督饬各监督认真办理,以杜弊端。”

七月十一日,恳请开缺

游百川因中风请假,未能即速就痊,上疏恳请开缺。

十二月戊戌,奏请停办铁路

《清史稿》本纪二十三《德宗本纪一》载:“(光绪十四年十二月丁酉)御史余联沅、屠仁守、洪良品各疏请罢铁路,徐会沣等条奏,同下海军署与军机大臣议。旋翁同龢、奎润、游百川、文治等并言铁路不当修,亦并下议。”

《清实录·光绪朝实录》载:“钦奉慈禧端佑康颐昭豫庄诚皇太后懿旨,翁同龢、奎润、游百川、文治奏请停办铁路折四件,片一件,著总理海军事务衙门会同军机大臣归入余联沅等折件,一并妥议具奏。”

光绪十五年己丑(1889)　六十七岁

三月壬戌,受命验收仓场新造拨船

《清实录·光绪朝实录》载:“命仓场侍郎兴廉、游百川验收仓场新造拨船。”

九月丁卯,全漕告竣,予以议叙

《清实录·光绪朝实录》载:“以全漕告竣,予仓场侍郎兴廉、游百川议叙。”

光绪十六年庚寅(1890)　六十八岁

闰二月十三日,查明禄米等仓并无偷放黑档一事

给事中金寿松奏禄米等仓有匪徒马春山等偷放黑档,盗窃仓米。同月二十六日,游百川与兴廉查明并无偷放黑档一事。

秋七月丙申,查明兴平仓并无偷拉米石情事

《清实录·光绪朝实录》载:“又谕,御史德本奏兴平仓偷拉米石请旨饬查一折,据称兴平仓开放镶红旗甲米,放竣后,该仓书吏花户人等,句串仓匪李二,于七月十五日偷拉米数百石之多,请将该仓监督等惩办等语。著兴廉、游百川按照原参各节,确切查明,据实具奏,原折著抄给阅看,将此谕令知之。”游百川查明兴平仓并无偷拉米石情事。

八月己酉，受命严饬各仓监督，查明霉变搀和情弊

《清实录·光绪朝实录》载："有人奏，各仓所发赈米，霉变不堪，各厂纷纷解回，呈请户部改札，并有议办折价情事，普济堂、功德林所领禄米仓粟米，搀和糠秕沙土甚多，不堪煮食，各厂情形，大致相同等语。此项赈米，关系贫民生计至重，前经降旨，傥有搀和短少情弊，即由潘祖荫等据实奏参。兴廉、游百川总理仓储，查察是其专责，务当懔遵前次谕旨，严饬各仓监督，慎选干洁好米开放，以期实惠及民。如有霉变搀和情弊，即著该侍郎等据实奏明，从严惩办，毋得稍涉徇纵，致干咎戾。"

九月乙亥，未能先事觉察仓米亏短，交部议处

《清实录·光绪朝实录》载："开单呈览，并请将花户人等，分别饬拿讯究。兴廉等奏，仓米亏短，将监督参处，并自请议处各折片。仓庾正供，岂容稍有短少！禄米仓米石，光绪十三年，经仓场衙门查明亏短粳米九千余石，现经户部盘查，竟亏至十五万五千余石之多。总由花户仓匪，因缘为奸，监督各员漫不加察，以致积成巨亏，深堪痛恨，亟应从严究办，以昭警戒。所有拿获之花户郭启泰及全才、张六即张世和等著刑部严行审讯，究出亏短确情，按律惩办。应如何著落赔补之处，俟定案后，由户部酌核成数，奏明办理。在逃之花户张增禄、王得海、马德山、仓书陶斌、何桂林著步军统领衙门、顺天府、五城御史按名严拿务获，送交刑部归案讯办。该仓监督户部主事容恩、都察院都事孟守箴职司典守，于仓储亏缺毫无知觉，实属形同聋瞶，且恐有徇隐侵蚀等弊，均著先行交部议处，撤去监督之任，听候传质。仓场侍郎兴廉、游百川未能先事觉察，亦有应得之咎，并著交部议处。"

九月癸未，降级留任

《清实录·光绪朝实录》载："谕内阁，吏部奏遵议处分一折，禄米仓监督户部主事容恩、都察院都事孟守箴均著照

部议即行革职，仓场侍郎兴廉、游百川均著降一级留任，不准抵销。”

《清史稿》本纪二十三《德宗本纪一》载：“（光绪十六年）九月乙亥，户部言禄米仓亏十五万石，仓场侍郎兴廉、游百川下部议，寻并夺职。”

冬十月庚申，全漕告竣，下部议叙

《清实录·光绪朝实录》载：“以全漕告竣，仓场侍郎兴廉、游百川下部议叙。”

十二月辛亥，受命查明讹诈银两、盗米情事

《清实录·光绪朝实录》载：“谕军机大臣等，有人奏前署通州西仓监督福山家丁田喜等向该仓甲斗讹诈银两，并有勾串匪徒盗米情事等语，著兴廉、游百川确切查明，据实具奏。”十二月二十七日，游百川查明前署通州西仓监督福山家丁田喜等讹诈银两并无实据。

光绪十七年辛卯（1891）　六十九岁

二月戊申，受命整顿仓储积弊

《清实录·光绪朝实录》载：“谕军机大臣等，御史戴恩溥奏各仓事宜亟宜整顿酌拟六条开单呈览一折。仓储积弊已深，自应随时整顿，即著兴廉、游百川按照该御史所陈各条，督饬各仓监督认真经理，总期实事求是，勿令花户人等滋生弊端。”

三月丙子，受命就近验收新造拨船

《清实录·光绪朝实录》载：“仓场衙门奏新造拨船工竣，应否派员验收。得旨：即著兴廉、游百川就近验收。”

夏四月壬寅，交部议处革职

《清实录·光绪朝实录》载：“谕内阁，前据给事中洪良品奏，仓臣侵欺废弛，请饬查办，并条陈整顿仓务事宜，当派贵恒、许应骙会同户部查奏。兹据查明覆奏，此案原参欺饰包庇纵弛各节,或业经奏结,或查无实据,即著毋庸置议。惟该侍郎等总司仓政历年已久,于花户亏空换和等弊,未能觉察,修廒工程既不坚实,奏报亦涉含混,各仓呈报续塌廒座,并未查明具奏,设法收储。是该侍郎等于一切仓务,均未能实力整顿,咎无可辞,兴廉、游百川均著交部严加议处。至折单内所拟整顿仓务各事宜,均依议行。寻吏部议兴廉、游百川均革职。从之。”地方志书载,光绪十七年,游百川以仓廒火灾罢官,与史有悖。

山东巡抚请去掌管泺源书院。不久,因腿疾重返滨州家园。

光绪十八年壬辰(1892)　七十岁

在滨州老家养病。

光绪十九年癸巳(1893)　七十一岁

病愈后,受聘请掌管东昌书院。

光绪二十年甲午(1894)　七十二岁

因病由东昌书院回滨州故里。

光绪二十一年乙未(1895)　七十三岁

《游氏世谱》载游百川“于光绪二十年十月廿二日”病故于家,葬在中游村西南角游氏祖墓。“文革”动乱中,坟墓被破坏。2013年,游氏后人重新修整坟墓,并立碑纪念。游泽坤撰《游百川墓志铭》,铭曰:“百川公身居朝廷要职,一身正气,刚正不阿,两袖清风,精忠报国,勤政为民,被誉为‘一代良吏’。他尊师图报,忠孝贤良;他致力教育,孜孜不倦;他教子学医,救助百姓,造福于民。他的功德,特万古流芳。”

附录二

游百川奏疏精选[1]

东省迭被水患亟宜筹办河防以济民生

士习为人才所系宜崇尚经术以端趋向

官军与贼相持日久请旨饬各路统兵大臣尽除私弊迅筹剿贼以伸天讨而解民困

吏胥滋弊为患最深请饬内外臣工随时惩治以儆贪残

除弊务求实际续陈愚见

栽种罂粟大妨民食请旨重申严禁以济民生而培国本

雪泽愆期月食递见恳增请修圣德感召天和

密陈管见(谏缓修圆明园)

撮举时政所宜敬陈管见(三条)

应诏特荐疆臣吁恳简调冀救民灾并胪举所知以资采纳

谨拟酌带随员以期得力并沥陈下悃

被灾各属均普放春赈以广皇仁而示体恤

遵旨截留江北漕糖抚恤灾黎并陈劝捐接济情形

被灾各属现均散放普赈谨陈办理情形

查河查赈竣理应回京复命

秋汛盛涨各灾区间有复被漫溢情形

遵旨回任陈明起程日期

遵旨酌议整顿仓务

① 奏折由中国第一历史档案馆提供。

全漕告竣谨将在事出力员弁照案奏恳恩施

东省河工仍宜兼用抚臣初议分流入南河故道之策以期确有实效

河患未弭亟宜妥筹长策变通输以纾国计而救民生

御史游百川摺 東省被水請籌辦河堤由

奏

十月二十一日

福建道監察御史臣游百川跪

奏為東省迭被水患亟宜籌辦河防以濟民生恭

摺仰祈

聖鑒事臣聞防患者警惕於履霜圖治者綢繆於未

雨我

皇上御極以來念切民依直省偶告偏災無不

恩膏立沛蓋欲薄海內外無一夫不得其所無一物

不遂其生也近恭閱邸抄湖北陝西疆臣各報

水災欽奉

諭旨妥為安撫不准稍有含混仰見

軫恤災黎恫瘝在抱之至意而東省黃水為患濟武

兩郡被災甚重尚未見諸奏牘臣敬即訪聞所

及覼縷陳之溯自咸豐初年河決蘭儀嗣是不

循故道折而東北灌大清河山東水患瀕急矣

乙卯清河決白龍窩漂沒無算從此連年被水

癸亥濮州范縣及濟屬之齊河而下凡決十數

處洪流泛濫勘驗成災曾經前山東巡撫閻敬

銘奏請

賑恤甲子又大水今歲清河上流隄潰浸溢平原禹

城凡百餘里八月齊東等處同時決口衝沒四

十餘村落利津縣城垣半陷於水九月初旬又

決北岸濟武所屬州縣數百里悉為澤國夫以

黃河之水入大清河萬萬不能容納也況去淤

刷沙惟混江龍之法稱便今久未施用現聞清

河下流由利津入海之處河身淤有橫沙水不暢行激而橫流以致諸郡縣多罹昏墊臣聞水盛漲時沿河險工百出居民嘗數萬人畚鍤從事晝夜搶險然悉力堵禦而究不能免水患者查其衝決之由率因地方官以無治水專責置身事外民間自為隄防不能如法又兼情勢各歧未免貽誤詎知一經潰決則生靈性命以及屋廬田產盡付波臣不但正供之賦無所從出而查災議賑所費亦復不貲伏思軍務未竣庫款支絀建議修河誠知不易然沿河民力已盡頻年被災籌辦河防實有不可稍緩者查濟東泰武臨道本有兼轄水利之責為今之計可否

簡派廉幹大員會同該道周勘徧歷相度河形宜疏導者務疏之以分水勢宜隄防者務防之以遏水衝並將歷年被水流沙積壓之地確切驗明詳請免其錢糧以甦民困其實在險要處所督同本處紳耆估計工程繪圖貼說奏請興修至所需經費應否援照豫工籌餉例酌量減成勸捐以期大工克舉一俟捐有成數一切購料鳩工應飭各地方公舉穩練之人由總理河務處察看擇其材堪董事者委之辦理以專責成仍隨時悉心稽查蓋以本地之民庀材自顧桑梓不患有浮冒之弊也以本地之民趨役自保身家不患無堅實之工也款項必涓滴歸公報銷

必絲毫無隱如此則山東羣黎庶免其魚之歎
而河流順軌可致安瀾之慶矣臣籍隸海濱訪
聞既悉謹將被水情形及籌辦事宜冒昧瀆陳
是否有當伏祈
皇太后
皇上聖鑒謹
奏

同治六年十月　圭　日

游百川片
再臣聞從前河工百弊叢集每估一工輒逾百
萬部臣議駁以期核實然猶不下數十萬兩及
帑已籌撥真實歸工者不過數萬兩耳
朝廷子惠元元不惜帑藏原思康濟民生誰知內
外蒙蔽以府庫之金錢竟飽庶司之私橐乎今
事事核實不敢更存因無從前弊竇然建議修
河事關拯救災黎非潔己愛民實心任事者不
足以勝艱鉅竊聞前山東撫臣閻敬銘廉隅素
著前在巡撫任內釐剔積弊任怨任勞東省士
民至今稱道且曾修濮范一帶河隄以工代賑
於河務尤稱熟悉現在引疾乞退而年力正強
可否請
旨復賜起用以之專辦河防堪資得力臣愚昧之見
謹附片奏
聞伏祈
聖裁謹
奏

御史游百川摺 崇尚經術以端趨向由

日戶 陸

奏

旨交

十一月二十一日

福建道監察御史臣游百川跪

奏為士習為人才所係宜崇尚經術以端趨向恭

摺仰祈

聖鑒事臣聞為政之本在於得人得人之原視乎造

士

國家甄俊掄才原期天下士子讀書明理本所學

發為文章而因以措諸實用也乃自為學者求

名之心太急往往四書五經未能成誦而即讀

膚淺考卷學為應試之文既務應試則束書不

觀專取文藝數十篇揣摩求售叩以經義茫然

莫辨且有並句讀不知者師如是以為教弟子

如是以為學求所謂淹通經史者蓋鮮也求所

謂砥礪行修者益寡也豈知學無根柢安有佳

文寒畯之士不讀書而臨場蹈懷挾之弊素封

之子不讀書而倩代恃槍冒之人人心日浮則

風俗愈敝雖有嚴刑峻罰不能禁也且此等弊

風始猶以為郡縣偶然耳及詢之各直省大率

類然何惑乎文風未振真才不出乎今欲改此錮

習莫若杜人僥幸之心而引之專意讀經竊維

人才登進之路賴有鄉會兩科人才培植之基

尤在歲科兩考按歲科考試生童正場之前例

有考古一場應請

旨飭下各學使臣徧行曉諭生童中如能默誦五經

通曉經義者準其赴該學報名注册即於考古

場中按名面試試以數條其能否成誦講解無

難立辨可取錄者即正場文字未甚優長亦拔

之以示鼓勵其未經報考止就正場文字取錄

者亦於發落時令其認習某經各注名下俟下

屆按册試之勤奮者立予奬勵玩愒者加之創

懲如此殷殷勸誘將來屆選拔舉優年分可期

得經明行修之儒以仰副我
皇上樂育人才之至意蓋經與文並重參以面試之
法則懷挾槍冒等弊舉無所施各省士子庶勉
勉焉盡務實學而士習之頹可以挽救此整飭
學校正本清源之一道也臣為勸學杜弊起見
是否有當伏祈
皇太后
皇上聖鑒謹
奏
同治六年十一月　廿六　日

批
歸籍
奏
御史游百川摺　請飭各路統兵大臣盡除私弊迅籌勦賊由
三百十四
福建道監察御史臣游百川跪

奏為官軍與賊相持日久請
旨飭各路統兵大臣盡除私弊迅籌勦賊以仲
天討而解民困恭摺仰祈
聖鑒事臣聞師出以律師克在和古訓昭垂可為明
鑑逆匪竄擾直隸官兵雲集以形勢論之賊以
烏合之眾深入重地臨以大兵當不難刻期殄
滅然軍營之弊有二一在紀律不嚴一在將士
不睦亟宜痛悉懲誡以振
國威至於臨機決策尤當迅圖滅賊斷不可曠日
持久有防堵之名無蕩寇之實以致老師靡餉
也自來節制之兵於民間秋毫無犯臣聞上年

山東平賊帶兵諸將惟直隸提督劉銘傳所部
約束嚴明其餘或佔住民房或刦掠民物閭閻
苦之近聞邱抄陝西邠州有兵勇搶奪民間騾
馬殺斃六命之案是帶兵者漫無紀律所在多
有夫兵以衛民非以擾民也失律之兵未能破
賊而徒擾民使民畏兵甚於畏賊豈
朝廷除賊救民之意乎此軍營之弊一也陝甘總
督左宗棠統兵有年勞績卓著然臣聞其入陝
之後劉松山郭寶昌等均不樂為之用且聞各
督撫多存私意未能畛域不分合力破賊此營
主戰彼營主守甚或一營出隊而他營袖手旁
觀不為應援怠慢軍心要皆將帥不和所致此
軍營之弊二也現在欽奉
諭旨各路統兵大臣均歸親王等節制統馭得宜可
期奏績矣然兵貴神速勢難遙度臣猶慮帶兵
諸將私意未除既不肯協力攻賊又以專候節
制為名借端推諉不免貽誤戎機且賊初竄直
境有謂不宜輕戰者夫不輕戰誠是也然官軍
俟集兵力數倍於賊若以大營扼其衝以游兵
擾其前募敢戰之士更番迭進使賊不得休息
無所掠擄不過旬日賊必飢疲官兵不勞賊已
立困乘勢合兵進擊無難聚而殲旃若不圖進
戰能令賊自消自滅乎夫兵與賊相持日久不
但需餉浩繁時虞難繼即勉強支應以直隸上
年荒旱之歲收成歉薄採買亦屬萬難況春分
節近東作方殷賊一日未平畿輔百姓避難且
不暇安得盡力於畎畝現時諸物昂貴全望麥
熟有秋若再歇業廢時何以濟民食而蘇民困
乎相應請
旨飭各路統兵大臣激發天良和衷共濟申明軍法
治兵勇以嚴破除己私馭諸將以睦勿驕盈以
僨事勿剛愎而失機並密
賜諭旨詰其有無方略何時破賊使之切實自陳毋
得飾報勝仗庶諸將帥努力同心賊有可乘即
時違營進逼使無所逃竄則逆氛速蕩上紓
宵旰之憂下解倒懸之阸矣臣職司獻言不敢安於

緘默謹就見聞所及冒昧瀆陳伏祈

皇太后

皇上聖鑒謹

奏

同治七年二月　古　日

御史游百川 摺 請除吏胥積弊由

奏 隨 旨交

十一月十九日

掌福建道監察御史臣游百川跪

奏為吏胥滋弊為患最深請

飭內外臣工隨時懲治以儆貪殘恭摺仰祈

聖鑒事臣竊維患莫大於營私弊先去其太甚

國家建官立政額設府史胥徒藉資辦公不過取

其執簿書供奔走而已乃自若輩盤踞把持遂

成積重難返之勢論者謂天下大權歸於胥吏

此誠沈痼之疾不能遽除而實不可不除者也

夫自京畿以及各直省有不營私之官而鮮有

不營私之吏大抵上司衙門之胥吏有病於官

庶司衙門之胥吏有害於民其工於取利也率

多曖昧不明其敢於逞奸也實覺悉數難盡即

如吏部職司銓選仕路之所賴以清也然閒外
省每有缺出書吏即懸以餌人或多引例案以
遂其招搖或賄致信函以行其嚇詐保舉之或
準或駁處分之可重可輕既已軒輊在心無難
上下其手吏部如此其他可以類推蓋成案既
多援引各異書吏先深入其中以操縱之司員
始泛從其外而覺察之已屬不及之勢而況有
縱之者乎此在京各衙門胥吏舞弊之大概情
形也而外省胥吏之為害更有不可勝言者州
縣為親民之官所用吏胥本有定額乃或貼寫
或挂名大邑每至二三千人次者六七百人至
少亦不下三四百人夫此數千百人者政之蠹
民之蟊賊也百姓含冤呈訴其待長官申理不
啻赤子之依父母而吏胥乃從而陵侮之剝削
之逼勒之顛倒撥弄率以財之有無多寡為事
之曲直是非總之吏胥視民如魚肉民畏吏胥
如虎狼然民且甘受搏噬而不敢告發者當前
因投鼠而生忌既恐其力有不敵日後或假虎
以逞威又恐其心有不甘也臣每恭讀
朝廷恩詔必曰毋任吏胥舞弊不得假手吏胥
誥誡至嚴切矣第恐有司奉行不力以吏之給使令
也而倚為爪牙以吏之工趨承也而引為腹心
以失察吏胥有關於己之考成也而且巧為彌
縫曲為袒護不曰吏胥狡猾而曰民俗刁頑何
其不仁之甚也臣愚以為今日者甫離兵燹之
禍民幸有其身家若再遭胥吏之傷何以完其
生聚相應請
旨諭令中外大臣嚴飭所屬振刷精神破除弊竇一
應文案悉心稽查立限清釐吏之名數過多者
務加裁汰吏之情弊既露者即行痛懲聞人告
發之端毋蹈徇庇之習蓋害政者吏也而足以
治吏者官也官誠得人吏自斂迹至於家丁之
串通書役紳衿之包攬訟詞並
飭地方官概行屏除毋或寬縱庶妨政之弊漸去而
民困可稍紓矣臣愚陋所見為去弊起見是否
有當伏祈

皇太后
皇上聖鑒謹
奏

同治七年十一月 十九 日

奏

御史游百川摺 條陳意見由

十一月二十四

掌福建道監察御史臣游百川跪

奏為除弊務求實際謹陳愚見仰祈
聖鑒事竊臣為吏胥積弊於本月十九日具摺奏陳
仰蒙
諭旨森嚴通飭內外大臣一併嚴禁具見
聖心洞察靡遺孜孜求治之至意臣竊伏思欲除吏
弊宜先澄欽官方欲肅官方尤貴激揚士氣現
在京各部司員實任候補以及學習行走者實
不乏人果能實力奉公何難發奸摘伏而其間
人才不等甘苦不均或立志報効而辛苦莫得
上聞或純盜虛聲而粉飾藉以自便以致賢勞
之歎不免推諉之心漸生應否由各堂官於每

司中實力簡拔親加遴選先擇賢員數員付以
事權專其責任凡查有舞弊情事即令無所徇
隱據實稟辦各堂官再詳加稽考勤奮精慎者
隨時記功怠慢疏忽者隨時記過積功多則優
加保獎積過多則嚴行糾參其初到衙門學習
公事者亦時加激勵勉其用心講求使得漸次
上進蓋為治之道特患賢愚雜揉涇渭不分耳
果使杜請託抑徼幸不職者斥之可用者升之
賞罰既明人才自奮稽察既密弊竇自清如臣
議可行其如何明立章程以專責成之處應請
旨飭下各部堂官悉心妥議具奏恭候
聖裁至外省各地方官本有懲治吏胥之權但能實
心愛民勤求吏治則胥役雖欲舞弊當無所用
其伎倆而慎選賢員實為致治大要伏懇
嚴飭各督撫破除情面秉公考察為缺擇人毋以人
試缺廉明服官者務登薦牘闒茸不職者即列
彈章再求
簡派廉正大臣時行巡查遇有貪官蠹吏經民間告
發者列款奏
聞以杜各該管上司瞻徇容隱之弊如此則庶司咸
知警畏將見弊端胥除官清而民自安矣臣愚
蒐之見冒昧瀆陳伏乞
皇太后
皇上聖鑒謹
奏

同治七年十一月　廿　日

御史游百川摺　請嚴禁栽種罌粟由

奏
隨
旨交

十二月十七日

掌福建道監察御史臣游百川跪

奏為栽種罌粟大妨民食請
旨重申嚴禁以濟民生而培
國本恭摺仰祈
聖鑒事臣竊維民為邦本食為民天而今有妨食病
民者莫甚於栽種罌粟之害聞此弊始自甘涼
延及陝西今則晉省各屬每縣種者多至萬餘
畝夫沃土三畝計出穀可養一人以一省計之
廢田穀百餘萬畝是坐使數十萬人失養也又
聞江蘇之豐沛蕭碭等縣河南之彰衛懷山東
之兗沂曹等府種者漸多幾與五穀相埒童謠
有云徧地花開睡去醒來得過且過不管將來
小民貪利忘害流毒無窮若不拔本塞源盡絕
根株何以裕民食而重民命乎臣聞陝甘往年
初種罌粟民間暴稱富庶官其地者亦借端取
利瘠缺變為美缺迨其後廢地既多積糧漸少
猝遇事變飢民無所得食遂輾轉溝壑逃死流
亡以致軍民兩困甚有攜帶銀兩求食不得自
投於河者東南之亂未至如斯之慘也論者謂
吸食鴉片之害甚於洪水猛獸而栽種罌粟其
禍本也地方一種此物雖遇豐收之歲亦成歉
薄之年蓋罌粟收漿正值農夫鋤禾民盡力於
罌粟遂不暇顧及於田苗是已種之地固有妨
禾稼未種之地亦多就荒蕪也況既已種之鮮
不食之始之種也猶為取人之利繼而食也必
且身受其殃食久則安於頹廢怠於耕耘而無
術以自解免數年之後地利既減人力又虧民
窮事起貽禍何可勝言夫罌粟布滿田野顯然
共見禁之本屬甚易然易禁而卒莫之禁者特
以地方官吏借端漁利既不肯實力嚴究而督

撫大員亦復姑息為心故例禁雖有明文究不
免陽奉而陰違也臣愚以為與其異日釀無窮
之患何如先時申嚴禁之條應請
旨諭令各省督撫嚴飭所屬剴切曉諭一體禁止儻
有不法匪徒故意抗違即治以應得之罪如各
州縣不肯認真辦理任令吏胥貪財飾詞蒙蔽
即由各該管上司立予參革或更
簡派廉正大臣覈懇查勘以防瞻徇容隱之弊懲一
警百使天下咸知
朝廷貴農重粟之意庶莠民畏法不敢妄為矣蓋
自髮捻倡亂以來民多失業户少蓋藏粟此軍
務漸平培養元氣民食為先萬不可聽民徇利
使為苟營目前之計以釀患於將來也臣愚悃
所及冒昧瀆陳是否有當伏祈
皇太后
皇上聖鑒謹
奏
同治七年十二月　十七　日

御史游百川摺　請修　聖德以召祥和由
奏
旨
另交
十二月十八日
巡視東城掌福建道監察御史臣游百川跪
奏為雪澤愆期月食遞見懇
增修聖德感召天和恭摺仰祈
聖鑒事臣竊維洪範九疇以皇極為本其言休徵咎
徵天人感應之機毫髮不爽是知天時之有未
協皆人事之有未修也本年湖廣等省多被水
患直隸山東亢旱為災收成歉薄秋間二麥未
能種齊入冬以來雪澤又少
皇上虔申祈禱雖得微雪霑濡而節屆大寒祥霙尚
未渥沛六月月食示警本月十六日又復月食
臣雖未習占驗然以人事推之即昔證今竊覺
患未虛生災有由起查道光年間

國家席庶富之業內而廷臣外而皆撫率以粉飾
太平為務州縣習於奢汰以能逢迎者為良吏
以多機械者為幹員吏治既頹亂機斯伏嗣是
粵逆首禍捻匪縱横外患內憂踵興遞起流毒
徧天下蔓延十數年生民塗炭極矣今幸髮捻
殄滅時勢望有轉機然而水旱頻仍災異遞見
意者天心厭亂已有悔禍之機而人事未修不
足以應之故特示變異以昭警戒乎伏望
皇上恐懼修省惕厲憂勤
懋聖學益以新
聖德兢兢業業以同治初元之
心為心以同治初元之治為治於引對臣僚及一切
用人行政
垂意慎察務使在
廷諸臣隨時隨事得盡其匡弼之心至於
國計所關民生所係尤望
推求至當不厭審詳並
嚴飭內外大臣激發天良勤思治術用情務得其正
勿以偏私而妄為愛憎議事務持其平勿以瞻
徇而謬為軒輕勿縱詭隨開人奔競之漸勿濫
保舉啟人徼幸之心至有言責諸臣共竭忠誠
各進讜論於政治之未當者剴切直陳無稍隱
諱上下知懼思患預防庶人事克修天心可格
雨暘時若年穀順成民困得蘇天下蒙福矣臣

管窺之見冒昧直陳伏祈

皇太后

皇上聖鑒謹

奏

同治八年十二月　十八　日

掌福建道監察御史臣游百川跪

奏為密陳管見仰祈

聖鑒事竊臣閱邸抄御史沈淮奏請暫緩修理

圓明園一摺欽奉

上諭宣示中外我

皇上本大孝之至性寓惜物之深仁凡在臣民理宜

共喻即總管內務府大臣等恪遵

諭旨諒必力求節省不敢多所糜費有負

聖懷惟臣葵藿愚忱有惓惓不能自已者敬為我

皇上密陳之京師為首善之區萬民輻輳纖有異域

殊方僦屋而居者亦不過雜於市廛之中遠隔

九重無敢往來喧肆加之

禁城門禁森嚴宿衛周密

皇上臨朝聽政穆穆清清此居中馭外之權實長治

久安之道也

圓明園經變之後歲久失修山水景物今昔懸殊

且並無城垣雖有宿衛之森羅而門禁不能如

內城之嚴密臣聞近年西山一帶時有外國人

游騁其間萬一因我

皇上駐蹕所在亦生瞻就之心於

圓明園附近處所修葺廬舍聽之不可阻之不能

體制既非所宜防閑亦恐未備以臣愚悃不無

過慮又臣聞明年南北方向修造均非所宜即

來今年諏吉開工亦殊非慎重之道伏望

皇上善體

聖慈暫緩興修一俟天時人事相度咸宜然後徐圖營

建斯大雅所詠經始勿亟庶民子來之效將復

見於

盛世矣臣區區愚見冒昧瀆陳伏祈

皇上聖鑒謹

奏

同治十二年十月　契　日

順天府府尹游百川摺 敬陳管見三條也

奏

閏七月二十日

順天府府尹臣游百川跪

奏為擬舉時政所宜敬陳管見仰祈

聖鑒事竊維求治莫貴因時恤民亟宜行政臣上年

恭膺

恩命由衡永郴桂道

簡授四川按察使道經秦楚晉豫等省目覩各處地

方情形並訪聞確實覺時政所宜舉行者大端

有三敬為我

皇太后

皇上陳之一舉辦墾田以收地利也

國賦民食資乎土田晉豫兩省與直隸接壤皆近

畿之地經往歲大祲之後荒田甚多河南自衛

輝以西過孟津歷洛陽直抵潼關蓬蒿遍野千

里蕭條山西之平蒲解絳殆有甚焉聞各該撫

前經奏請蠲緩錢糧或三年或五年

朝廷已立沛

恩施矣至議行招墾亦嘗籌給籽種然客民至者絕

少現聞一縣之中不耕之田猶有數千頃萬餘

頃不等蓋他處百姓稍有家業者既不肯輕去

其鄉而貧困無業之民雖欲前往認墾又苦於

餬口無資聞之土人僱工一日值需制錢五六

百文人煙稀少則工價必昂有田者無力僱工

悉棄其田而弗種故荒田寡多也臣愚再四籌

思招墾既未能行曠土實堪深惜可否倣照古

昔屯田之法令各直省應行裁撤之勇丁移往

該處分路駐紮舉辦墾田而以老成穩練之提

鎮大員統率之每月有口糧不患其或乏食也

平時有節制無患其不安居也令老農導之耕

耨不患其不習也有督弁課其工作不患其不

勤也鍋帳犁具廬舍馬匹可代耕斗無鋒鏑之

憂而有耒耜之利似猶是古人寓兵於農之意

較勝於撤勇之後一經遣散仍不免游手好閒

也如蒙

採納懇

飭下廷臣集議並

命各該撫妥立章程乘時舉辦迨田既墾熟招種無

難升科自易足食之效即肇於茲矣一整飭營
伍以復舊章也我
朝綠營兵制立有定額乃自髮捻倡亂以來舉辦
團練招募勇丁其時非兵力不足也徒以承平
日久武備廢弛訓練不精徵調遠方水土不習
故兵不如勇耳然自此營勇日積曰楚勇曰淮
勇曰川勇其數比兵額漸多其餉比兵糧加重
督撫養勇或曰親兵或曰練軍旗幟鮮明鎧仗
齊備以其便於調遣足壯聲威也遂專意用勇
而兵則投閒置散一若無所用之從此營兵望
勇奪氣亦安於閒冗無能就一省言之養勇萬
數千人歲餉百餘萬金全省釐捐不數支放須
籌別款補足之是兵額之外又重設兵且加多
也餉焉得不竭民焉得不窮臣思均是人也豈
有名曰勇則勇名曰兵則怯乎但遽議裁撤勇
丁各省督撫每曰地方不靖急須籌勇以資彈
壓夫以理勢論之州縣營汛有竊盜積案責在
兵役之緝捕懈弛非關無招募之勇也至偶有
他虞養兵之謂何非籍以衛民捍患乎縱或真
有險要地方因兵力不敷必須籌勇鎮撫然宜
裁汰者亦多矣相應請
旨飭下各省督撫報明營勇名數實在須酌留若干
宜裁撤若干以免虛糜餉項勿復養勇自衛致
貽後患似為當今之急務矣一嚴申栽種罌粟
之禁以除民患也鴉片煙流毒中國為害已深
至栽種罌粟其禍尤不可勝言天地生殖五穀
所以養億兆之命也迺以乾淨之土沃饒之田
栽種邪穢害人之物顯背天心豈不上干天怒
前此各省惟山西栽種最多丁丑戊寅旱荒之
災亦惟山西最烈前撫臣閻敬銘謂西省偏栽
罌粟饟源已竭一遇饑饉無所得食仰蒙
聖慈如天之仁發帑賑濟並舉天下之全力捐助之
然猶流亡過半是明明天降之罰矣現時山西
地荒種此物者已少而各省效尤又蹈此覆轍
臣見陝西四川地種罌粟者約有十分之二三
而漢中府屬竟有十分之六七
朝廷屢飭查禁而有司久弗遵行夫愚民好利不
顧遠害固也乃至督撫大員禁令不行又從而
曲為之說謂比年豐收穀賤傷農民間正籍此
易錢以完
國課抑不思未種罌粟以前豈少歲豐穀賤之日
彼時錢糧果何由完納乎夫吸食鴉片蹤迹詭
秘猶謂陷溺已深非一時所能禁止至罌粟顯
布田間禁種豈曰甚難祇因各處抽收土釐或
二三萬或十餘萬地方貪得此利遂不復關心
民瘼耳相應請
旨嚴申從前禁令
飭下各省一體懔遵如再奉行不力應如何議罰之

處斷自
宸衷庶民去大害民得足食斯亦救時之一端也以
上三條督撫各存意見或以為未便施行牧令
狃於偷安或以為又滋多事然值此年穀順成
民氣安舒不乘此時修明政令而空言求治求
安臣未見其可也愚昧之見謹繕摺具陳伏祈
皇太后
皇上聖鑒謹
奏
光緒七年閏七月　廿　日

[illegible]
奏
倉場侍郎游百川摺並保人十四
十二月初八日
倉場侍郎臣游百川跪
奏為應
詔特薦賢臣籲懇
簡調冀救民災並臚舉所知以資
採納恭摺密陳仰祈
聖鑒事前月二十八日恭讀
上諭為治之道首在任用得人內而部院大臣外而
督撫大員各有以人事君之義著各舉所知秉公
保薦等因欽此仰見
聖主明目達聰延攬真才至意臣竊維任賢以恤民
為本恤民以救災為先本年安徽等省各報水
災而山東黃水之患尤甚前經給事中鄒溥元

等陳奏仰懇
恩施立沛發帑截漕籌工辦賑普救災黎嗣聞抄報
桃園堵築決口合龍竊幸藉紓
宸廑邇近聞濟陽濱州又復聞決兩處臣籍隸海濱
稔知黃水勢大濟淺河身及入海尾閭淤墊日
高宣洩無路非開引河道分溜入海統籌全局
大加修治僅補隄築堰顧此失彼無以出災民
於昏墊之中惟是工費浩繁必須熟悉濟北徒
駭馬頰鉤盤高津諸河形勢應於何處導引何
處疏通如何區處民田奏請免賦如何建修閘
壩啟閉應時相度適宜勘估明確而且多方曉
諭使民不驚致方能辦理妥善不致駭擾閭閻
溯查光緒四年河決白龍灣前兵部侍郎夏同
善奉
命便道查驗災區臣時守制在籍曾經該侍郎約臣
同往履勘伊時山東臬司臣陳士杰關心民瘼
亦訪查修防情形與臣函商籌度辦法頗有規
模惟因事權不屬未見施行現聞升任浙撫辦
理海塘隄工數省十餘萬金而工程彌益保固
若得該撫移任山東於修治黃河情形素悉除
患弭災庶克勝茲艱鉅伏念
朝廷用人豈臣下所敢擬議然東省水患頻仍羣黎
待拯孔亟管見所及不得不據實陳奏伏祈
聖裁至臣平時見聞有聲名素好材堪任用者文職

如知州福昌曹大任鄧振岳知縣張鴻順滌儒
鄉張春熙張會一等七員武臣如賀揆綸廖德
茂劉樹元樊國泰等四員謹另繕清單註明各
該員實蹟附摺進呈伏候
鑒納所有遵
旨保薦人才緣由理合恭摺具陳伏祈
皇太后
皇上聖鑒謹
奏

光緒八年十二月　初八　日

欽奉

倉場侍郎游百川摺 請酌帶隨員等由

奏

隨

旨交

十二月十七日

倉場侍郎臣游百川跪

奏為謹擬酌帶隨員以期得力並瀝陳下悃恭摺

仰祈

聖鑒事竊臣猥以疏庸恭膺

簡命察看山東黃河工程並

派山東候補知府全士錡直隸候補知府朱采隨臣

同往仰見

軫念民生

恩施幬載聞

命惶悚感激無任伏念山東係臣父母之邦濟北現

屬災祲之地以臣本屬之人籌本處之事惟有

詳慎體察勉竭駑駘以冀上紓

宸廑下拯民患第恐臣材力有限深恐智慮難周擬

請酌備數員以資襄理謹就平素所知揀得順

天順義縣知縣張春熙直隸補用知府候補同

知謝偉勛候補知縣趙欽舜山東前觀城縣教

諭孫翰卿候選教諭王慶祥等五員均籍隸東

省樸實耐勞於水患情形見聞較近堪以帶往

隨同察看謹臚舉上陳伏冀

俞允俾臣藉收指臂之助如蒙

恩准各該員可否隨臣一併馳驛前往恭候

命下遵行臣現擬趕理行裝謹候跪聆

聖訓即馳赴德州先就近至平原樂陵等縣境內尋

求鉤盤鬲津諸河看其是否可以疏通遥分水

勢再至濟南府晤撫藩臬臣悉心會商或逆溯

河而上至銅瓦廂昔年黃河開決處所細審情

形究竟能否導引河流漸使南下如淮徐故道

決不能復則沿河而下徧歷濟武兩屬地面詳

察徒駭馬頰等河道可否開引一律疏濬俾得

由海豐霑化兩縣分溜入海再下抵利津濟河

尾閭以至海門地方審度有無可以施工之處

使水宣洩有路一俟查勘稍有頭緒再行專摺奏

聞臣馳抵東省後沿河上下查看一切凡河道所

經多非驛站處所臣既隨帶職員夫馬所需縱

不得不借資民力若居處食物等項仍由地方

官供給竊恐州縣藉此攤派用一銷二流弊滋

多擬請由東省撫臣於雜款項下按人按日籌

給薪水之費以資辦公而免賠累是否有當謹

繕摺縷陳伏乞

皇太后

皇上聖鑒訓示謹

奏

光緒八年十二月　十七　日

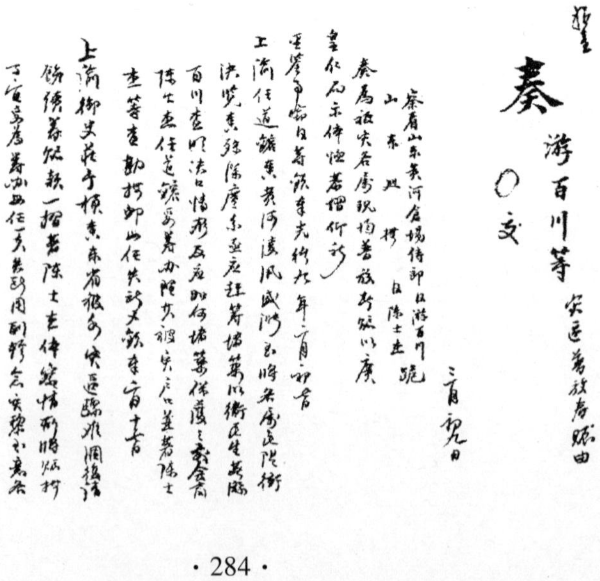

奏

游百川等

○文

三月初九日

[illegible]山東黃河[illegible]侍郎臣游百川 跪

山東 巡 撫 臣陳士杰

奏為被災各處現[illegible]以廣

皇仁而示體恤恭摺仰祈

聖鑒事竊臣等欽奉光緒九年二月初[illegible]

上諭[illegible]

奏因饬此仰见
圣恩法属有加，甫之疏诵之余，莫名钦感。随饬行沿
决各处分别筹办情形，当指详陈外，伏查历城
章邱齐东齐河济阳惠民滨州商河等处，此州
上年被因决口被淹较重，广小民困
苦不堪，本年四月间该处洪涝复有淹浸之处
并滨及邻近邑而城晴城专济等处，又为东省
灞河南岸民埝决口数十丈，下游邹平等县之
建漫漫情形轻重不等。臣到任后，随经历城
济阳惠民滨州商河各处查验，稽核卫田
前经臣檄饬当未闻放，当饬即为与其赶紧筹
理。据上年户口，就身给银，其中开账，择其尤
之难查实在给银，俾实惠均沾，其有实善之区
而为漫淹所海者，一体勘明，约数作何残缺轻
垛就令以免，并候修理，国恩民知津河
镇济仁托
奏报委员禀称，由前以拨运库银一万两札饬该
府县据实察先其所急，以为赈恤经费
另议明年开放东路，查明筹款，以上筹藏
款委员分投散放赈银，并饬令劝办输捐，以示
体恤。统计本年六次，带赈银十三万余两，至其
履勘各处河道堤埝，所在陂塘修筑，分为各员办
实核，现查看民情均尚安帖，高阜地亩稼水消
涸，可翻种晚禾，惟低洼之区，仍不免积涝为
患，查赈放之后，以师来尚有措施，惟将自当
续筹银两，分为接济，以仰副
圣主轸念民艰，力亟豪除，俾予设法，惟所用款数，自当
由司出详细
奏报。所有设策分筹现在筹放春赈缘由，谨合
词恭折具陈，伏乞
皇太后
皇上圣鉴，再此折系由士杰一手主稿，合併陈明。谨
奏。
光绪九年三月初九日军机大臣奉
旨：知道了。钦此。
三月初十日

交 游百川片 再与咸奉

为交日百川奏再臣前奏山东候补知府全士铭谈黄济修

饬 因病请假委办镇日路过滁州见其业已就痊

敦促来东随日赴上下游迴查一次又委赴小清

河查看情形亦於四月初一日接接公牒称旧病

复作甚剧即於中途改道回籍就医等语除

批饬加意调治病痊来东差委外理合附片具

陈伏乞

圣鉴谨

奏

光绪九年四月二十七日军机大臣奉

旨知道了钦此

肆 9 交

游百川等片

再闻前臣一下家桢因闻山东水灾自捐廉银

三千两並另方集腋共凑合银二万二百两汇

请作为赈款现已汇解前来业经臣恭录饬发遵

库刻当历城等县被灾之区分别散放一律具

属款照散应即以此项动用如有不敷再行设

法筹拨统俟办竣一併详细报销转会除咨部外理合附片陈

明伏乞

圣鉴谨

奏

光绪九年六月初二日军机大臣奉

旨知道了钦此

○

[illegible]

游百川奏片

再，此次被災難民，應行分別賑撫。刻津、齊河、長
清各發銀二千兩，齊東發銀四千兩，歷城之南
北兩岸沒淤處所，需款加多。難民一萬數千口，
其有在水圍內者，均分遣小舟帶饃餅散放，以
免飢餓。計已用過銀三萬餘金。除俟川省解來
銀二萬二百兩，全行賑恤外，餘由臣與司道
倡同官紳一律捐湊，以資接濟。目下黃水雖已
落三尺，而田廬未盡涸出。查看情形，仍須散放
米糧。日來籌辦於茲。
又提藩糧二庫銀十六萬兩，辦理要工。俟頂下撥出
銀三萬兩，仍隨續行賑撫。至所有近日黃水
稍落，而籌提款接賑緣由，謹附片具陳。伏乞
聖鑒謹
奏
光緒九年六月十九日軍機大臣奉
旨：知道了。欽此。

[illegible]

[illegible]等片

再，臣等接准部咨，六月十三日奉
上諭：此次山東歷城等處黃河漫溢，被災甚重，著[illegible]國
欽此。並准戶部咨：會奏請將本省備賑米石及
南來米糧一併截免厘稅等因。仰見
聖主軫念民生，有加無已之至意。去歲民工亦為
大籌畫，日夜任勞。此邦備嘗艱苦，屢蒙鴻慈遍
野，補救無方，致勞
深宮宵旰，廑懷日夕。茲感激之餘，彌深悚惶。惟有遵
諭旨督飭印委各員，核實散放，不使胥吏稍有侵蝕，
俾得迅速，災黎普霑
聖澤，以期
宸衷。除將飭查戶口核定應賑數目錢米兼施隨
時另行
奏報外，所有欽奉
諭旨日期，謹先附片陳明。伏乞
聖鑒謹
奏
光緒九年六月二十三日軍機大臣奉
旨：知道了。欽此。

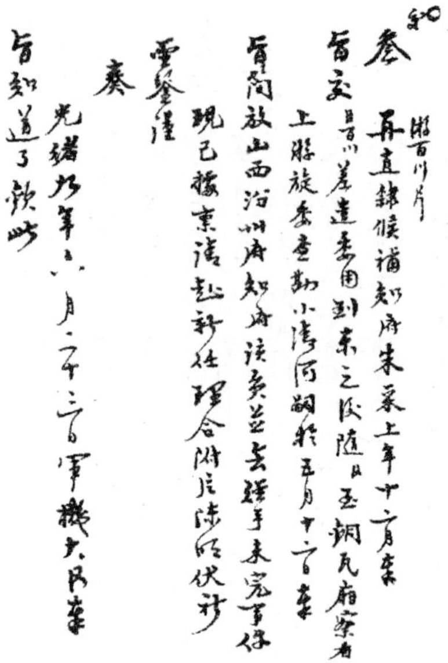

知

奏 附百川片

再直隸候補知府朱采上年十二月奉
旨交百川差遣委用到東之後隨同玉銅瓦廂察看
上游旋委查勘小清河關於五月十二日奉
旨簡放山西汾州府知府該員並無經手未完事件
現已據稟請赴新任理合附片陳明伏乞
聖鑒謹
奏
光緒七年六月二十三日軍機大臣奉
旨知道了欽此

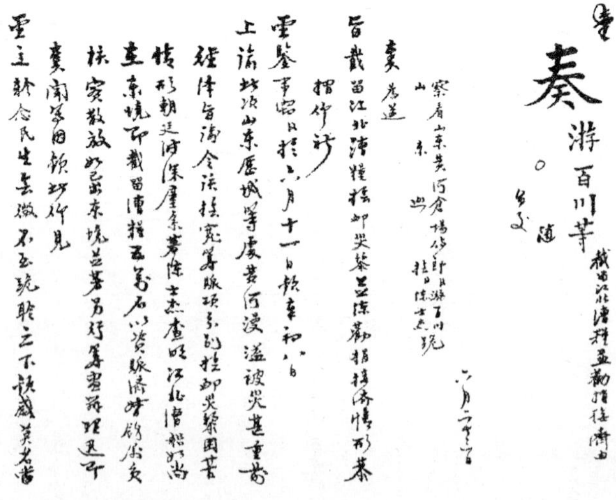

奏 游百川等 截留江北漕糧並勸捐接濟由
〇 隨 另交
六月二十三日

察看山東黃河倉場侍郎臣游百川
山東巡撫臣陳士杰跪
奏為遵
旨截留江北漕糧撫卹災黎並陳勸捐接濟情形恭
摺仰祈
聖鑒事竊臣等於六月十一日欽奉初八日
上諭此次山東歷城等處黃河漫溢被災甚重前
經降旨諭令該撫寬籌賑項並將撫卹災黎困苦
情形朝廷深深廑念著陳士杰查明江北漕船如尚
在東境即截留漕糧若干石以資賑濟飭令該員
核實散放如已出東境並著另行籌畫辦理迅即
奏聞等因欽此仰見
聖主軫念民生至微不至跪聆之下欽感莫名當

查江北漕船前经渡黄入运，后据报抵至临清州
停泊，候汛涨即札查该地方官及江安粮道等
出境，作速驶回黄河，至距省十二里之泺口镇
交卸，以便就近分拨散放。兹据该道张官五等
禀覆，船只尚在临清，因汶卫水势高下悬殊，未
能遄挽，已遵
旨截留，即日折回，该道并自捐银五百两以助赈抚
等情。又，伏查此次被灾难民均经勤放饷
米乾粮以济时需之急，一面委员确查户口等
添加赈抚，由藩粮二库所提拨要需，候项下拨
出，银由三藩两以资应用，已于本月初八日附片具
陈在案合并

圣恩，怀绥南漕五万石，又得宽为接济，苦黄布
皇仁，士民同深感戴。至于泺下查历城、齐东二州
被淹最重，齐河、长清、利津次之，其漫水经
行往酸河，消不绝，近日虽已稍落，而时当
大汛，清长磨常决口处所，尚难施工，往
岁河身本不甚宽，下游复多淤垫，现因水
势过大，畅泄无路，以致居民蒙淹，河各县
二遭漫溢，又来卸，受上游各处灌注，泉由
地同为被淹，齐东、邹家道口决，水势下注，益液
郡平、长山、高苑、博兴、安邱、惠各该处亦皆京擦
被情形，以惠民、滨州二处为重，寿邱、济、邹平等
州又次之，其余又经据覆惠民、滨州、蒲台、二子、齐东、邹平、邱
州一十二万两，委员会往协赈，所有各属漫决之
处均不遗，并严饬各地方官赶紧堵筑
查明民情安谧，东抚亦伏佛来运到放给
本赈户口及铺米数目，均经饬委一体妥协赈抚
司道会员，按查办理，以仰副
圣主重念灾黎至意。惟是节届重九，各处灾区秋收
已属无望，所得赈济不过一时，荒歉日前秋
冬春日长，甚属冰冻饥寒交迫，难保无去公河
工可藉，以工代赈，而老弱男女，就食随所依
国家款项，常经保恐难手为继，且汛期已过
此外属地淹者亦被淹，尚难遂耕种者

各四筹商惟有设法劝捐以助帑项之
不足查上年至今各省绅士所捐赈款已约
十余万两现经由各局陆续月运以下及
贵署为惜助但灾区甚广需费尤繁
兹敬赍衲檄札饬函告各省广为劝助
以期集腋成裘源源接济所捐银两应否
援照直隶劝赈章程给予
奖叙以示奖励而广招徕出自
逾格鸿恩除饬印委各员赶紧查明应赈户口
开放并将办理情形随时另行
奏报外所有遵
旨拨款并续劝捐接济抄请檄案给奖缘
由谨合词恭折具
奏伏乞
皇太后
皇上圣鉴训示谨
奏 光绪九年六月二十三日军机大臣奉
旨 钦此 六月十九日

奏
游百川等 现放善赈情形由
文〇
七月十八日
赏青山东查河会办侍郎臣游百川跪
山 东 巡 抚 臣陈士杰跪
奏为被灾各属现均放散善赈谨将办理情形恭折仰
祈
圣鉴事窃照历城等州县前因黄河漫溢被灾
甚重仰蒙
圣主宸衷轸念拨帑俾资赈济凡兹千数之灾民实赖
皇恩而再造臣等督同印委各员安插妥为抚恤务求实惠
以奠下苏民困上慰
宸衷查被灾之初前放急赈历城县派官绅分段查
户填名给予执照计日授食约及两旬一面用船
载往较高之处者以搭棚以栖之老弱男女
尤为周至者并酌给钱米以养之外者灾重各处

办理兹查据问核被村庄所现其浅要予酌给
今兼借以工代赈并设也计共发历城章邱齐
东齐河长清济阳惠民滨州利津等处银
四万余两京钱二千串米六百余石均係动支
四川等省解到捐项本地官绅商民捐有二万余
金一係属大动因此外独善之士不求闻达概发
乾粮钱米自行各处散放者尚指不胜屈是见
人心慕义踊跃急公以等行灾民得为安集了
设办暂仿印局老员详查户口同数核放普赈
特奉
旨拨给东省银十六万两当去应用查得历城栖大小灾
庄共折合大口十一万二千余名齐东县六万四千
余名利津县一万六千余名其余章邱长清齐
河惠民滨州商河等处自三四千起至八九千不等
以等详加体察各属灾黎虽多寡不一而被灾情
形十室九空情形均极困苦自应宽为赈济以资
休剧
圣主轸念灾民之至意当与司道各员公同商酌历城
齐东灾最为重大口拟发京钱二千文小口减半章邱等
州县亦均仿照办理俾小民藉以资生核计历城县
应发银七万两章邱县应发银五千两齐东县
县应发银三万五千两长清县应发银三
千两齐河县应发银六千两惠民县应发银
一万四千两滨州应发银一万两 利 津 县

应发银八千六百两商河县仿续报被淹
发银四千两又济阳一县据报后虽不甚重惟
临工年灾民本属艰难困苦流徙被波及情形尚甚
查该县应发银一万四千两统合均与拨照以上统共应
发银十六万九千六百两以等情同司道在
于奉拨东省项下如数分拨不敷之项动用
捐款并经严饬印委各员会同公正绅董赴
灾散放务使实惠及民至截留江北漕粮因
漕运由水路沙浅船只迟滞难期东省再设法
疏通应俟秋汛方能出口拨候船只到后再行
普放一次察看各灾黎现届宽赈约大口以当
春来石均可借资生活且东省外省绅乐善好
施或自行采米拌抽散放或捐集巨资解东助
赈均仰体
圣慈於与力补灾黎俾免流离失所其馀临邑惠城
邹平长山高苑博兴乐安等县间有水灾情形
仍查核地方官除予抚或放积谷或缓征目前
应由属详请司酌用除右三款及此次续到捐

坝后俟秋冬之间察看办理买粮囤其情状再
行分别择邮勘当督同司道妥为经理务
期民无鸠集归鲜鸿嗷以仰
宸廑除俟散放漕米再将数目
奏报外所有现买粮石现放普赈缘由谨会同署
抚臣具
奏伏乞
另有 朱批
皇太后
皇上圣鉴谨
奏
光绪九年七月十八日军机大臣奉
旨知道了游百川等步扬当督饬官绅核实散放务使实
惠及民毋任稍滋弊端钦此　七月廿四日

肆

奏 游百川 查河查赈事竣理应回京复命
八月十二日
察看山东黄河仓场侍郎臣游百川跪
东省查河查赈事竣理应回京复
命恭折仰祈
圣鉴事窃臣等
命察看黄河周历上下游形势与东抚臣会商办法
谨以疏通河道分减黄流再筑缕堤并遥堤
碍难行陈
东河经部议停缕堤不可以临河减水恐碍
然補南纾臣以为挡淮部臣窃思缕堤不足临遥
堤不可为祗有另筑长堤藉资保护又查东省
首经费支绌近察亦以底宽七八丈顶宽一丈为一
丈为率专部议照准并指拨臣款专案惟因麦

秋农忙且时近伏汛势难兼顾先择要兴修不
料是月中旬黄河漫溢已成巨灾且恐麦秋之见窘
救灾免患然闭河堵口务以实做盛涨益以紧求
堵筑则长堤可保兼高坝不至溃决
急切要必程报灾抄内缕中筑堤与堵口
宜相辅而行之
东省等
灾患虽今已届秋令亟宜赶筹闭口抵以疏浚分
三事同时并举财力民力均有不及不能不次
第施行已将筹办由佳县河干求情形并请
派员细查马栏河形势一面亟图下游直隶境内
随事统筹择要查修合同据以
奏明在案目与拯日再四熟商现时先由两岸长堤
西闸门要工仍不至损俟水势稍落赶紧修工並将
所有抽调等项添拨经费提前举办凡即于来
年秋汛以前一律赶紧完竣庶水患可免拯民
于延年期任劳以自奉
拯办属之等处
命查河道沿堤各段危险处所工程两岸有加理者
林大善于是同发上下游南北两岸延揽众论博
访周谘与拯日熟商商定先行陈
奏饰在大局已定者由拯日派委赶办所工之同道
大员暂同印委分员勘丈置工程以本处之公事
处之事每遇民间呈诉往往亲履其地理论
之不能遽势禁之不可动当坚明晓谕之
始不辞身一人之平月心思以期周密而无分之时必
须熟积得熟筹通力以谨切商择何款呈身之
分如有所见必当随时参与其熟详陈于
圣主之前以备
采择至肢灾地方所需
圣恩普被优恤殷民生者日查灾办赈亦经会同拯
日筹商拯恤现在灾黎免致失所安不惑于
皇仁以及沛来迭到加赈之宜者由拯日会同藩司
按照查明人数实办理同时严密均法以查所
查赈之事理后回京覆
命如蒙
俞允则当起程
陛见缮折
奏闻谨将会办要务大臣陈伏乞
皇上圣鉴再此折系抄保何用拨营仓场关防合併陈
明谨
奏
光绪十年八月十一日军机大臣奉
旨览已奏筹备何项任命钦此

八月初三日

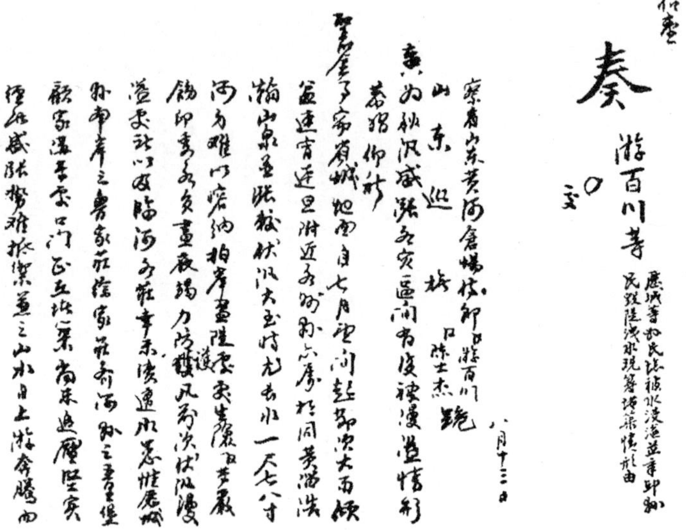

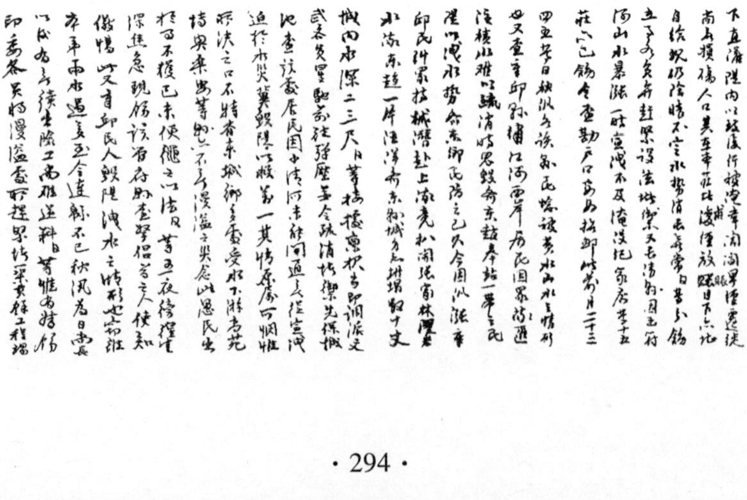

力保护尽人力以迓天庥仰副
圣主轸念地方之至意所有秋汛盛涨漫溢各处情形
谨合词恭折具
奏伏乞
皇太后
皇上圣鉴谨
奏。
光绪九年八月十三日军机大臣奉
旨览奏已悉即著陈士杰督饬属员将历城等处漫
溢处所赶紧堵筑其余工程竭力防护不得稍涉
疏懈等语即民人毁堤泄水著将为首之人严拿惩办、
至会派出各员遇事隔膜任滞即一面疏清按
妥筹办理钦此
八月初三日录交

戊稿呈
奏 游百川
口交 赴程回京日期由
九月十日
察看山东黄河合龙侍郎臣游百川跪
奏为遵
旨回任陈明起程日期恭折仰祈
圣鉴事窃臣于本年八月十日
上谕仓场侍郎游百川著即回任等因钦此钦遵
提即将办理未了之件查赈未毕并石漕船业于
八月初日全数到齐臣即验明分拨领令各员
钦遵灾区会同绅董按照查明户口散
放至河工应宜臣与东抚臣会同商备细筹议将
来次第举行即由东抚臣妥慎办理臣拟于九月初
三日束装就道因驿路被淹祇得取道德州乘
船由水路北上所有遵

旨起程北上日期缘由谨缮折具陈伏乞
皇太后
皇上圣鉴再臣此次具折系仿用山东巡抚关防合
併陈明谨
奏
光绪九年九月十二日军机大臣奉
旨知道了钦此
九月初二日

捌

奏
倉場衙門摺　遵旨酌議整頓倉務由
旨交　隨
五月二十二日
臣興廉臣游百川跪
奏為遵
旨酌議整頓倉務恭摺具奏仰祈
聖鑒事本月初四日承准軍機大臣交出本日面奉
諭旨給事中洪良品奏倉務積疲請飭整頓一摺倉
務積弊已深亟應釐剔該給事中所陳各條著倉
場侍郎悉心酌覈妥議具奏欽此並將原奏抄交
前來臣等竊維倉儲積弊日久且深亟求整頓
必先究其致弊之由未有不知弊之所在而漫
言整頓者也臣等自受任以來隨時隨地無不
兢兢以去弊為心然有因時創宜漸收實效者
有積重難返驟難悉除者謹即該給事中所陳

各條明辨其是否可行並就臣等思慮所及覼縷悉述敬為

皇太后

皇上陳之原奏謂各倉偷漏由於封鎖不嚴查存米各廒歷經臣等於完漕後發給長封嚴密封固其未經放竣之零廒例由都統御史封識然每歲大雨時行監督例得啟封查看俾免米石因滲漏浸溼又新收之米不無因熱回潮該監督亦應查看分廒挑晾歷辦章程如是夫嚴密關防固為慎重倉儲要事然查從前倉廒各案動輒盈千累萬而謂偷漏之弊係乎封鎖與否則實不盡然若如該給事中所議各倉鑰匙或存倉場侍郎或存查倉御史收管查收放米石遲早無定臣等自春歷夏經秋遠駐通州各倉分隸都城內外與查倉御史住址遠近不同隨時請鑰不但往返稽遲且恐諸多牽制實有未便擬請仍照常責成輪班值宿之監督一手收掌由臣等嚴飭監督於收放之際逐日親自封鎖不得假手花戶其有不遵定例封鎖或挑晾查看不行報明臣衙門者即由臣等查參庶事無旁貸而責有攸歸矣又原奏謂土米存倉易啟攙和之弊查各倉發糶土米久未查辦蓋從前全漕不下四百萬石倉儲之米陳陳相因故有分年糶變土米之例自減漕折徵以後收數僅

三分之一雖有土米而不能發糶者一因收倉
年分未久旋即支放例不准揚除氣頭廒底一
恐倉役藉便夾帶好米出賣故三十年來未經
舉辦然而米質已變者按例不准揚除各旗不
肯關領歷年既久積而逾多損傷折耗實爲各
倉之大累臣等惟有嚴飭監督查看各廒於現
在收存之米勤加挑晾毋使積有霉變庶米色
不致顯有差池而攙和情弊可期漸除矣又原
奏驗米色以覈收數一條據稱近來入倉之米
聞途中有發水攙沙等弊及每石短少一二升
等語查各省運通米石臣等親臨查驗必須乾
潔方准斛收起運其由通至橋派委員弁節節

防查至由橋運倉亦有武弁押送何來攙和情
事或有起運之際驟然遇雨者亦必札飭該監
督在倉風晾乾燥再行入廒其米袋到倉例准
抽掣如有短少歸於車户名下應賠於倉儲實
收並無所損原奏所稱攙和短少或係傳聞之
誤至於收米之時御史例得在倉稽查應由臣
等通飭監督每逢收米之日先行報明御史以
便臨倉查察並如該給事中所擬各倉支應收
放人役均以已正齊集不得稍有遲延以免貽
誤又原奏估修廒座一條查京城各倉自光緒
元年擇要興修其未經修理之廒誠如該給事
中所奏現有坍塌日甚情形前經臣等咨明工

部查勘嗣准覆稱雖有應修各工惟經費支絀
暫擬緩修等語現經該給事中指陳臣等自應
嚴飭各倉監督查看應修廒座分別輕重情形
據實詳明由臣等循照辦過成案籌款奏明興
修總期工歸實用帑不虛糜至如何辦法方臻
妥實臣等另行附片奏請
旨遵行又原奏嚴制防以馭花户詳考察以課監督
查各倉花户有頭役有散役額設雖有定數而
其實多寡不同散役人等無非著名花户所援
引非其戚黨即其友朋總屬通同一氣該給事
中請令花户分廒管領意謂各有責成而有無
弊竇仍不能出頭役之圈套所議之法恐未必
得力蓋花户之良莠視監督為轉移苟監督得
人則全倉可以望治如不得人則諸務逐漸廢
弛此中情事久在
聖明洞鑒之中臣等於所屬各員留為體察遇有庸
劣不職者立即撤回才堪造就者勤加訓勉其
辦事勤慎之員無不按照章程奏留奏保是監
督之勸懲已極詳慎計惟有隨時嚴飭實力防
維以期倉務日有起色並請
飭下户部轉行各衙門於保送倉差時慎選明幹廉
正之員庶有治人乃有治法矣總之倉廒之隱
患在於虧短虧短之情弊在於偷漏而偷漏之
原由有出於私者有迫於官者前聞匪徒私行

偷竊並不由廒門出入名曰掉扇盜米數十百石貓是暗偷其最甚者實由不肖監督與猾法之花户勾結串通私行開放黑檔此弊花户不能自作未有監督不知情者臣等莅任後刻刻嚴防監督中有素行不謹聲名平常者不待驅有劣跡即登時撤任咨回原衙門當差計已六七員名現時各倉監督似皆有警畏之心不敢妄為臣等仍時時嚴密訪查不敢稍涉疏懈此弊之出於私者防之務盡也其弊之迫於官者按例充當花户皆係殷實良善平民相沿既久則善良者絶少而作弊又非盡無因查定例各旗開放甲米先儘存倉較陳之米書寫廒名公同鬮掣閲近年關領甲米時往往不按鬮廒偏倉挑揀偶有攔阻即鞭撻立下監督稍涉庸懦率行畏避直待花户向跟隨人等私用使費説合始行竣事而運往内務府交米亦不免需索抑勒花户之錢從何而出無非取給於米石此弊之迫於官者也然此等弊風花户隱忍而不敢言監督畏葸而不敢稟事屬曖昧弊實實難遽除相應請

旨嚴飭各該衙門嗣後領米務遵照定例按鬮掣廒座支領儻米質霉變不堪食用准各旗據實糾參如米質尚好亦不得任意挑剔藉端訛索庶鬮廒成法不復視為具文臣等如閲該倉不認

真辦理有前項情弊監督則立予撤參花户則
從重治罪此澄治本源切求整頓之愚慮也所
有臣等遵議緣由是否有當理合繕摺具陳伏乞
皇太后
皇上聖鑒訓示謹
奏
光緒十一年五月　二十二　日

掄

倉場衙門摺保奬辦漕各員由
同單三另片一隨
十一月初八日
奏
旨交

臣興廉臣游百川跪
奏爲全漕告竣謹將在事出力員弁照案奏懇
恩施恭摺仰祈
聖鑒事竊照江浙海運漕白糧米改由糧道徑行起
剝運通交納直隸應辦事宜經直隸督臣暨臣
衙門覈議奏咨章程天津通州兩處辦運委員
書吏覈其勞績奏保每處以六十五員爲度等
因循照辦理在案本年江蘇浙江海運山東江
北河運漕白糧米暨兩湖採辦漕糧奉天顧運
米豆先後挽運到通經臣等督率坐糧廳隨時
驗收飭令派出在事各委員認真經理隨到隨
卸轉運入倉業於十月初六日奏報在案所有

仕事各員不無微劳足錄臣等詳加酌覈除出
力較次員弁兵丁應由臣等酌給咨獎外通永
河道薛福長坐糧廳滿監督兵部郎中誠勳均
擬請
交部從優議敘坐糧廳漢監督四品銜吏部郎中陳
維周擬請俟補四品後
賞加三品銜此外辦運出力之咨調委員六十五員
地方印官漕務專員共十七員臣衙門派出監
督筆帖式十一員大通橋所調京營巡糧武弁
十七員分繕清單三件恭呈
御覽可否照擬給獎之處出自
聖主鴻施所有請獎本年辦運員弁緣由理合恭摺
具奏伏乞
皇太后
皇上聖鑒謹
奏

光緒十一年十一月 初八 日

奏 游百川

十月二十日

仓场侍郎臣游百川跪
奏为东省河工似宜兼用挑浚，并请分流入海
河故道，以资分泄，期堵有益，恭折仰祈
圣鉴事。窃维黄河北溢，为患日深，我
皇太后
皇上轸念民生，
特命怯撰为山东巡抚，拨部帑二百余万金，责成办
理，凡在民间，罔不感戴。顾臣前阅邸抄，见该
抚疏称挽黄分流十分之三入海河故道，经营运
无费苦心，尤难历陈，全复故道，势有难，而减
水分流，实属办法，则所谓工省费轻，有利无害，实
莫其说之得，乃其次，指洒此谓分流者则谨
指导大徒骇以杀十大之河而斟酌分倘
黄流仍旧不免泛溢，而该抚不复议
及，臣为河务职以前为
钦派大员，臣可倪前此全局自由东抚以资
有河归安排兼辖他省，故不得已仍就山
东挑工，其分流入海河之策，前曾奏
告交南省抚会议，迄今未见所交，致今伏
汛已溃，拨开不行，诚为可惜，且再四思维，直
年来屡以堤决七案，修决屡筑屡决，其不足
深恃已可概见，而祇因徒骇分泄，又嫌不能
容纳，与其为还就之计，但顾目前，徒费数
百万之帑金，终归无济，曷若兼筹
并为久远之图，惟有仰恳
天恩，俯准饬下该抚分黄流十分之三入海河故道
命吞督抚查照原折，细加体察，实在情形，除旧
分流，出此事，动大溜，全入海，何不过秋汛
有之后，酌量加挑浚，於百姓田庐毫无妨
碍，且进海河石墙，分减水势，自能仍减
实择患之计，莫要于此，是否有当，伏乞
该咸谓东省，真情，亦无不顺，从伏愿
宸谟独断
饬下东省各督抚实心任事，不分畛域，会商山东
抚臣，将分流入故道之策坚意举行，顾将
不靡虚功，自有济，即此策不容偏废而

水勢既減隄防亦易為功之人不待勸而
自明者也以往歲曾在
命察河石海隄視用是有志達抒披瀝上陳是
否有當伏乞
皇太后
皇上聖鑒訓示謹
奏
光緒十二年　月　日軍機大臣奉
旨
欽此

十月二十日

倉場侍郎臣游百川跪
奏為河患未弭亟宜妥籌長策變通辦理以紓
國計而救民生恭摺仰祈
聖鑒事竊自鄭州決口黃溜南趨仰蒙
聖主軫念民艱疊
頒賑款並截留河運南漕二十餘萬石普救災黎近
恭閱邸鈔
諭令李鴻藻督辦大工會同李鶴年倪文蔚迅速堵
合凡所以奠安民生者
睿慮至周且備矣臣愚竊維堵築鄭工為當務之急
然不變通辦理則合龍無期且但籌鄭工而不
通籌黃流經由之路水患仍未有艾也溯自銅

瓦廟開決以來黃流下灌濟河北因軍務方殷不遑堵築濟河之寬不過里許而當其始兩岸壁立河底深通水由地中為患尚淺自歷年沖漫日淤日高微獨濟河全無水漕即旁瀉之徒駭亦底高於岸直無宣洩之路矣夫水勢就下下流不暢上流斯決論者謂將來水患必在上游今年鄭工之決其見端也現在銅瓦廟斷溜下游沙積更甚若不趁此時深思遠慮為黃水統籌全局恐將來河南直隸水患更有不堪設想者夫籌黃水經由之路臣愚以為舍規復淮徐故道別無長策蓋南河寬於濟河不啻十倍寬則可以容納所以

本朝歷由南河施工形勢所關此彰明較著者也說者謂規復故道一切培隄挑淤及安插估種河灘之民工費浩繁措辦不易然前因籌度分流南河曾經各該省會計江南需銀七百餘萬河南需六百餘萬山東需千五百餘萬現時銅瓦廟乾涸施工甚易若趁此時一面辦理鄭工一面挽復故道則山東需費不過數十萬較原估之數所省奚止百倍似此機會失之可惜至江蘇河南兩省需銀千餘萬雖云工款仍鉅殊不思黃流無道氾濫成災能免

朝廷之顧慮乎前人有曰能知費之為省乃真能省費者也且人第知南河之淤而不知濟河之淤

尤甚此次鄭州决口為患已鉅總由濟河窄小
不足吐納黄流臣往年奉
命視河曾有藉徒駭馬頰三分黄流之請其時河未
全淤分流猶易為力今則積墊愈高分流亦無
由奏效矣臣愚以為與其用無限之費而患不
可弭曷如規復故道為
國家久遠之圖若夫堵合鄭工需料甚多集料甚
難蓋往常地方所産稭料不足給居民炊爨之
用猶必假樵采以濟之況當被水旱之區所出
無多購辦既萬分拮据而粗笨之物搬運尤難
現聞尚未開辦此拘泥成法不思變通辦理之
故也臣聞塞河不必專用稭料如前河臣黎世
序則用碎石栗毓美則用甎塊雖未明言致用
之方而就此設法相幾辦理剋期趣事赴工當
必有濟不遠勝於集料維艱株守以待乎伏望
聖裁廣運
飭下直隸山東河南江蘇沿河各督撫思患豫防秉
權衡計乘鄭工趕辦之先會籌定議同力合作
務期黄水得復淮徐故道以為經久之計則出
億萬生靈於昏墊而河流順軌安瀾有慶矣臣
區區愚悃謹抒曲突徙薪之見冒昧瀆陳伏祈
皇太后
皇上聖鑒謹
奏

光緒十三年十二月　二十七　日

主要参考文献

1. 中国第一历史档案馆《同治朝上谕档》，桂林：广西师范大学出版社，1998 年。

2.《清史稿》，北京：中华书局，1977 年。

3.《清实录・同治朝实录》，北京：中华书局，1986 年。

4.《清实录・光绪朝实录》，北京：中华书局，1986 年。

5. 吴庆坻《蕉廊脞录》（《清代史料笔记丛刊》本），北京：中华书局，1990 年。

6.（清）李熙龄《武定府志》，咸丰十年（1860）刻本。

7. 杨伯峻《论语译注》，北京：中华书局，1980 年。

8.（清）陈弢《同治中兴中外奏议约编》，上海：上海书店，1985 年。

9.（南朝）范晔《后汉书》，北京：中华书局，1973 年。

10.（元）脱脱《宋史》，北京：中华书局，1977 年。

11.（东汉）班固《汉书》，北京：中华书局，1962 年。

12. 水利部黄河水利委员会《黄河水利史述要》，北京：水利出版社，1982 年。

13.（明）刘天和《问水集》，中国水利工程学会《水利珍本丛书》本，1936 年。

14.（清）傅泽洪《行水金鉴》（《国学基本丛书》本），北京：商务印书馆，1968 年。

15.（清）张廷玉《明史》，北京：中华书局，1974 年。

16.(清)饶玉成《皇朝经世文续编》,江右双峰书屋刻本,光绪八年(1882)。

17.(清)葛士濬《皇朝经世文续编》,上海:上海图书集成书局排印本,光绪十四年(1888)。

18.沈云龙《中国水利要籍丛编》,台北:文海出版社,1969年。

19.(清)陈潢《河防述言》,影印文渊阁《四库全书》,台北:商务印书馆,1986年。

20.(清)盛康《皇朝经世文续编》,台北:文海出版社,1961年。

21.徐世昌《清儒学案》,天津徐氏刊本,1938年。

22.司马迁《史记》,北京:中华书局,1959年。

23.(清)曾国藩《书学案小识后》,《曾国藩全集·诗文》,长沙:岳麓书社,1986年。

24.(清)方宗诚《吴竹如年谱》,见吴廷栋《拙修集续编》附录。

25.梁启超《梁启超论清学史二种》,上海:复旦大学出版社,1985年。

26.翁同龢《翁同龢日记》,北京:中华书局,1989年。

27.王有立《倭文端公遗书·卷四》(《中华文史丛书》影印六安求我斋刊本),台北:华文书局股份有限公司。

28.《清实录·穆宗毅皇帝实录(一)》第45册,北京:中华书局,1987年。

29.(清)吴廷栋《拙修集》,六安求我斋刊本,同治十年(1871)。

30.曾廉《应诏上封事》,《戊戌变法》(二),上海:上海人民出版社、上海书店出版社,2000年。

31.《中国近代史丛书》编写组《洋务运动》,上海人民出版社,1973年。

32.《清代山东乡试朱卷咸丰壬子科·游百川》。

33. 利津县史志办公室《利津县志·清光绪卷》,东营市新闻出版局,准印证(2006)第45号(《利津文征》)。

34.(清)孙淑梓《重修蒲台县志·艺文志》,光绪版。

35. 山东文献编纂委员会《山东文献集成》,济南:山东大学出版社,2010年。

36.《游氏世谱》同治癸亥年镌。

37.《游氏世谱》光绪丙戌年镌。

38.《游氏世谱》民国癸亥年镌。

39.《游氏世谱》民国丁丑年镌。

40.《游氏世谱》2001年重修本。

41. 中国第一历史档案馆《宫中朱谕》上编。

42. 中国第一历史档案馆《光绪朝上谕档》,桂林:广西师范大学出版社,1996年。

43. 李熙龄《武定府志》,清咸丰十一年刻本(影印本)。

44. 王志民《山东区域文化通览》,济南:山东人民出版社,2012年。

45. 范文澜《中国近代史》(上册),北京:人民出版社,1955年。

后 记

2012年4月27日，滨州经济开发区辖区内的“黄河三角洲（滨州）文化产业园”开工建设，游百川纪念馆是文化产业园区的主要内容之一。为深入挖掘滨州历史文化名人游百川的事迹，推动黄河三角洲文化产业园内容建设，滨州经济开发区委托滨州学院黄河三角洲文化研究所开展游百川研究。滨州学院黄河三角洲文化研究所自2000年成立以来，长期致力于黄河三角洲文化史、经济史、社会史及古籍整理研究，挖掘整理黄河三角洲历史文化资源，开展黄河河道变迁与黄河三角洲生态文明建设研究，为黄河三角洲区域经济社会和文化建设、文化产业发展提供了许多智力支持。承担游百川研究义不容辞。2013年4月滨州学院黄河三角洲文化研究所成立了以左登华为组长，姚吉成、姬长卫为副组长，段剑秋、邢恩和为成员的课题组。《游百川传奇》由知名作家段剑秋负责撰写，《游百川研究》由滨州学院黄河三角洲文化研究所姚吉成、邢恩和、左登华承担。

游百川是清代滨州籍在朝为官政绩卓著者之一，历同治、光绪两朝，为朝廷所倚重的名臣。在成长、成才、仕途经历中，游百川是一位传奇式人物。他出身寒门，幼年失怙，却能英年励志，壮岁成名，鹏程奋迹，雁塔题名，入翰林，选编修，迁御史，任湖南衡永郴桂道道员、四川按察使，升顺天府府尹，擢仓场总督，钦差督黄河治理工程赈灾抚恤。他整顿仓储积弊、任景山官学右翼宗学汉教习、到书院讲学、资助地方书院建设等。游百川一心为民，忠于朝廷，兢兢业业，敢言直谏，两袖清风，留下了很多美谈。游氏家族世代务农，鲜有为官者，没有政治、文化背景，不同于滨州的杜氏家族、无棣的吴氏家族、惠民的李氏家族、阳信的张氏家族、劳氏家族等代有科举、累世为官。与此相比，游百川的事迹研究显得更有意义。

但游百川不同于其他历史文化名人，为官他没能做到一品大员，政治上没有李鸿章、曾国藩那样有名气和影响力，为学虽然经学功底深厚，但他既不是诗人、文学家、教育家，也不是书法家，没有留下多少文字作品，后世对他的研究至今未发现一部系统的研究作品。开展游百川研究缺少史料，难于攀崖。然而，课题组知难而进。

首先，课题组对咸丰《武定府志》、民国《续修惠民县志》《续修蒲台县志》《滨州县志》《利津县志》《山东黄河志》《利津县黄河志》等地方史志进行爬梳，查找零星史料。其次，课题组成员到中游村走访、调研，查阅光绪、民国丁丑、民国癸亥《游氏世谱》。到北京丰台游百川曾孙游洪顺、游清顺家中调研。到北京中国第一历史档案馆、国家图书馆查阅资料，查阅《清史稿》《清实录·同治朝实录》《同治朝上谕档》《清实录·光绪朝实录》《光绪朝上谕档》等。然后是爬梳整理资料撰写书稿。通读资料后，先梳理出了游百川年谱，再反复讨论、构思设计书的框架结构，分工撰写。

调研过程中得到了中国第一历史档案馆工作人员的大力支持，得到了滨州经济开发区工委书记姚和民、党工委副书记邱延忠、开发区文体卫办公室主任姬长卫、开发区宣传工作办公室主任钱杰等的大力支持，得到了中游村党支部书记游森恩，游百川后裔游洪顺、游清顺、游泺恩、游燃恩，天津市北辰区体育局副局长游泽坤的大力支持。在搜集爬梳游百川奏疏文章史料过程中，山东师范大学安作璋教授、朱亚非教授，滨州学院历史系系主任孙远方，滨州市政协文史委李象润等给予了大力支持和帮助，在此一并谨表谢忱！

历时一年余，终于完稿。虽用力甚巨，但水平所限，或有不妥，敬请方家指正。是为记。

作　者

2014 年 6 月 30 日

图书在版编目（CIP）数据

游百川研究／姚吉成，邢恩和，左登华著．—济南：齐鲁书社，2014.12

ISBN 978－7－5333－3248－8

Ⅰ.①游…　Ⅱ.①姚…　②邢…　③左…　Ⅲ.①游百川(1822～1895)—人物研究　Ⅳ.①K827＝49

中国版本图书馆 CIP 数据核字(2014)第 298908 号

游百川研究

姚吉成　邢恩和　左登华　著

主管单位　山东出版传媒股份有限公司
出版发行　齊魯書社
社　　址　济南市英雄山路 189 号
邮　　编　250002
网　　址　www.qlss.com.cn
电子邮箱　qilupress@126.com
营销中心　(0531)82098521　82098519
印　　刷　日照日报印务中心
开　　本　880mm×1230mm　1/32
印　　张　10.25
插　　页　4
字　　数　249 千
版　　次　2014 年 12 月第 1 版
印　　次　2014 年 12 月第 1 次印刷
标准书号　ISBN 978－7－5333－3248－8
定　　价　**36.00 元**